Automobile
Structure
and
Principle

汽车构造与原理

瑞佩尔 主编

化学工业出版社

·北京·

内容简介

本书采用彩图图解、动画演示、视频讲解的方式全方位展示汽车的各系统、总成的构造、功能及工作原理。书中对一些汽车专业术语及总成部件的名称同时标注了中英文,以方便读者在了解汽车知识的同时学习汽车专业英语。

本书按汽车中动力系统、底盘系统、电气系统、车身等四大部分分11章组织内容,分别介绍了汽车类型及总体结构、编码与参数识读,车用汽油与柴油发动机和新能源电动汽车的电动化系统即高压系统,汽车底盘传动、行驶、转向、制动四大系统,汽车车身电气、车身控制与车载网络、自动驾驶与辅助系统,汽车车身与饰件。最后附录为汽车品牌与车标一览。

本书适合于广大汽车爱好者、汽车从业人员以及汽车驾驶员阅读使用,可作为汽车相关从业人员的培训用书,也可作为汽车高职院校、中职学校、技校等学校汽车专业学生的学习参考书。

图书在版编目(CIP)数据

汽车构造与原理 /瑞佩尔主编. 一北京:化学工业出版社,2022.3

ISBN 978-7-122-40429-9

Ⅰ.①汽… Ⅱ.①瑞… Ⅲ.①汽车-构造-图解
Ⅳ.①U463-64

中国版本图书馆CIP数据核字(2022)第026470号

责任编辑:周 红　　　文字编辑:陈小滔　朱丽莉
责任校对:宋 夏　　　装帧设计:王晓宇

出版发行:化学工业出版社(北京市东城区青年湖南街13号 邮政编码100011)
印　　装:河北京平诚乾印刷有限公司
787mm×1092mm 1/16 印张17½ 字数457千字 2022年8月北京第1版第1次印刷

购书咨询:010-64518888　　　售后服务:010-64518899
网　　址:http://www.cip.com.cn

凡购买本书,如有缺损质量问题,本社销售中心负责调换。

定　　价:108.00元　　　版权所有　违者必究

前言 PREFACE

随着我国汽车工业的飞速发展与人们生活水平的普遍提高，汽车已经如同智能手机，渐渐走入每个人的生活。汽车不是简单的工业制品，尤其是当今科技研发出来的汽车产品，更是融合了机械电子、自动控制、自动驾驶、智能网联等诸多高新科技，怎样更快捷更有效地学习和理解汽车的构造与原理知识，成了摆在每个现代"汽车人"面前的课题。

了解汽车构造与原理是学习汽车知识，了解汽车技术的基础和前提。本书采用彩图图解、动画演示、视频讲解的方式，全方位展示汽车的各系统、总成的构造、功能及工作原理。图解是本书内容最主要的编述方式，本书集合了结构剖视图、部件分解图、安装位置图、原理方框图等多种类型的图片，从各个方位描述汽车的构造原理，使得内容更加直观形象、简洁明了，让即使从来都没有接触过、了解过汽车这个复杂的、智能化的机电产品的读者都可以轻松地学清楚、弄明白。

本书内容在表现形式上具有如下特点：

① 系统全面：与目前汽车专业院校所使用的汽车构造类教材内容相匹配，按照汽车结构特点，融入新的汽车技术，去除旧的和一些已不用的内容，便于与时俱进地学习汽车构造与原理知识。

② 好学易懂：采用实物图、三维透视图、部件分解图、原理简图等形式直观形象地介绍汽车的组成系统、总成及零部件，利用动画动态地展示汽车各总成系统的组成与工作原理，通过视频演示及讲解系统的工作原理，立体化呈现专业知识，使之更易学，更好懂。

③ 中英对照：一些专业的汽车技术人员，包括汽车维修技师，经常要接触各类英文的技术资料；而在汽车配件行业工作的人士，在进行外贸业务时，也会看到各种英文的零部件及各种专业术语。所以，对一些汽车专

业术语及零部件名称，书中采用了英汉对照的方式，方便读者在了解汽车知识的同时学习汽车专业英语。

④ **适用面广**：本书以图解、动画、视频的方式讲解汽车的构造及原理，虽然讲解的是专业知识，面向的是专业领域，但内容通俗易懂，即使是没有任何专业基础的人员也同样适用，可以零起点学汽车知识。

本书按汽车中动力系统、底盘系统、电气系统、车身等四大部分分 11 个章节组织内容。第 1 章为概述，介绍汽车类型及总体结构、编码与参数识读；第 2 至 3 章介绍动力系统，第 2 章主要介绍汽油与柴油发动机，第 3 章针对新能源电动汽车介绍电动化系统，也即高压系统；第 4 至 7 章则主要讲解底盘传动、行驶、转向、制动四大系统；第 8 至 10 章的内容主要包含汽车车身电气、车身控制与车载网络、自动驾驶及辅助系统；第 11 章简要介绍汽车车身与饰件。最后附录为汽车品牌与车标一览。

本书适合于广大汽车爱好者、汽车从业人员以及汽车驾驶员阅读使用，可作为汽车相关从业人员的培训用书，也可作为汽车高职院校、中职学校、技校等学校汽车专业学生的学习参考书。

本书由瑞佩尔主编，此外参加编写的人员还有朱如盛、周金洪、刘滨、陈棋、孙丽佳、周方、彭斌、王坤、章军旗、满亚林、彭启凤、李丽娟、徐银泉。在编写过程中，参考了大量汽车厂商的技术文献和网络信息资料，在此，谨向这些资料信息的原创者们表示由衷的感谢！

由于本书内容涉及的范围极广，新增技术又多，囿于编者水平，疏漏与不足在所难免，恳望广大读者朋友们不吝指正。

编者

目录 CONTENTS

001 第1章
汽车概述

- **1.1** 汽车类型一览 ………………… 001
- **1.2** 汽车总体结构 ………………… 007
- **1.3** 汽车型号与VIN编码 ………… 014

020 第2章
汽车发动机

- **2.1** 发动机概述 ………………………… 020
- **2.2** 汽油发动机结构与原理 ……… 024
- **2.3** 柴油发动机结构与原理 ……… 025
- **2.4** 曲柄连杆机构 …………………… 028
- **2.5** 配气机构 ………………………… 031
- **2.6** 进排气系统 ……………………… 054
- **2.7** 燃料供给系统 …………………… 067
- **2.8** 冷却系统 ………………………… 080
- **2.9** 润滑系统 ………………………… 086
- **2.10** 启动系统 ………………………… 091
- **2.11** 点火系统 ………………………… 093
- **2.12** 特殊发动机技术 ……………… 095

100 第3章
电动化系统

- **3.1** 类型与特征 ……………………… 100
- **3.2** 构造与原理 ……………………… 105
- **3.3** 电池-电驱-电控 ……………… 119

131 第4章
汽车传动系统

4.1 传动系统概述 ………… 131
4.2 离合器 ……………… 134
4.3 手动变速器 …………… 137
4.4 自动变速器 …………… 140
4.5 传动轴与驱动桥 ………… 147
4.6 四轮驱动系统 …………… 149

152 第5章
汽车行驶系统

5.1 悬架系统 ………………… 153
5.2 车轮与轮胎 ……………… 159

167 第6章
汽车转向系统

6.1 液压助力转向系统 ………… 167
6.2 电动助力转向系统 ………… 170
6.3 动态转向系统 …………… 175

178 第7章
汽车制动系统

7.1 制动器 …………………… 178
7.2 ABS防抱死制动系统 ………… 184
7.3 车身稳定控制系统 …………… 185

190 第8章
汽车车身电气

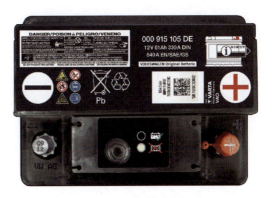

8.1 电源系统 …………………… 190
8.2 驾驶员信号系统 …………… 193
8.3 照明系统 …………………… 195
8.4 电动装置 …………………… 198
8.5 电热装置 …………………… 210
8.6 中控门锁与防盗系统 ……… 212
8.7 空调系统 …………………… 214
8.8 信息娱乐系统 ……………… 220
8.9 乘员安全系统 ……………… 225
8.10 行人安全系统 …………… 228

231 第9章
车身控制与车载网络

9.1 车身控制系统 ……………… 231
9.2 车载网络总线 ……………… 233
9.3 车载通信网络 ……………… 236
9.4 车联网 ……………………… 241

243 第10章

自动驾驶及辅助系统

- **10.1** 自动驾驶概述 243
- **10.2** 驻车辅助系统 245
- **10.3** 巡航与制动辅助系统 247
- **10.4** 车道辅助系统 251
- **10.5** 视觉辅助系统 253
- **10.6** 安全警示系统 255

258 第11章

汽车车身与饰件

- **11.1** 车内饰件 260
- **11.2** 车外饰件 263
- **11.3** 白车身 265

269 附录

汽车品牌与车标一览

- **A** 欧洲汽车品牌 269
- **B** 美洲汽车品牌 270
- **C** 日韩汽车品牌 271
- **D** 中国汽车品牌 271

第1章

汽车概述

1.1 汽车类型一览

1.1.1 按用途分类

国际上按汽车的用途将汽车分为乘用车和商用车两大类，见图1-1。乘用车即我们平时说的轿车或小车，也包括了轿车的各种变形车，如越野车、SUV 和 MPV。除乘用车之外的其他车都称之为商用车，商用车又被划分为三类，即载货车、载客车和特种车，见图 1-2。本书的内容以乘用车即小车为主。

(a) 乘用车(特斯拉MODEL 3电动汽车)　　　　(b) 商用车(五十铃货车)

图1-1　汽车分类：乘用车和商用车

(a) 商用载货车　　　　　　　　(b) 商用载客车　　　　　　　　(c) 商用特种（消防）车

图1-2　商用车的三大类别

1.1.2　按功能分类

按功能作用不同，乘用车又有以下变种类型：

微型车，一般是指 A 型车中的 A00 级车。A00 级轿车的轴距应在 2m 与 2.2m 之间，发动机排量小于 1L，已停产的燃油汽车例如长安奥拓、长安奔奔、奇瑞 QQ、吉利熊猫，纯电动车型如五菱 MINI EV（见图 1-3）、奇瑞小蚂蚁、长城欧拉，等等，就属于 A00 级轿车。

休闲轿车（Recreational Vehicles，RV）的变种车：小型休闲轿车（Small Recreation Vehicle，SRV），一般为两厢车，如早期别克赛欧 SRV 汽车，见图 1-3。

(a) 微型车(五菱MINI EV)　　　　　　　　(b) SRV(别克赛欧)

图1-3　微型车与SRV车型

多功能汽车（Multi-Purpose Vehicles，MPV）具备两厢式结构，布局以轿车结构为基础，一般直接采用轿车的底盘、发动机，因而具有和轿车相近的外形和同样的驾驶感、乘坐舒适感。大众威然、别克 GL8（见图 1-4）、本田奥德赛、金杯阁瑞斯、江淮瑞风等都属于此类。

(a) MPV(别克GL8)　　　　　　　　(b) SUV(福特探险者)

图1-4　MPV与SUV车型

运动型多功能汽车（Sports Utility Vehicle，SUV），是越野车与旅行车结合体。SUV是集越野、储物、旅行、牵引多种功能为一体的汽车，所以称之为运动型多功能汽车。福特中大型SUV探险者就属于此类车型，见图1-4。

越野车（Off-Road Vehicle，ORV）国际上简称G型车，是指能够适应恶劣道路环境及在野外行驶的车辆，适用于爬坡、涉水等。越野车通常采用四轮驱动和非承载式车身，底盘和悬架的设计与普通轿车有明显区别。如丰田普拉多（见图1-5）、吉普牧马人、长城坦克等。

旅行车，在英语中称为"Wagon"。大多数旅行车都是以轿车为基础，把轿车的后备厢加高到与车顶齐平，用来增加行李空间。Wagon的魅力在于它既有轿车的舒适，也有相当大的行李空间，如大众蔚揽及其他品牌轿车的旅行版本，见图1-5。

(a) 越野车型(丰田普拉多)　　　　(b) 旅行车(大众蔚揽)

图1-5　越野与旅行车型

1.1.3　按级别分类

中国标准按照排量划分：微型轿车（排量为1L以下）、普通级轿车（排量为1～1.6L）、中级轿车（排量为1.6～2.5L）、中高级轿车（排量为2.5～4.0L）、高级轿车（排量为4L以上）。

按欧洲德国的分类标准可将车辆分为A、B、C、D级，其中A级车包括了A00、A0级车，相当于我国微型轿车和普通型轿车；B级和C级分别相当于我国的中级轿车和中高级轿车；D级车相当于我国部分中高级轿车和高级轿车。该级别车的轴距越长，排量和重量越大，轿车的豪华程度也越高。乘用车等级标准及车型示例如表1-1所示。

表1-1　乘用车车型等级分类

级别	轴距/m	排量/L	示例车型		
A00级	2～2.2	<1	奇瑞QQ3	长安奔奔MINI	比亚迪F0
A0级	2.2～2.3	1～1.3	大众POLO	丰田威驰	本田飞度

续表

级别	轴距/m	排量/L	示例车型		
A级	2.3~2.45	1.3~1.6	大众朗逸	日产轩逸	丰田卡罗拉
B级	2.45~2.6	1.6~2.4	丰田凯美瑞	本田雅阁	日产天籁
C级	2.6~2.8	2.4~3.0	奔驰E级	宝马5系	奥迪A6
D级	>2.8	>3.0	奔驰S级	宝马7系	奥迪A8

美系的等级分类标准可从通用汽车公司的分类中略见一斑。通用公司一般将轿车分为6级，它是综合考虑了车型尺寸、排量、装备和售价之后得出的，分级标准及车型示例如表1-2所示。它的 Mini 相当于我国的微型轿车；我国的普通级轿车在通用分类中可找到2个对应级别，即 Small 和 LowMed；各家只对于中级轿车的分类标准比较一致，中级轿车相当于 Interm（B级）；中高级轿车即对应 Upp-med 级别；高级轿车相对应的是 Large/Lux 级别。

表1-2 美系汽车等级分类标准示例

级别	排量/L	示例车型		
Mini	<1	奇瑞QQ3	长安奔奔MINI	比亚迪F0
Small	1~1.3	大众POLO	丰田威驰	本田飞度

续表

级别	排量/L	示例车型		
Lowmed	1.3~1.6	别克凯越	雪佛兰科鲁兹	凯迪拉克CT4
Interm	1.6~2.4	别克君威	雪佛兰迈锐宝	福特蒙迪欧
Upp-med	相当于德系B级高端与C级低端	奔驰E级	宝马5系	奥迪A6
Large/Lux	相当于德系C级高端与D级	奔驰S级	宝马7系	奥迪A8

1.1.4 其他分类法

此外，按不同划分方式，汽车还有很多其他分类方法，如表 1-3 所示。

表1-3 其他汽车分类法

分类方法	类别详情
按品牌归属地划分	德系车：奥迪、保时捷、奔驰、宝马等
	法系车：标致、雪铁龙、雷诺等
	意系车：法拉利、菲亚特、兰博基尼、玛莎拉蒂、阿尔法·罗密欧等
	美系车：别克、雪佛兰、凯迪拉克、林肯、吉普、道奇
	日系车：雷克萨斯、讴歌、英菲尼迪、三菱、马自达、斯巴鲁、五十铃等
	韩系车：现代、起亚、双龙、大宇等
	国产车：吉利、比亚迪、长城、奇瑞等
按发动机位置与驱动形式划分	前置前驱车型：发动机前置在车头，由前轮驱动整辆汽车
	前置后驱车型：发动机前置在车头，由后轮驱动整辆汽车
	后置后驱车型：发动机后置在车尾，由后轮驱动整辆汽车
	四轮驱动车型：又称全轮驱动，是指汽车前后轮都有动力。可按行驶路面状态不同而将发动机输出转矩按不同比例分布在前后所有的轮子上，以提高汽车的行驶能力

续表

分类方法	类别详情
按能源分类	汽油车：动力系统为汽油发动机
	柴油车：动力系统为柴油发动机
	油电混动车：动力系统为发动机加电动机
	纯电动车：动力系统为电动机
	插电混动车：在油电混动车的基础上增加了插入式充电功能
	氢燃料车：以氢作为能量转化为电能驱动电动机做功使汽车行驶
	太阳能车：通过太阳能蓄电板充电储存能量以供行驶的汽车
	燃气车：靠燃烧压缩天然气（CNG）或液化石油气（LPG）等燃料行驶
按变速器操作形式分	手动挡车：动力传动系统的变速器为手动操纵形式，即手动变速器
	自动挡车：动力传动系统的变速器为自动控制形式，即自动变速器
	手自一体式汽车：搭载的自动变速器也兼有手动换挡功能，即M或S运动挡，见图1-6
按车身形式分类	面包车：面包车也就是单厢车，是指前后没有突出的发动机舱和后备厢，就像一个面包一样的车辆统称。由于这种车就像缩小的巴士一样，英文"Minibus"的读音也近似于"面包"，于是就有了"面包车"的外号
	两厢车：两厢车是指少了突出的后备厢的轿车，它将车厢与后备厢做成同一个厢体，并且发动机独立布置。在国外，两厢车通常叫做"Hatchback"，也就是掀背的意思
	三厢车：常见的轿车一般是三厢车，它的车身结构由三个相互封闭用途各异的"厢"所组成，前部的发动机舱、车身中部的乘员舱和后部的后备厢。在国外，三厢车通常叫做Sedan或Saloon
	敞篷车：敞篷车英文名为Roadster/Cabriolet/Convertible，一般是指带有折叠式可开启车顶的跑车，根据车顶材料可以分为软顶敞篷车和硬顶敞篷车

(a) 手动挡变速器　　　　(b) 自动挡变速器　　　　(c) 手自一体变速器

图1-6　不同变速器换挡机构类型

1.2　汽车总体结构

汽车由发动机、底盘、车身、电气系统四大部分组成，这是现代燃油汽车最基本的配置，如图1-7所示。各总成部件分解后的实体效果图如图1-8所示。

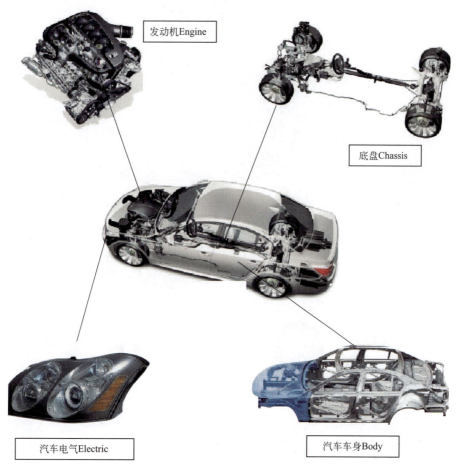

图1-7　汽车总成组成图

1.2.1　汽车发动机

发动机是汽车的心脏，为汽车行驶提供动力，发动机内部通过燃料燃烧，把燃烧过程中产生的热能转变为机械能，再通过底盘的传动机构输送到行驶的车轮上，转变为前进或后退的驱动力。直列汽油发动机组成构件如图1-9所示。

V型发动机与W型发动机除了缸体结构更为复杂，配气、点火、供油、润滑、冷却等系统部件更多以外，主要的部件结构功能都是差不多的，其部件安装位置及名称如图1-10、图1-11所示。

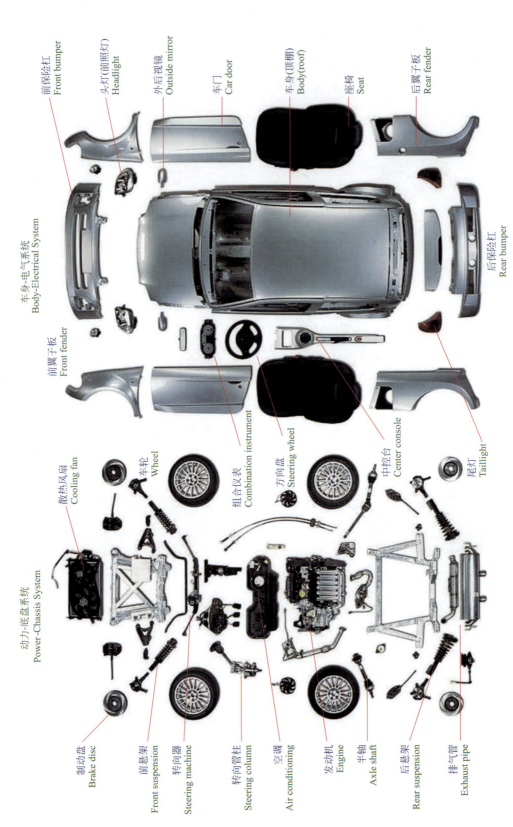

图1-8 汽车总成及车身部件分解

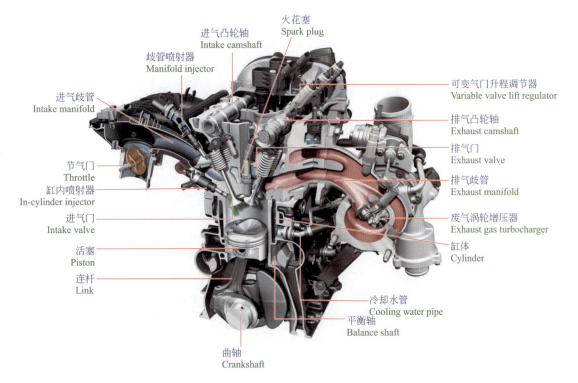

图1-9 直列发动机剖体图解

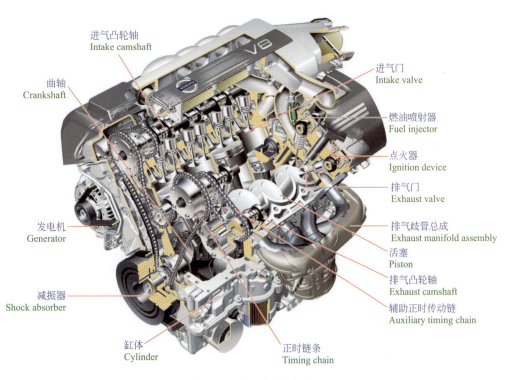

图1-10 V型发动机剖体

第1章 汽车概述 009

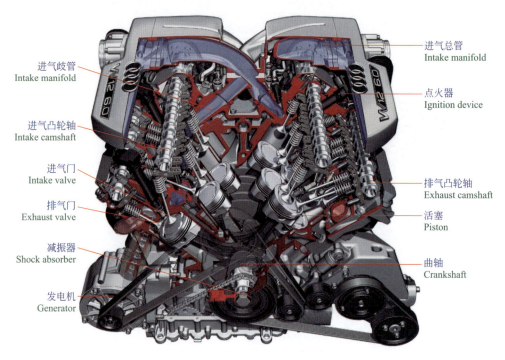

图1-11 W型发动机剖体

以4缸汽油发动机为例,主要零部件分解后实物展示如图1-12所示。

1.2.2 汽车底盘

底盘是构成汽车的主体部分,由底盘传动系统来实现汽车的动力传递功能,发动机输出的动力经离合器、变速器、差速器、传动轴输送到车轮。另外,底盘的制动系统控制四个车轮在行驶中制动的功能,转向系统实现汽车的方向控制,行驶系统的悬架则支撑整个车身并为乘坐提供舒适性。底盘组成如图1-13所示。

1.2.3 汽车电气系统

汽车电气系统分为电源,配电,用电设备三大部分。电源包括蓄电池和发电机;配电装置包括中央接线盒、保险装置、继电器、电线束、插接件和电路开关等;用电设备包括发动机的启动系统、点火系统(汽油机)、照明系统、信号装置、仪表及报警装置、空调、音响、安全与防护电器和汽车电子控制系统等。汽车电气系统类型划分见图1-14。

1.2.4 汽车车身

汽车车身附着于底盘的悬架与车桥之上,作为汽车搭载乘客与拉载货物的空间。客车与轿车的车身一般为一体式,而货车的车身一般为驾驶室与货厢两部分。典型的轿车车身结构如图1-15所示。

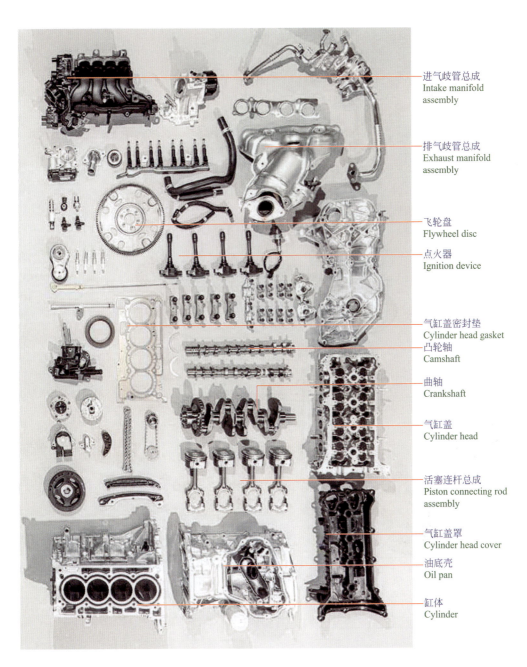

图1-12 发动机总成部件分解图

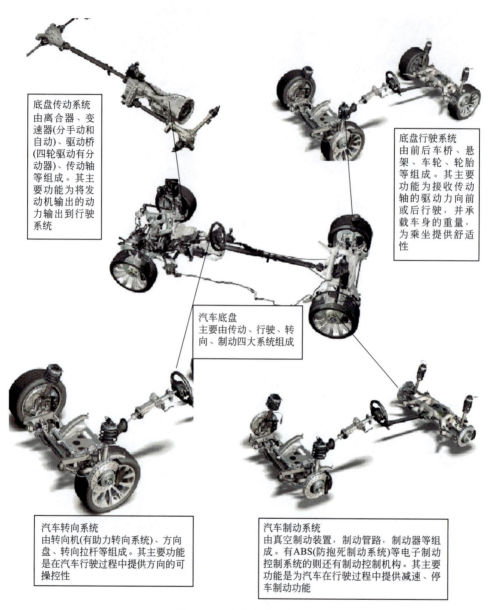

图1-13 汽车底盘系统组成图

图1-14 汽车电气系统组成

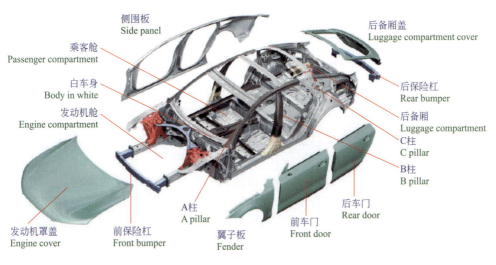

图1-15 汽车车身部件分解图

第1章 汽车概述 013

1.3 汽车型号与VIN编码

1.3.1 国产汽车型号编制规则

汽车型号表明汽车的厂牌、类型和主要特征参数等。汽车型号均应采用汉语拼音字母和阿拉伯数字,且由以下三部分组成,如图1-16所示。

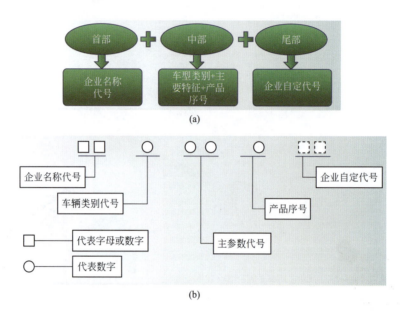

图1-16 国产汽车型号编制规则

（1）首部

首部为企业名称代号（由2～3个汉语拼音字母组成）。例如,CA代表第一汽车制造厂,DFM代表东风汽车制造厂。部分常见汽车厂商代号如表1-4所示。

表1-4 部分国产汽车厂商代号

代号	CA	DFM	LZ	LZW	BYD	SC	CC
企业	一汽	东风	柳州（东风）	柳州五菱	比亚迪	长安	长城
代号	SQR	JL	GAH	BJ	SH	CSA	CH
企业	奇瑞	吉利	广汽	北汽	大通（上汽）	荣威/MG	昌河（北汽）
代号	HFC	JX	HFC	LXA	HMA	DN	EXH
企业	江淮	江铃	蔚来	理想	小鹏/海马	东南	威马

（2）中部

中部由4位阿拉伯数字组成,含义见表1-5。

① 左起首位数字：表示车辆类别代号。

② 中间两位数字：表示汽车主要特征参数。
③ 最末位数字：表示产品序号。

表1-5 中部4位数字表示意义

首位：车辆类别	1	2	3	4	5	6	7	8	9
	载货汽车	越野汽车	自卸汽车	牵引汽车	专用汽车	客车	轿车	挂车	半挂汽车
中间两位：特征参数	汽车总质量数值（t）	—	汽车总质量数值（t）	—	—	汽车总长度数值（m）	发动机工作容积数值（L）	—	汽车总质量数值（t）
末位	企业自定义产品序号								

（3）尾部
尾部为企业自定代号，如为表示变型车（采用不同发动机、加长轴距、双排座等的汽车称为变型车），在尾部加企业自定代号 A、B、C 等。

（4）车型型号实例
① 载货汽车型号。按总质量（t）分级：1.8t、6t、14t（实例见表1-6）。

表1-6 载货汽车型号实例

货车级别	示例品牌车型	型号	铭牌参数示例
微型货车	五菱荣光新卡	LZW1029	整车型号 LZW1029SPWA；品牌 五菱；整车整备质量 1206 kg；乘坐人数 5；最大允许总质量 1990 kg；发动机型号 L3C；发动机最大净功率 70 kW
轻型货车	江西五十铃翼放ES	JXW1040	生产厂名 江西五十铃汽车有限公司；制造国 中国；品牌 江西五十铃；最大允许总质量 4495kg；底盘型号 JXW1040CDJ2；整车整备质量 2100kg；发动机型号 4JJ1GJ
中型货车	江淮格尔发K3	HFC1161	型号 HFC1161PZ5K1E1F；整备质量 5500 Kg；发动机型号 CA4DLD-15E4R；最大允许总质量 15600 Kg；发动机最大净功率/额定功率 110/112 kW
重型货车	解放J6P	CA1310	品牌 解放牌；制造国 中国；车型号 CA1310P66K2□714L5；发动机型号 CA6DL2-35E5；发动机最大净功率 258 kW；最大允许牵引质量 29800 kg；整备质量 11000 kg；最大允许总质量 31000 kg

② 客车型号。按车长（单位：m）分级：3.5m、7m、10m、12m（实例见表1-7）。

表1-7 客车型号实例

客车级别	示例品牌车型	型号	铭牌参数示例
微型客车	五菱之光	LZW6389	整车型号 LZW6389BQV6；最大允许总质量 1575 kg；发动机排量 1206 mL；发动机最大净功率 54 kW；发动机型号 151；品牌 五菱；制造年月 2020-05；乘坐人数 5
轻型客车	金杯海狮	SY6503	品牌 金杯牌；制造国 中国；整车型号 SY6503H2S3BH；最大允许总质量 2800 kg；乘坐人数 10人；发动机型号 1TZS；发动机排量 1998 mL
中型客车	柯斯达	SCT6706	品牌 柯斯达（COASTER）；制造国 中华人民共和国；整车型号 SCT6706GRB53LB；发动机型号 9GR；发动机排量 3956 mL；发动机最大净功率/转速 151/4200 kW/(r/min)；最大允许总质量 5540 kg；乘坐人数 20
大型客车	安凯星凯龙	HFX6101	安徽安凯车辆制造有限公司 星凯龙牌客车；整车型号 HFX6101HK2；发动机型号 YC6G240-30；总质量 13400 kg；发动机排量 7500 mL；乘员数 41人
特大型客车	桂林大宇	GDW6121	品牌 桂林大宇牌；整车型号 GDW6121HK6；发动机型号 YC6L330-30；发动机额定功率 243 kW；乘坐人数 55

③轿车型号实例。我国轿车型号按发动机排量大小分类的实例见表1-8。

表1-8 轿车型号实例

轿车类型	排量等级/L	示例品牌车型	铭牌参数示例
微型轿车	≤1.0	比亚迪F0	品牌 比亚迪；制造国 中国；整车型号 BYD7100L5A1；乘坐人数 5；制造年月 2017年05月；发动机型号 BYD371QA；发动机排量 998mL
普通轿车	1～1.6	大众桑塔纳	整车型号 SVW71512AF；乘坐人数 5；发动机型号 DLF；发动机排量 1498 mL；最大允许总质量 1580kg；制造年月 2020-08；发动机最大净功率 82 kW；制造国 中国

续表

轿车类型	排量等级/L	示例品牌车型	铭牌参数示例
中级轿车	1.6～2.5	丰田凯美瑞	整车型号 GTM7201CSM 车辆识别代号 发动机型号 M20C 发动机排量 1987mL 发动机最大净功率 131kW 制造年月 2020年 9月
中高级轿车	2.5～4.0	奥迪A6L	商标 奥迪(AUDI) 型号：FV7301FCDBG 车辆识别代号 制造日期：2017/11/11 最大允许总质量：2460 kg 乘坐人数：5人 发动机型号：CTD 发动机最大净功率：200 kW 排量：2995 mL
高级轿车	>4.0	红旗盛世	HQ430 V8

1.3.2 车辆识别代码（VIN）编制

世界汽车识别代码（Vehicle Identification Number，VIN 码），是国际上通行的标识汽车的代码。它由 17 位字母和阿拉伯数字组成，故也称"17 位编码"。它可保证每个制造厂在 30 年内生产的每辆汽车识别代码的唯一性，就像身份证号码一样不会发生重号或错认，故又称为"汽车身份证"。

VIN 码一般标示在汽车前半部易于看到且能防止磨损或替换的部位。如下列位置：汽车仪表与前风窗左下角交界处，发动机前横梁上，左前门边或立柱上，驾驶员左腿前方，前排左侧座椅下部，风窗玻璃下车身处等。

VIN 码由三部分共 17 位数字和字母组成。第一部分为制造厂识别代号（WMI），第二部分为车辆说明部分（VDS），第三部分为车辆指示部分（VIS），如图 1-17 所示。

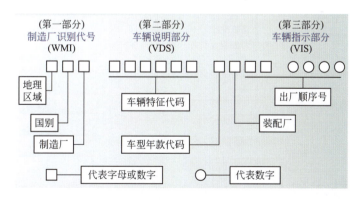

图 1-17 VIN 码组成示意图

以一汽大众品牌车型为例，VIN 编码解读的具体示例如图 1-18 所示。

图1-18 大众VIN编码详解

1.3.3 汽车技术参数

车长（mm）： 汽车长度方向两极端点间的距离。
车宽（mm）： 汽车宽度方向两极端点间的距离。

车高（mm）：汽车最高点至地面的距离。
轴距（mm）：汽车前轴中心至后轴中心的距离。
轮距（mm）：汽车同一车桥左右轮胎胎面中心线间的距离。
前悬（mm）：汽车最后端至前轴中心的距离。
后悬（mm）：汽车最后端至后轴中心的距离。
最小离地间隙（mm）：汽车满载时，最低点到地面的距离。
接近角（°）：汽车前端突出点向前轮引的切线与地面的夹角。
离去角（°）：汽车后端突出点向后轮引的切线与地面的夹角。
转弯半径（mm）：汽车转向时，汽车外侧向轮的中心平面在车辆支撑平面上的轨迹圆半径。方向盘转到极限位置时的转弯半径为最小转弯半径。

以上参数图示见图 1-19。

图1-19　汽车尺寸参数

最高车速（km/h）：汽车在平直道路上行驶时能够达到的最大速度。
最大爬坡度（%）：汽车满载时的最大爬坡能力。
平均燃料消耗量（L/100km）：汽车在道路上行驶时每百公里平均燃料消耗量。
车轮数和驱动轮数（$n \times m$）：车轮数以轮毂数为计量依据，n 代表汽车的车轮总数，m 代表驱动轮数。
整车装备质量（kg）：汽车完全装备好的质量，包括润滑油、燃料、随车工具和备胎等所有装置的质量。
最大总质量（kg）：汽车满载时的总质量。
最大装载质量（kg）：汽车在道路上行驶时的最大装载质量。
最大轴载质量（kg）：汽车单轴所承载的最大总质量，与道路通过性有关。

汽车构造与原理

Automobile Structure and Principle

第2章

汽车发动机

2.1 发动机概述

2.1.1 汽车发动机的类型

常见的汽车发动机有汽油发动机与柴油发动机。这两种发动机最大的区别在于使用燃料不同。燃料的特性不一样，决定它们的机构也有所区别。汽油机比柴油机多出点火系统。柴油机因为采用压燃的方式，所以不需点火，在气缸压缩温度达到着火点后即自行燃烧。

汽车发动机的分类及相关概念见图2-1。

2.1.2 发动机术语与性能参数

上止点：活塞在气缸内做往复直线运动时向上运动到的最高位置。
下止点：活塞在气缸内做往复直线运动时向下运动到的最低位置。
活塞行程：活塞在两个止点间移动的距离，即上下止点间的距离（见图2-2）。
燃烧室容积：活塞处于上止点时，其顶部与气缸盖之间的容积。
气缸总容积：活塞处于下止点时，其顶部与气缸盖之间的容积。
气缸工作容积：气缸总容积与燃烧室容积之差，即活塞在上下止点间运动所扫过的容积。

汽车发动机的分类
- 按燃料类别分
  - ① 柴油发动机(欧款小汽车多用，此外，重型卡车和大客车也多用柴油机)
  - ② 汽油发动机(小轿车用得多的发动机)
  - ③ CNG发动机
  - ④ LPG发动机(多用于公交客车上)
  - ⑤ 汽油/CNG发动机，氢气/汽油发动机
- 按做功行程分
  - ① 四冲程发动机(目前，绝大多数汽车发动机属于此类)
  - ② 二冲程发动机(现在，主要应用于摩托车)
- 按气缸数目分
  - ① 双缸发动机
  - ② 3缸发动机(少见，微型车中有用到，为直列式，如奇瑞QQ汽车配置的371型)
  - ③ 4缸发动机(当前汽车配置最多的一种发动机，为L直列式)
  - ④ 5缸发动机(少见，形式为直列)
  - ⑤ 6、8、10、12缸发动机(多为V、W型，属于中高级、豪华轿车的配置。其中，V型6缸应用最为广泛)
- 按气缸排列分
  - ① L直列发动机(多为3、4、5、6缸)
  - ② V型发动机(多为6、8、10、12缸)
  - ③ W型发动机(多为12、24缸)
  - ④ 对置发动机
  - ⑤ 斜置发动机
- 按冷却方式分
  - ① 水冷发动机(汽车发动机中应用最多的一种)
  - ② 风冷发动机(多见于单、双缸的摩托车用发动机，跑车中也有用到)
- 按活塞形式分
  - ① 往复活塞发动机(汽车发动机应用最多的一种)
  - ② 转子活塞发动机(少见，马自达RX-8跑车有用到)
- 按供油方式分
  - ① 化油器式发动机(早期汽车所用汽油发动机形式)
  - ② 电控/喷发动机(目前所有生产装配的发动机都是带电子控制的)

直列4缸水冷电控四行程往复式汽油发动机

V型6缸发动机的缸体

W型12缸6.0L发动机

保时捷跑车用对置式发动机

图2-1　汽车发动机分类

压缩比：表示发动机混合气体被压缩的程度，用压缩前的气缸总容积与压缩后的气缸容积（即燃烧室容积）之比表示，见图2-3。压缩比与发动机性能有很大关系，通常低压缩比指的是压缩比在10以下，高压缩比在10以上。相对来说，压缩比越高，发动机的动力就越大。

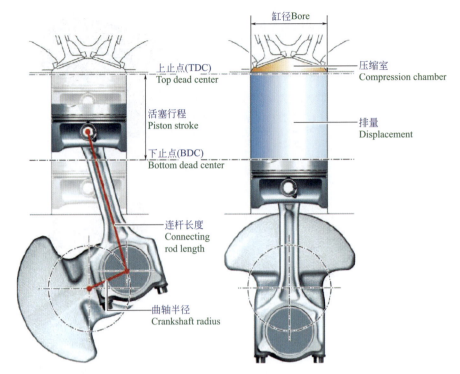

图2-2 发动机基本概念

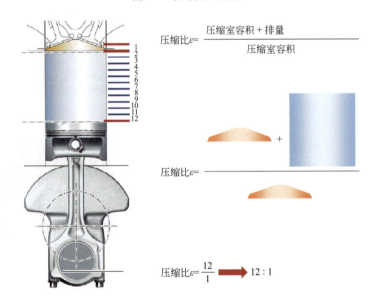

图2-3 发动机压缩比

发动机排量：多缸发动机各缸工作容积的总和。见图 2-4。

四冲程发动机：曲轴转两圈，活塞上下往复运动四次，完成一个工作循环的发动机。

空燃比：如图 2-5 所示表示空气和燃料质量的混合比。将实际空燃比与理论当量空燃比 14.7 的比值定义为过量空气系数，用符号 λ 表示。

功率：发动机在单位时间所做的功。是表示汽车行驶快慢的指标。通俗地说，发动机功率越大，表示汽车跑得越快。发动机功率单位为千瓦（kW），1hp（马力）=0.735kW。

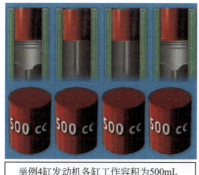
举例4缸发动机各缸工作容积为500mL

发动机工作排量为2L

图2-4 发动机排量示意图

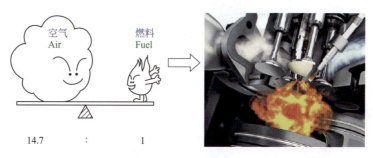

图2-5 空燃比概念

转矩：发动机曲轴端所发出的力矩。是汽车加速能力体现的指标。通俗地说，转矩越大，汽车的瞬间加速能力也就越强。发动机转矩的表示单位为：牛·米（N·m）。

爆震：在压缩行程还未到达设计的点火位置，燃气混合物自行点火燃烧。此时，燃烧所产生的巨大冲击力与活塞运动的方向相反、引起发动机振动，这种现象称为爆震。爆震又分为有感爆震与无感爆震两种，有感爆震通常会引起发动机抖动，甚至车身也明显地发生抖动，无感爆震主要的表现是发动机噪声加大。

怠速：怠速状态是指发动机空转时的一种工作状况。在发动机运转时，如果完全放松油门踏板，这时发动机就处于怠速状态。发动机怠速时的转速被称为怠速转速，是维持发动机没有做功时正常运转的最低转速。怠速转速可以通过调整节气门开度和空气流量计的怠速螺钉等来调整其高低。一般来讲，怠速转速以发动机不抖动时的最低转速为最佳。发动机的正常怠速一般为（850±50）r/min。

2.2 汽油发动机结构与原理

2.2.1 汽油发动机基本结构

发动机是由曲柄连杆和配气两大机构,以及冷却、润滑、点火、燃料供给、启动系统五大系统组成。发动机系统组成与部件构造见图2-6。

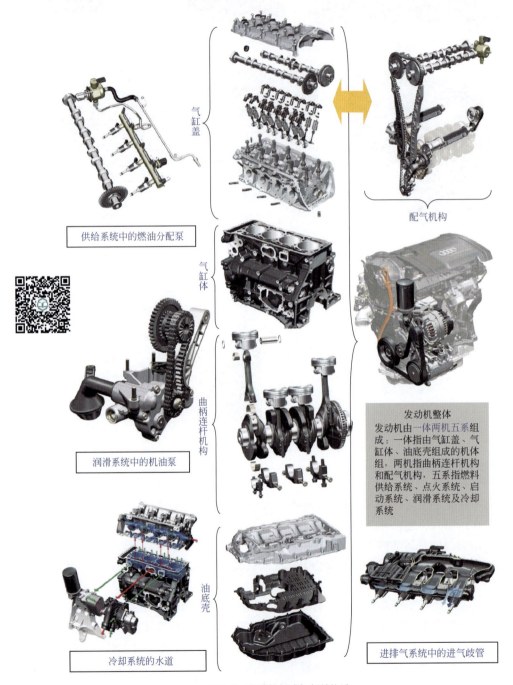

图2-6 发动机组成与部件构造

2.2.2 汽油发动机工作原理

最常用的汽车发动机为四冲程汽油发动机，其工作原理如图2-7所示。

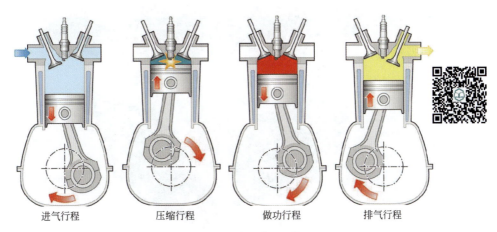

图2-7　四冲程汽油机工作原理图

进气行程：发动机进气门开启，排气门关闭，活塞从上止点向下止点移动，活塞上方的容积增大，从而气缸内的压力降低到大气压力以下，即在气缸内产生真空吸力。这样，可燃混合气（歧管燃油喷射）或新鲜空气（缸内燃油直喷）便经进气歧管和进气门被吸入气缸。

压缩行程：为使吸入气缸的可燃混合气能迅速燃烧，必须在燃烧前将其压缩。在压缩行程中，进、排气门全部关闭，曲轴推动活塞从下止点向上止点移动，把可燃混合气压至燃烧室。

做功行程：压缩行程结束时，进、排气门仍关闭，喷油器向缸内喷射燃油（直喷型发动机）同时火花塞发出电火花点燃混合气，迫使活塞迅速下行经连杆推动曲轴旋转而做功。

排气行程：可燃混合气燃烧后生成的废气，必须从气缸中排出，以便进行下一个进气行程。当做功行程结束时，排气门开启，靠废气的压力进行自由排气，活塞到达下止点后再向上移动，继续将废气强制排到大气中。

2.3 柴油发动机结构与原理

2.3.1 柴油发动机基本结构

柴油机和汽油机一样，每个工作循环也经历进气、压缩、做功和排气四个行程。它与汽油机的不同之处在于：在进气行程时柴油机吸入的是新鲜空气，在压缩行程接近终了时，柴油经喷油器喷入气缸，在很短的时间内与压缩后的高温空气混合后便立即自行燃烧。因此，柴油机燃烧对空气温度有一定要求，这也是柴油机在低温地区或冬季难以启动的原因。

常见的直列式与V型柴油发动机的部件分布和名称如图2-8、图2-9所示。

图2-8 直列柴油机剖体图

图2-9 V型6缸柴油机剖体图

图2-10所示为6缸柴油发动机分解后的零部件实物展示。

2.3.2 柴油发动机工作原理

柴油机的工作是由进气、压缩、燃烧膨胀（做功）和排气这四个行程来完成的，这四个行程构成了一个工作循环。活塞走完四个行程才能完成一个工作循环的柴油机称为四冲程柴油机。四个行程如图2-11所示。

图2-10　6缸柴油发动机部件分解

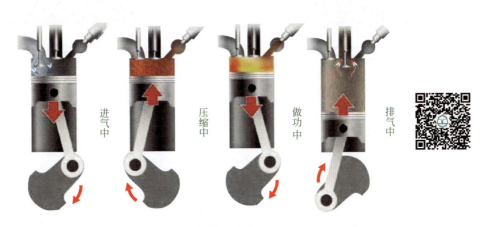

图2-11　柴油机四个行程

　　第一行程——进气，它的任务是使气缸内充满新鲜空气。当曲轴旋转时，连杆使活塞由上止点向下止点移动，同时，利用与曲轴相连的传动机构使进气阀打开。随着活塞的向下运动，气缸内活塞上面的容积逐渐增大，造成气缸内的空气压力低于进气管内的压力，因此外面空气就不断地充入气缸。

　　第二行程——压缩。压缩时活塞从下止点向上止点运动，当活塞上行，进气阀关闭以后，气缸内的空气受到压缩。随着容积的不断变小，空气的压力和温度也就不断升高，柴油发动机的压缩比等于15～23（约为汽油发动机的2～3倍），燃烧室温度可达到500～800℃。

　　第三行程——燃烧膨胀。当活塞将要完成向上行程时，喷油嘴将高压燃油喷进已达到高压和高温的空气，空气的高温使燃油自燃。燃烧时放出大量的热量，因此气体的压力和温度便急剧升高，活塞在高温高压气体作用下向下运动，并通过连杆使曲轴转动，对外做功。所以这一行程又叫做功或工作行程。

第四行程——排气。排气行程的功用是把膨胀后的废气排出去,以便充填新鲜空气,为下一个循环的进气作准备。当工作行程活塞运动到下止点附近时,排气阀开起,活塞在曲轴和连杆的带动下,由下止点向上止点运动,并把废气排出气缸。

2.4 曲柄连杆机构

2.4.1 机体组

发动机机体(Cylinder block)主要由气缸体、气缸盖、气缸盖罩、气缸衬垫、主轴承盖以及油底壳等组成,如图 2-12 所示。机体组是发动机的支架,是曲柄连杆机构、配气机构和发动机各系统主要零部件的装配基体。气缸盖用来封闭气缸顶部,并与活塞顶和气缸壁一起形成燃烧室。另外,气缸盖和机体内的水套和油道以及油底壳又分别是冷却系统和润滑系统的组成部分。

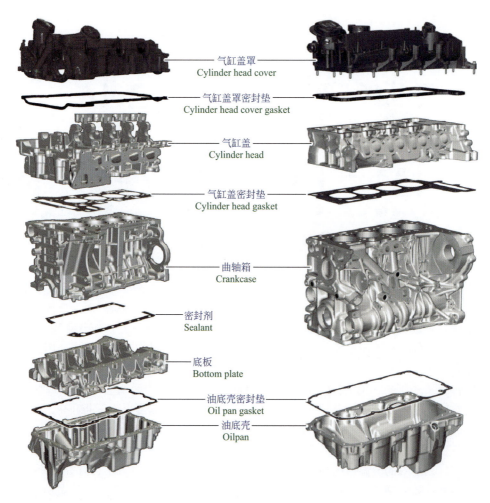

图2-12 发动机机体组配件概览

2.4.2 活塞连杆组

发动机活塞连杆组主要由活塞、活塞环、活塞销、连杆及连杆轴瓦等组成，如图 2-13 所示为柴油发动机活塞连杆组。该组件将活塞的往复运动转变为曲轴的旋转运动，同时将作用于活塞上的力转变为曲轴对外输出的转矩，以驱动汽车车轮转动。活塞连杆组是发动机的传动件，把气体燃烧形成的压力传给曲轴，使曲轴旋转并输出动力。

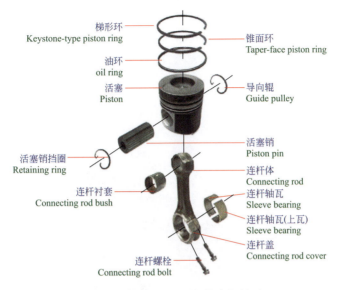

图2-13　活塞连杆组配件概览（柴油机）

如图 2-14 所示的无连杆衬套的活塞连杆组件（汽油机），连杆是裂解式的，连杆大头使用的是二元无铅轴承（与主轴承一样）。连杆小头省去了青铜衬套。整个发动机使用的都是无铅轴承。

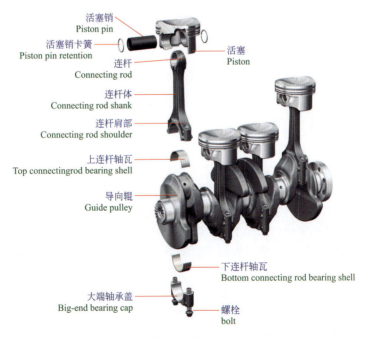

图2-14　无连杆衬套的活塞连杆组件（汽油机）

无连杆衬套的轴承首次用于轿车发动机上，是在德国奥迪公司的专利中。活塞销在连杆内直接与钢结合在一起，在活塞内直接与铝合金结合在一起。为此，活塞销使用了一种专用的表面涂层，称之为 DLC 涂层。

2.4.3 曲柄飞轮组

曲轴飞轮组主要由曲轴、飞轮以及其他不同作用的零件和附件组成，如图 2-15 所示。其零件和附件的种类和数量取决于发动机的结构和性能要求。曲轴飞轮组的作用是：把活塞的往复运动转变为曲轴的旋转运动，为汽车的行驶和其他需要动力的机构（如配气机构、机油泵、水泵、风扇、发电机、空调压缩机等）输出转矩；同时还储存能量，用以克服非做功行程的阻力，使发动机运转平稳。

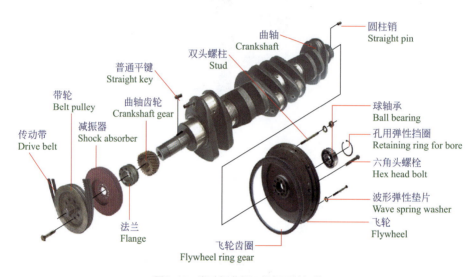

图 2-15　发动机曲轴飞轮组配件概览

2.4.4 平衡组件

发动机在工作中，其上作用着各种力和力矩。这些力和力矩使得发动机振动，因此就决定了工作平稳性和部件负荷状况。如果因发动机悬置没有形成良好的支承，导致将振动传到车身上，那么行驶舒适性将大受影响。发动机工作时产生的力分为一阶力和二阶力。一阶力是惯性力，是由转动部件的离心力产生的，曲轴可以通过安装平衡配重和曲拐来抵消这种力。而二阶力就需要通过专门的措施来进行抵消了。二阶力是由曲柄连杆机构部件平移产生的，其应对措施就是使用平衡轴。平衡轴一般通过齿轮或者链条由曲轴直接驱动。平衡轴的转速是曲轴转速的 2 倍，一根平衡轴与曲轴转动方向相同，另一根平衡轴通过一个中间齿轮按与曲轴转动的相反方向转动。平衡轴结构形式如图 2-16 所示。

平衡轴可以直接安装在缸体内，或者合成一个单独的平衡轴模块。平衡轴和中间齿轮的轴向和径向都使用滚子轴承，如图 2-17 所示。轴承是通过缸体内的机油油雾来润滑的。

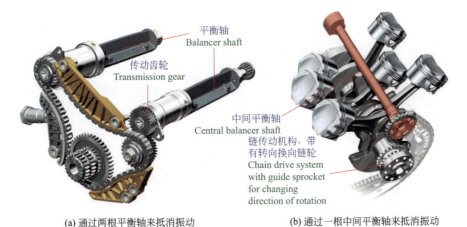

(a) 通过两根平衡轴来抵消振动　　(b) 通过一根中间平衡轴来抵消振动

图2-16　通过平衡轴来抵消振动

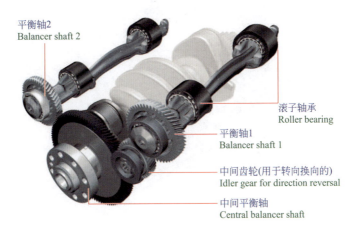

图2-17　平衡轴模块

2.5　配气机构

发动机配气机构按照发动机每一气缸内所进行的工作循环和点火顺序的要求，定时开启和关闭各气缸的进、排气门，使新鲜的可燃混合气（汽油机）或空气（柴油机）得以及时进入气缸，废气得以及时从气缸排出。在压缩与做功行程中，关闭气门以保证燃烧室的密封。

配气机构可分为气门组和气门传动组两大部分，如图2-18所示。气门组包括气门及与之相关联的零件，其组成与配气机构的形式基本无关。气门传动组是从正时链轮开始至推动气门动作的所有零件，其组成视配气机构的形式而有所不同，它的功用是定时驱动气门使其开闭。

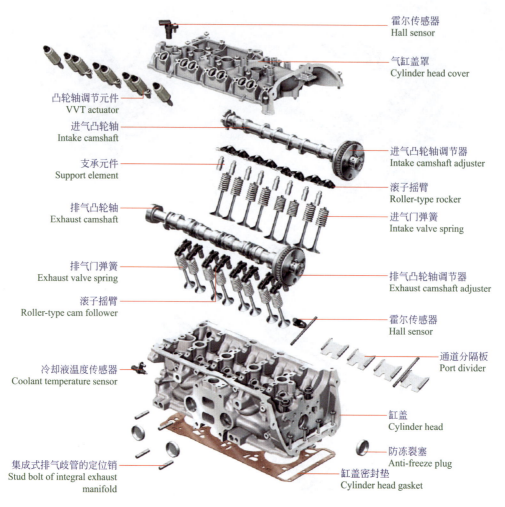

图2-18 配件机构部件分解

2.5.1 气门组

气门组包括气门、气门导管、气门座及气门弹簧等零件，如图 2-19 所示。有的进气门还设有气门旋转机构，气门组应保证气门对气缸的密封性。

气门所承受的负荷是非常大的，气门工作时除了承受机械负荷外，还要承受热负荷和摩擦。因此对气门的结构和材质都有相应的要求。比如有些气门是充钠的，以便更好地导热。排气门所承受的热负荷明显大于进气门，因为排气门几乎不会接触较凉的气体。排气门温度最高可达700℃，主要是通过气门座来散热。

气门与气门导管和气门弹簧共同构成一个总成，安装时的状态如图 2-20 所示。一个气门分为气门头、气门座和气门杆三部分。气门座与气门座圈共同构成一个功能单元。

气门主要分为三种类型：单一金属气门、双金属气门和空心气门。单一金属气门由一种材料制成，通过锻造方式制成所需形状。双金属气门的气门杆和气门头单独制造，最后通过摩擦焊接方式接合在一起。空心气门用于排气门侧，以便降低内圆角和气门面附近的温度，为此，采用空腔结构。为了传导热量，气门杆空腔大约 60% 的部分填充一种可在 97.5℃ 时熔化的材料

（金属钠），这种材料可根据发动机转速在气门空腔内产生振动。内圆角和气门头处产生的部分热量通过液态材料传至气门导管并进入冷却循环回路，从而显著降低气门温度。

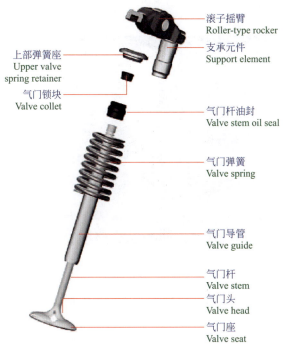

图2-19 气门组部件

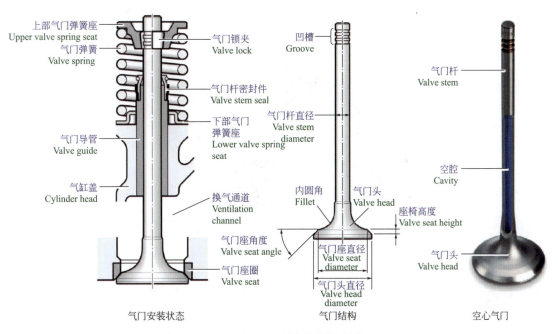

图2-20 气门组部件安装位置及结构

2.5.2 气门传动组

摇臂、压杆或挺杆负责将凸轮运动传给气门,如图 2-21 所示,因此这些部件也称作传动元件。传动元件沿凸轮轮廓移动,直接或间接(以一定传动比)传递运动。

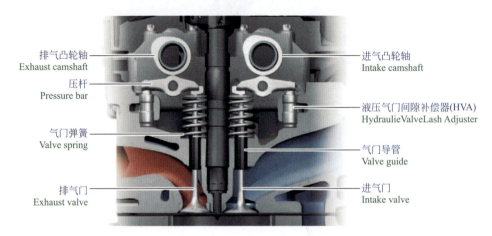

图2-21 带压杆的气门传动机构

摇臂是一种间接驱动的气门机构。摇臂支承在轴的中部。凸轮轴位于摇臂下方的一端。摇臂另一侧对发动机进气门或排气门进行操控。现代发动机很少使用摇臂。

压杆也是采用间接传动方式的气门机构部件。但是它不支承在轴上,而是一端直接支承在气缸盖上或在一个 HVA(液压气门间隙补偿器)元件上,另一侧靠在气门上。凸轮轴的凸轮从上面压向压杆中部。现在使用的压杆几乎都是滚子式气门摇臂,如图 2-22 所示。

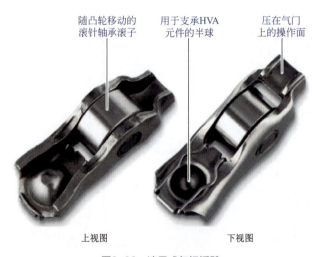

图2-22 滚子式气门摇臂

挺杆是进气门和排气门的直接传动装置,不改变凸轮的运动或传动比。挺杆用于传递直线运动,其导向部件位于气缸盖内。当气门机构带有挺杆和液压气门间隙补偿装置时,HVA(液压气门间隙补偿器)元件是挺杆的一个组成部分。使用最多的是桶状挺杆,带桶状挺杆的气门机构如图 2-23 所示。

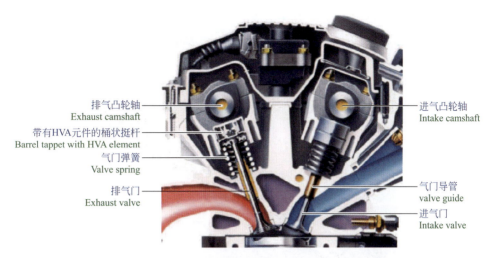

图2-23 带有桶状挺杆的气门机构

凸轮轴的位置有下置式、中置式和顶置式三种。下置式配气机构的凸轮轴位于曲轴箱内，中置式配气机构的凸轮轴位于机体上部，顶置式配气机构的凸轮轴位于气缸盖上。现在大多数量产车的发动机配备的是顶置式凸轮轴。

顶置凸轮轴（Overhead Camshaft，OHC）是一种现今流行的汽车发动机气门机构。按照配气结构内包含的凸轮轴数目，顶置凸轮轴可分为单顶置凸轮轴（Single Overhead Camshaft，SOHC）和双顶置凸轮轴（Double Overhead Camshafts，DOHC），结构形式如图2-24所示。单顶置凸轮轴采用的是一种在气缸盖内只设置一支凸轮轴的设计。双顶置凸轮轴简称"双凸轮轴"（twin cam）采用的是一种在气缸盖内配备两支凸轮轴的气门排列形式，两支凸轮轴分别控制进气门和排气门。

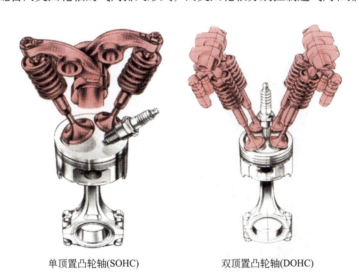

单顶置凸轮轴(SOHC)　　双顶置凸轮轴(DOHC)

图2-24 顶置凸轮轴布置形式

凸轮轴控制换气过程和燃烧过程。其主要任务是开启和关闭进气门和排气门。凸轮轴由曲轴驱动，其转速与曲轴转速之比为1∶2，即凸轮轴转速只有曲轴转速的一半，这可以通过链传动实现。

开启气门时，凸轮作用力通过一个或多个操纵元件传至气门上（靠在凸轮上的元件称为凸轮随动件），克服气门弹簧力开启气门；关闭时，通过气门弹簧力关闭气门并在气门座区域使气门保持关闭状态。

凸轮轴的主要部分是圆柱形轴身，根据具体结构采用空心或实心轴身。轴身上带有凸轮，工作作用力由凸轮轴轴承承受。凸轮轴上也可带有用作凸轮轴传感器参考基准的轮齿。维修时，需要用于安装专用定位工具的双平面轴颈和用于装配时顶住凸轮轴的扳手宽度面。凸轮轴结构形式如图2-25所示。

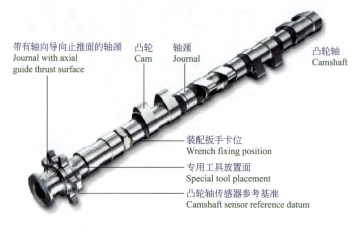

图2-25 凸轮轴结构

凸轮轴的主要传动方式是链传动。如果需要传递的力较大或者传递力需要横跨的距离较大，就使用链传动机构，链条将曲轴上驱动轮的转动传给凸轮轴上的链轮。液压链条张紧器负责将链条持续张紧，这种链条张紧器对降低链条磨损具有重要作用。

塑料制的导轨（或叫滑槽）用于引导链条并降低工作噪声。根据链条的走向路径，可能会使用多个链条张紧器。如果发动机不同和要驱动的辅助系统数目也不同，则所使用的链传动机构数量也就不同。用于驱动辅助系统的链传动机构，一般用机械式张紧元件来张紧。4缸汽油发动机正时链机构组成部件如图2-26所示。

图2-26 发动机链传动机构

根据发动机的复杂程度和要驱动的辅助系统的数目,选择所使用的链条机构数量。复合式链传动机构主要用于V型和W型发动机,其结构形式如图2-27所示。

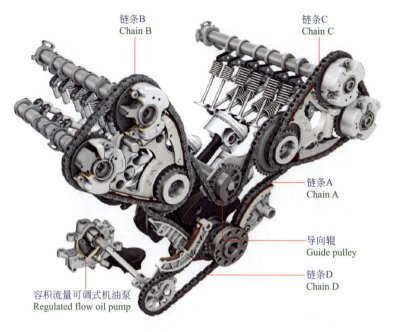

图2-27 复合式链条传动机构

根据对链传动机构要求的不同,链条分为滚子链、套筒链和齿形链。

滚子链的链节上有内链板和外链板,这两个元件构成了链节的框架,如图2-28(b)所示。链销负责把内链板和外链板彼此连接起来,另外,链销还负责将各个链节彼此连接起来。链销在轴套内,而轴套又在滚子内。滚子在套筒上贴着链轮齿廓滚动。滚子和轴套之间的润滑剂能起到降低噪声和减振的作用。

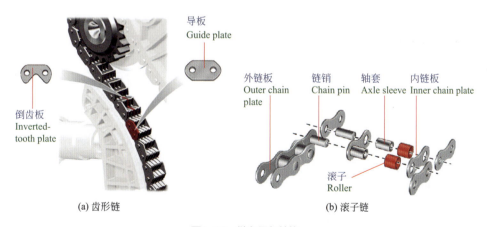

图2-28 链条局部结构

套筒链与滚子链结构上的区别,仅在于省去了滚子。在这种结构的链子上,链轮齿廓直接与固定不动的轴套在同一位置相接触,因此这种链条的良好润滑就显得特别重要了。套筒链链条在活结处磨损很小。

齿形链是一种效率极高的链条结构形式，使用所谓的齿形链板来传力。齿形链板叠加成多层并错置布置，侧面的导板用于防止链子脱出，如图2-28（a）所示。

驱动凸轮轴的方法除了使用钢链以外，还可以使用齿形带。齿形带机构用塑料带来将凸轮轴和曲轴连在一起以便驱动。齿形带中设计了张紧轮，负责给齿形带预紧，以便可靠工作。齿形带机构还驱动其他部件，比如水泵。张紧轮和导向轮上有凸缘，可防止齿形带脱出。4缸汽油发动机正时带驱动机构组成部件如图2-29所示。

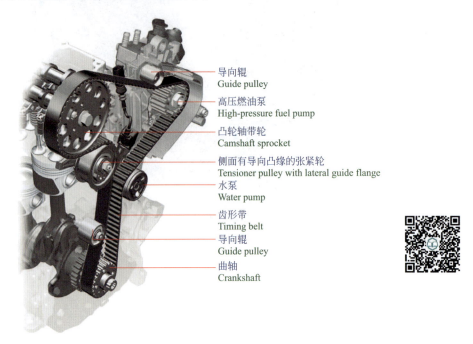

图2-29 齿形带的结构

2.5.3 配气正时与气门间隙

曲轴位置用相对于两个基准点的角度值（°）表示，也称为曲轴转角。两个基准点是活塞上止点（TDC）和下止点（BDC）。

曲轴转角用TDC或BDC前后多少度来表示，即活塞到达止点前/后的曲轴角度。

每进行一个冲程，曲轴旋转180°，活塞由一个止点移动到另一个止点。因此四冲程发动机完成一个循环时曲轴旋转720°即转动两圈。

通过进气门和排气门吸入新鲜汽油空气混合气和排出废气称为换气。气门的开启和关闭时刻也取决于曲轴转角，这些时刻又称为**正时时间**，决定发动机的换气控制。表2-1展示了汽油发动机正时时间的参照值。

表2-1 汽油发动机正时时间参照值

气门	打开	关闭
进气	TDC前10°～15°	BDC后40°～60°
排气	BDC前45°～60°	TDC后5°～20°

由表2-1可知，活塞开始向下移动前进气门打开，活塞重新开始向上移动后进气门关闭。排

气门的运行方式与进气门相似，活塞开始向上移动前排气门打开，活塞重新开始向下移动后排气门关闭。图 2-30 所示的配气相位图展示了发动机的正时时间。

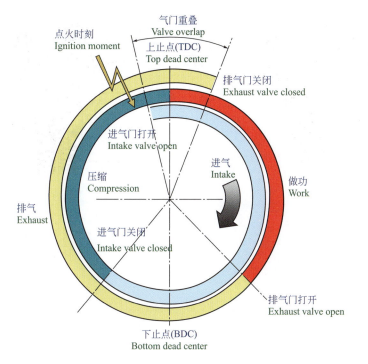

图2-30　汽油发动机配气相位图

在整个四冲程过程中，曲轴完整旋转两圈，活塞各经过上止点和下止点两次。但是由于两次经过上止点时的情况不同，因此需要另外一个在循环过程中仅出现一次的基准点。为此采用所谓的**点火 TDC**，它是开始燃烧时的上止点。

燃烧室充气量指的是进气行程中进入气缸内的新鲜空气量（汽油空气混合气或空气）。燃烧室充气量越大，发动机输出功率就越高。使进气门开启时间超过曲轴转角 180° 可提高燃烧室充气效率和发动机功率，即进气门在活塞到达 TDC 前打开并在活塞到达 BDC 后关闭。如图 2-31 所示，进气门和排气门同时打开的这种状态称为**气门重叠**。此外还能通过减小新鲜空气进气阻力和降低燃烧室温度来提高充气效率。

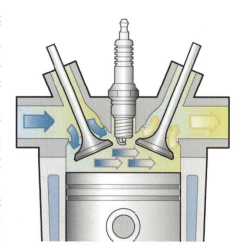

图2-31　气门重叠

进行排气行程时，排气门在活塞到达 TDC 前打开。这样有助于排出废气并减轻曲轴传动机构负荷。提前打开排气门可使燃烧室内的压力降至环境压力。虽然此时的压力不足以继续进行有效功，但会使排气过程更加轻松，因为发动机无需克服高压做功。此外还能进一步降低燃烧室内的温度，从而有利于下一个充气过程。

气门间隙，是为保证发动机配气机构的正常工作而设置的，由于配气机构工作时处于高速状态，温度较高，因此如气门挺杆、气门杆等零件受热后伸长，便会自动顶开气门，使气门与气门座关闭不严，造成漏气现象。为避免这种现象发生，设计配气机构时，在进/排气门杆尾端与挺杆（或摇臂）上调整螺钉之间留有一定的间隙，这一间隙，就是气门间隙，如图2-32所示。

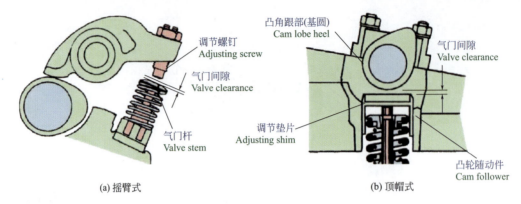

图2-32　气门间隙调整位置

2.5.4　可变气门正时与升程系统

2.5.4.1　丰田可变气门正时技术

丰田VVT-i（智能可变气门正时）技术被广泛地应用在其所生产的发动机上。当发动机由低速向高速转换时，电子计算机就自动地将机油压向进气凸轮轴驱动齿轮内的小涡轮。这样，在压力的作用下，小涡轮就相对于齿轮壳旋转一定的角度，从而使凸轮轴在60°的范围内向前或向后旋转，改变进气门开启的时刻，达到连续调节气门正时的目的，控制器部件结构如图2-33所示。进气凸轮轴通过调整凸轮轴转角在发动机中低速运转时缩小气门叠开阶段时间，高速运转时扩大气门叠开阶段时间，使发动机在中低转速时产生足够的转矩，在高转速时又能提供强大的动力，从而改善了发动机的工作性能。

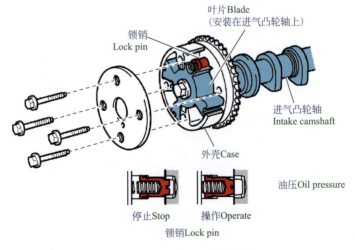

图2-33　VVT-i控制器部件结构

凸轮轴正时机油控制阀内部结构如图2-34所示。

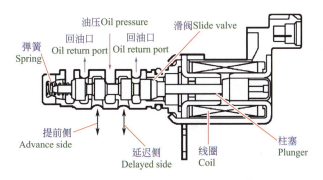

图2-34 凸轮轴正时机油控制阀结构

当由发动机ECU控制的凸轮轴正时机油控制阀的所放位置如图2-35所示时,油压作用于气门正时提前侧的叶片室,使进气凸轮轴向气门正时的提前方向旋转。

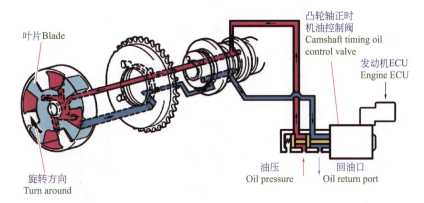

图2-35 提前控制

当由发动机EUC控制的凸轮轴正时机油控制阀的所放位置如图2-36所示时,油压作用于气门正时延迟侧的叶片室,使进气凸轮轴向气门正时的延迟方向旋转。

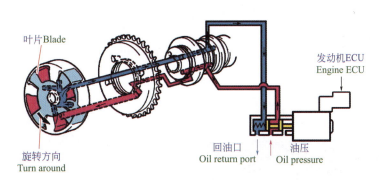

图2-36 延迟控制

2.5.4.2 本田可变气门正时与升程电子控制系统

1989年,本田研发了可变气门正时与气门升程电子控制系统(Variable Valve Timing and Valve Lift Electronic Control System, VTEC),为世界上第一个同时控制气门正时和升程的可变气门系统。它使用两组不同大小的凸轮，配合气门摇臂上的同步卡销（三段式 VTEC），就可以实现对于气门升程和正时的调节。如图 2-37 所示，两组凸轮对应的是发动机的不同状态，在中、低转速用低角度凸轮，在高转速时，高角度大凸轮用来提高进气量，进气流通面积和开启持续时间大大增加，给发动机输送更多的混合气体，从而实现高转速时的高动力性能。

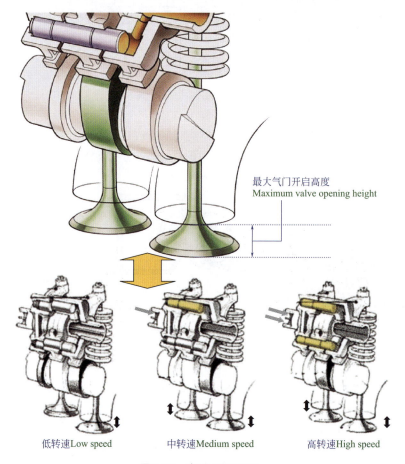

图2-37　本田VTEC原理

高负荷时，节气门全开，吸入大量空气，进气门两侧同时做功，使发动机产生强大的输出动力，运行原理如图 2-38 所示。

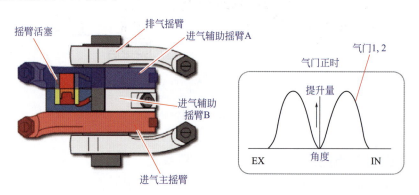

图2-38　高负荷时的工况

巡航行驶等低负荷时，单侧的进气门在压缩开始后关闭，使吸入的空气回流至进气歧管，控制进气量。低负荷行驶时可不通过减小节气门开度控制进气量，有助于降低油耗。运行原理如图2-39所示。

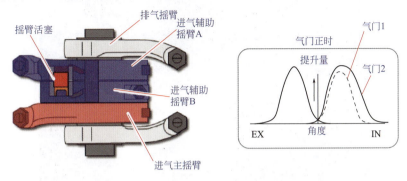

图2-39　低负荷时的工况

可变正时控制（Variable Timing Control，VTC）主要控制进气门的开启和关闭正时，也就是控制进气门打开和关闭的最大提前角和最大迟闭角。可以根据发动机不同的负荷状态，连续地调节进气门的闭合角度，其原理如图2-40所示，可使发动机运转更加顺畅，获得最佳的动力性、经济性和排放的综合性能。

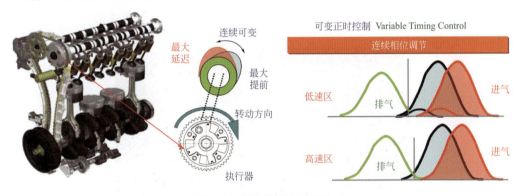

图2-40　进气凸轮轴上VTC

本田I-VTEC（Intelligent Variable Valve Timing and Lift Electronic Control）智能可变气门正时及升程控制系统，将VTEC和VTC技术有效地结合，通过VTEC对气门升程、VTC对气门重叠（进气门和排气门同时开启的状态）进行周密的智能化控制，使大功率、低油耗、低排放这三个具有不同要求的特性都得到提高，技术应用特性如图2-41所示。

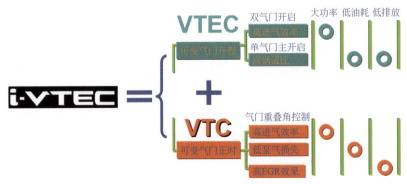

图2-41　I-VTEC技术特点

本田双VTC技术可以同时调节进气与排气凸轮轴的气门升程与正时，如图2-42所示。

图2-42　本田双VTC

进排气双侧VTC与进气侧气门升程量可变摇臂结合的应用如图2-43所示。

图2-43　双VTC加VTEC技术

2.5.4.3　宝马可变正时与气门升程控制系统

宝马的VANOS系统（可变凸轮轴正时控制系统）是一个由车辆发动机管理系统操纵的液压和机械相结合的凸轮轴控制设备，可以连续地改变进气门和排气门的正时和升程。

第一代VANOS机械结构与阿尔法·罗密欧公司的第一代凸轮轴调节装置相比：类似的是，它也是由调节柱塞、链轮轮毂和凸轮轴上的齿组成，使凸轮轴相对于曲轴转过一个角度；不同的是，VANOS的调节柱塞内外表面上的齿都是斜齿，而且倾斜方向相反，所以，在调节柱塞行程相同的情况下，凸轮轴的转角可以更大一些。第一代VANOS部件结构如图2-44、图2-45所示。

第二代VANOS调节装置与第一代的主要区别如下：一是凸轮轴传感器从霍尔元件的相位传感器改成配有带齿的脉冲盘的感应式传感器，借此不仅可以区分凸轮轴相位，而且可以直接确定凸轮轴本身相对于活塞压缩上止点的位置；二是液压油路的电磁控制阀从第一代的四通两位改成四通三位。

第三代VANOS系统与第二代的主要区别如下：一是调节装置从斜齿轴改成叶片式；二是电磁阀从四通三位阀改成比例阀。

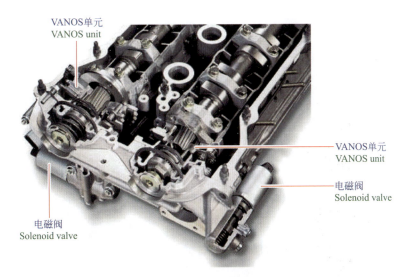

图2-44 第一代VANOS系统结构

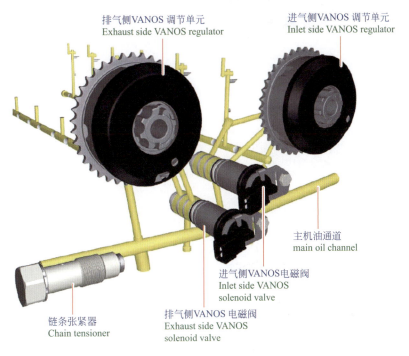

图2-45 VANOS系统类型

如图2-46所示为叶片式调节结构。叶片式调节结构的主要优点是其正时时间调节方式非常简单。与不带VANOS的发动机相似,可以通过在VANOS单元中安装一个锁止销2进行调节。当VANOS处于无压力状态并通过扭转弹簧12压入锁止位置内时,该锁止销就会卡止。机油从相关电磁阀处通过气缸盖和凸轮轴内的机油通道5或8进入VANOS单元。凸轮轴和气缸盖之间装有带钩密封环,用于对机油通道彼此之间以及与气门室之间进行密封。

VANOS调节单元内的浅黄色通道可使进气凸轮轴朝"提前"方向调;深黄色通道可使VANOS调节单元朝"延迟"方向调节,如图2-47所示。VANOS中央阀用于将VANOS调节单元与凸轮轴固定在一起。此外通过VANOS中央阀还能控制流入VANOS调节单元的机油。

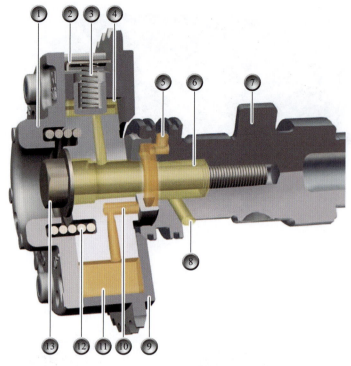

图2-46 叶片式调节机构

1—前端板；2—锁止销；3—锁止弹簧；4—提前调节压力室；5—机油通道；6—机油通道；7—凸轮轴；8—机油通道；
Front panel　Lock pin　Lock spring　Adjusting the pressure chamber in advance　Oil channel　Oil channel　Camshaft　Oil channel

9—带齿圈的壳体；10—机油通道；11—延迟调节压力室；12—扭转弹簧；13—固定螺栓；
Shell with a ring gear　Oil channel　Delay adjustment pressure chamber　Torsional spring　Fixing bolts

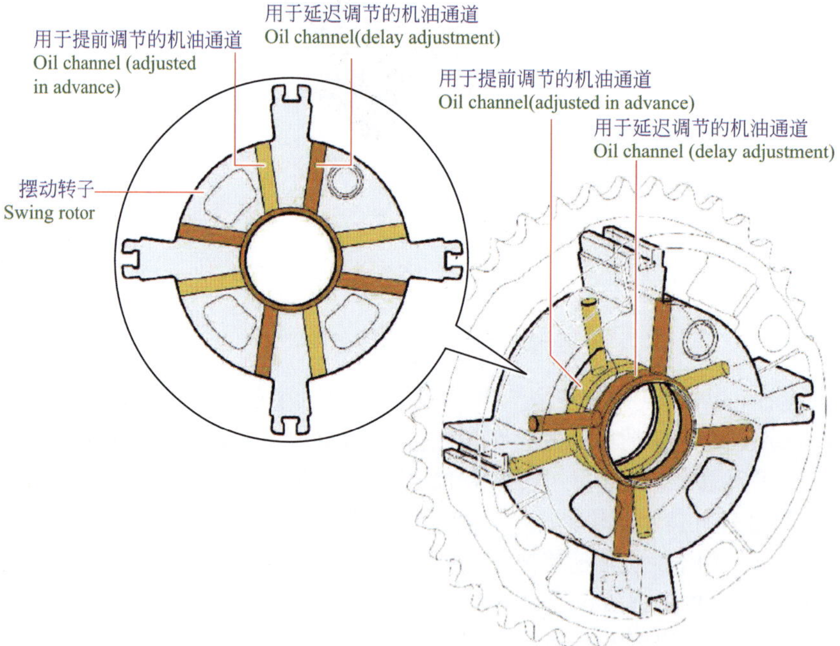

图2-47 凸轮轴调节单元结构（进气）

如图2-48所示，通过一个电磁执行机构将自身活塞压在VANOS中央阀的活塞4上并推移后者可实现控制功能，机油流量通过活塞进行控制。图2-48中的大图展示了机油从主机油通道流入VANOS调节单元的情况，小图展示了机油从VANOS调节单元流入气缸盖的情况。

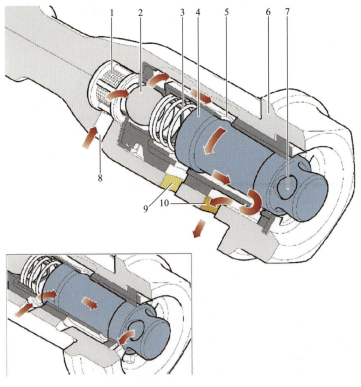

图2-48 中央控制阀结构（进气）

1—过滤器；2—钢球；3—弹簧；4—活塞；5—套管；6—壳体；7—活塞上的开口；
Filter　　Steel ball　Spring　Piston　Casing　Case　Opening in piston
8—从主机油通道供给机油；
Supply engine oil from the main oil channel
9—连接VANOS内机油通道的开孔（提前调节）；
Connect the opening of the oil channel in VANOS (adjusted in advance)
10—连接VANOS内机油通道的开孔（延迟调节）；
Connect the opening of the oil channel in VANOS (delay adjustment)

Valvetronic 调节发动机燃烧所需的空气量或燃油空气混合气量，承担传统发动机的节气门功能。Valvetronic 由可变凸轮轴控制装置（双VANOS）和进气侧全可变门行程调节装置组成，这种全可变气门机构可实现自由选择进气关闭时刻。宝马四代可变气门机构结构形式如图2-49所示。

2.5.4.4　大众-奥迪可变气门正时与升程技术

可变链条调节器的凸轮轴调节机构，通过一个液压电磁阀来实现控制，只用于调节进气凸轮轴。要想从初始位置切换到转矩位置，就要向下压链条调节器，这就改变了链条的回转点，于是进气凸轮轴就向提前方向调节了。链条调节控制机构结构如图2-50所示。

使用叶片调节器的凸轮轴调节机构可以对进气、排气凸轮轴分别实施调节。因此，两个凸轮轴的调节角可以是不同的。其调节通过转子来操控，这个转子是通过可控制的机油流量来转动的。叶片调节器部件分解如图2-51所示。

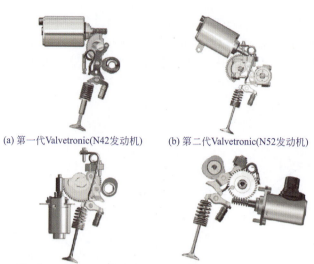

(a) 第一代Valvetronic(N42发动机)　(b) 第二代Valvetronic(N52发动机)

(c) 第三代Valvetronic(N20发动机)　(d) 第四代Valvetronic(B38发动机)

图2-49　宝马可变气门升程

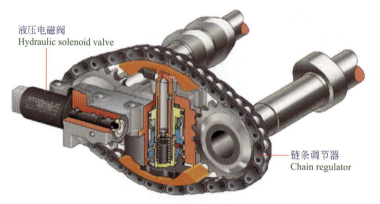

图2-50　链条调节控制机构

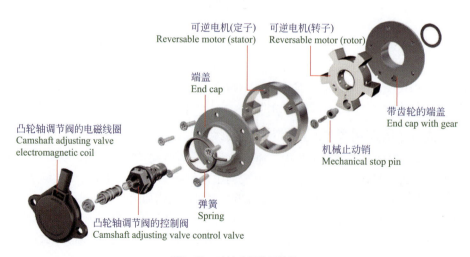

图2-51　叶片式调节器结构

可逆电机是由容积流量可调式机油泵通过缸盖内的专用压力管来加载压力机油的。凸轮轴的调节由发动机控制单元通过脉冲宽度调制信号控制的二位四通比例阀来实现。可逆电机的转子与凸轮轴连接在一起，可逆电机的定子与一个齿轮刚性连接在一起，而该齿轮又与被驱动着的凸轮轴上的一个齿轮啮合。叶片调节器运行原理如图2-52所示。

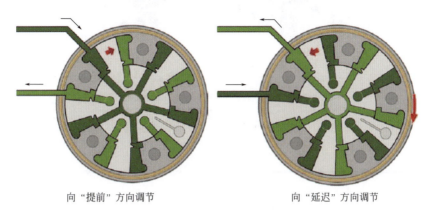

向"提前"方向调节　　　　　　　　向"延迟"方向调节

图2-52　叶片调节器工作原理

气门升程系统的本质就是对气门升程实施两级控制，该系统直接在凸轮轴上进行操控。为此，使用了凸轮块（凸轮套筒），其直接安装在凸轮轴上，可以轴向移动。每个凸轮块上有两组彼此紧邻的形状不同的凸轮轮廓。这两个凸轮轮廓，一个负责实现较小的凸轮升程，另一个负责实现较大的凸轮升程，部件结构如图2-53所示。通过改变凸轮块的位置，就可以根据负荷状态来调节气门。有些发动机还利用该系统来实现气缸关闭功能（按需停缸）。

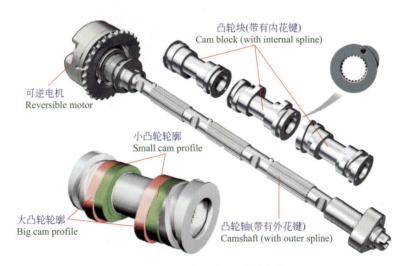

图2-53　可变气门升程凸轮轴部件

凸轮块的轴向移动是通过两个金属销来实现的，这两个金属销垂直于缸盖内的凸轮轴，由电磁执行元件来使之伸出，如图2-54所示。两个金属销下降后，可以伸入到与凸轮块一体的推槽内。这个推槽是螺旋线形的。螺旋线形推槽的作用，就是在凸轮块转动时，使凸轮块发生轴向移动。通过另一个金属销在对面推槽内的运动，可以使得凸轮块切换到原来位置。

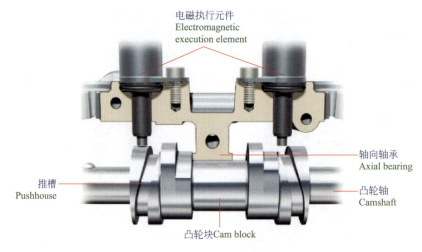

图2-54 可变凸轮调节机构

发动机在较低转速区域使用小凸轮轮廓,这时气门开启行程比较短;而在较高转速区域切换为大凸轮轮廓时,气门开启行程比较长。运行原理如图2-55所示。

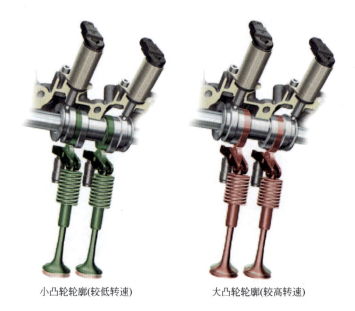

图2-55 凸轮轴升程控制

2.5.5 可变气缸管理技术

2.5.5.1 本田可变气缸技术

VCM闭缸技术也称为可变气缸管理技术,可通过关闭个别气缸的方法,实现发动机排量在1.75～3.5L之间变化,从而大大节省燃油,VCM工作模式如图2-56所示。当发动机在轻负载下运行,如中等加速或高速公路巡航时,该系统会禁用前、后气缸组的3号和4号气缸,并用剩下的4个气缸运行发动机。当轻负载巡航或减速时,该系统会禁用后气缸组的1号、2号和3

号气缸,并用剩下的 3 个气缸运行发动机。当需要动力时,系统会自动以 6 缸的方式运行,以提供最大性能。在新增的 ACM 电控液压发动机悬挂的帮助下,可以很好地抑制切缸过程中的发动机不平衡和振动。

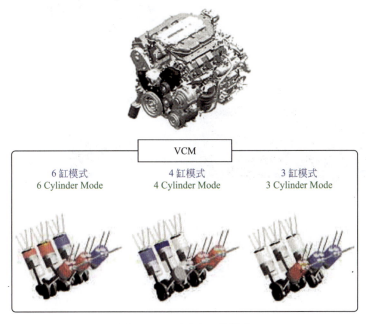

图2-56 可变气缸工作模式

1 号至 4 号气缸配有两种类型的摇臂,各有一个主摇臂和一个次摇臂。主摇臂随凸轮动作,次摇臂压缩气门弹簧。同步活塞锁止两个摇臂,使它们能关闭和打开阀门,工作原理如图 2-57 所示。

当 ECM/PCM 确定车辆巡航时,机油压力使同步活塞滑动至次摇臂。在活塞销存放备用的情况下,阀门升程和主摇臂不再连接,凸轮的举升动作不再传送到阀。

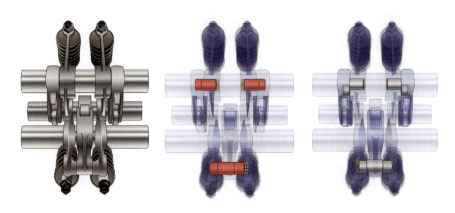

图2-57 气缸摇臂工作状态

在没有阀门升程的情况下,气缸保持密封。滞留在内部的气体像一个弹簧,随活塞的上下移动膨胀和收缩。因为停用的气缸内没有发生进气或排气,泵气损失最多减少 65%。停用的气缸状态如图 2-58 所示。

缸内空气
Air in cylinder

图2-58 摇臂组件与停用气缸状态

2.5.5.2 大众-奥迪可变气缸技术

气缸关闭是通过德国奥迪公司开发的气门升程系统 AVS 技术来完成的。按照点火顺序，2缸和3缸被关闭，如图 2-59 所示。在关闭气缸时，其换气阀保持关闭状态，喷射系统和点火系统也一直保持关闭状态。

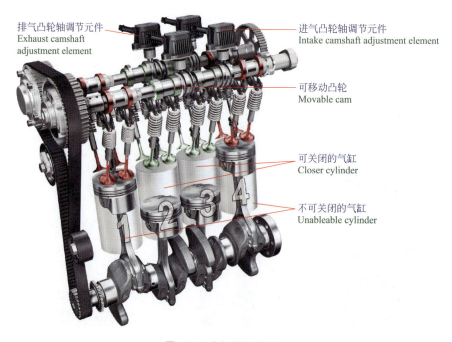

图2-59 气缸关闭示意图

为了避免在切换过程中出现转矩波动的情况，将进气歧管内的压力调至很低。在充气过程中，点火角按照充气程度向延迟方向移动，以便保持转矩恒定。在达到了规定充气程度时，首先是2缸和3缸排气门关闭，然后是其进气门关闭。完成最后换气后，不会再喷油了，于是在燃烧室内的为新鲜空气。

激活 2 缸和 3 缸是与关闭相同的顺序进行的。首先打开排气门，然后打开进气门，可使困住的新鲜空气进入排气系统。若导致废气变稀，会由喷射系统向 1 缸和 4 缸内喷油来进行补偿。这样，就可继续正常调节工作了。

每个可关闭的气缸，在气缸盖罩上都各有一个排气凸轮调节元件和一个进气凸轮调节元件。与以前的 AVS 不同（以前的 AVS 的每个运动方向都要有一个单独的调节元件），现在的 AVS，两个调节器合成了一个部件，其结构与别的带有 AVS 的发动机上的单个调节元件相似。调节器内部结构如图 2-60 所示。

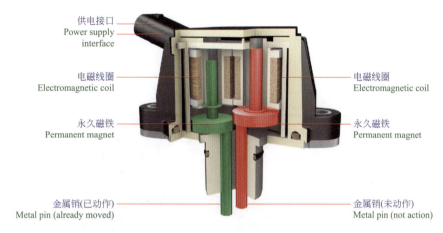

图2-60　凸轮轴调节元件内部结构

当气缸处于关闭模式时，接通相应的凸轮调节元件，其金属销就会插入到可移动凸轮的槽内，如图 2-61 所示。于是在凸轮轴继续运转过程中，凸轮块会在花键上轴向移动并锁定，滚子摇臂在所谓的"零凸轮"上运行。这个凸轮没有凸起部位（无升程），于是相应的气门也没有往复直线运动。被关闭气缸上的所有气门都静止不动。

图2-61　进气侧2缸的气缸关闭状况

2.6 进排气系统

进气和排气系统通常被视为关联系统：一方面，气体先后以新鲜空气和废气形式经过整个系统；另一方面，某些发动机的系统存在内在联系（例如废气涡轮增压器）。

进气系统负责为发动机提供新鲜空气，排气系统则负责运走燃烧废气。

2.6.1 进气系统

进气系统由空气滤清器、空气流量计、进气压力传感器、节气门体、附加空气阀、怠速控制阀、谐振腔、动力腔、进气歧管等组成，如图2-62所示。带有涡轮增压功能的发动机，除增压器外，还将配置增压空气冷却器、增压调节器等部件。

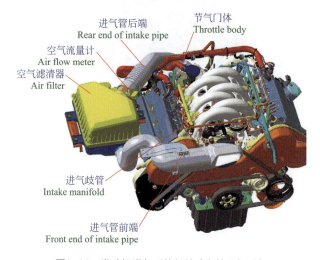

图2-62 发动机进气系统部件（自然吸气型）

横置发动机空气进气系统部件分布如图2-63所示。

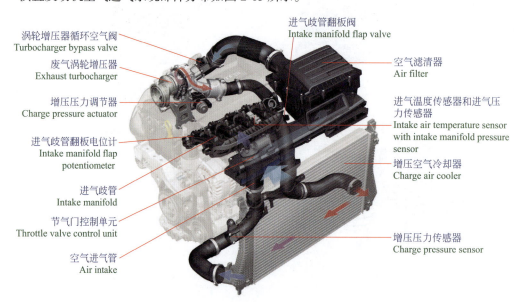

图2-63 横置（涡轮增压型）发动机空气进气系统

纵置发动机空气进气系统部件分布如图2-64所示。

图2-64 纵置（涡轮增压型）发动机空气进气系统

2.6.2 进气控制系统

可变进气歧管，在发动机高速和低速时都能提供最佳配气。发动机在低转速时，用又长又细的进气歧管，可以增加进气的气流速度和气压强度，并使得汽油得以更好地雾化，燃烧得更好，提高转矩。发动机在高转速时需要大量混合气，这时进气歧管就会变得又粗有短，这样才能吸入更多的混合气，提高输出功率。

1级—低转速区：在发动机停机时，两个翻板都是打开着的，如图2-65所示。如果发动机在怠速运行，那么两个真空单元就被相应的进气歧管切换电磁阀给抽成真空了，于是切换翻板从怠速转速至切换转速都是关闭着的。

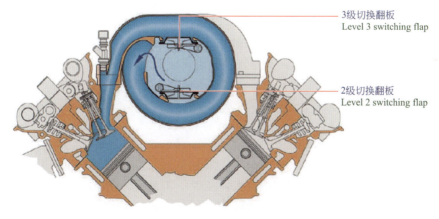

图2-65 低转速区进气控制

2级—中等转速区：发动机在中等转速区时，进气歧管切换电磁阀将大气压力引入到2级切换翻板的真空单元内。于是2级切换翻板就打开了，进气路径就缩短了，如图2-66所示。

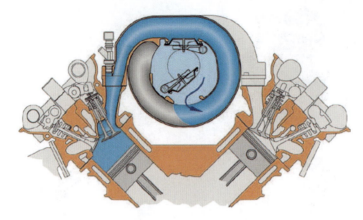

图2-66　中转速区进气控制

3级—较高转速区：发动机在较高转速区时，3级切换翻板也打开了，如图2-67所示。这时吸入的空气以最短进气路径进入燃烧室。

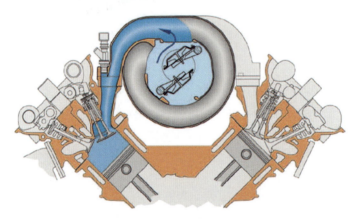

图2-67　高转速区进气控制

2.6.3　排气系统

排气系统一般都布置在车底部，由多个部件组成，要承担一系列任务。

从燃烧室出来的废气具有很大的冲量，排气系统必须要削弱这个冲量，使之不超过一定的噪声水平。同时，还要保证发动机功率损失尽可能小。可靠地引走废气，防止废气渗入驾驶室内，将废气中所含的有害物质降低到规定水平。限制排气噪声，并形成所期望的噪声音响效果。

如图2-68所示，排气系统大致由下述元件组成：排气管，排气歧管，外置排气歧管，集成式排气歧管，排气歧管-废气涡轮增压器模块，催化转化器，三元催化转化器（汽油机），氧化式催化转化器（柴油机），柴油微尘过滤器（柴油机），隔离元件，反射式消声器，吸收式消声器，排气控制阀，催化转化器前的氧传感器，催化转化器后的氧传感器，三元催化转化器（前置的），三元催化转化器隔离元件，中间消声器，后消声器。

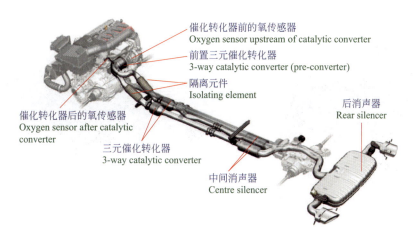

图2-68 排气系统部件

柴油机工作时，其燃油-空气混合气中的氧是过量的（$\lambda>1$），这使得废气中氧浓度很高。因此，催化转化器就不需要氧传感器来调节氧含量了。为了能转换不同的有害物质，柴油发动机上配备了多种催化转化器，以执行不同的功能。催化转化器内部构造如图2-69所示。

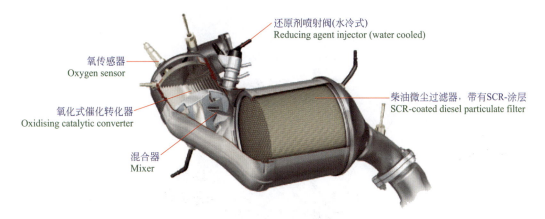

图2-69 柴油机排气催化转化器

2.6.4 涡轮增压器

汽车的动力系统按进气方式可分为自然进气系统和增压进气系统两大类。最常见的发动机增压系统有机械增压与废气涡轮增压两种。发动机以机械方式驱动机械增压器进行增压，称为机械增压。利用发动机废气能量驱动涡轮增压器，称为废气涡轮增压（简称涡轮增压）。

涡轮增压器由进气端和排气端两部分组成，发动机排出的废气可以推动涡轮排气端内的叶片，因为这个叶片通过轴承与进气端内的叶片相连，所以排气端叶片就可以带动进气端叶片转动，而进气端叶片快速转动可以将更多的新鲜空气压入进气道，提高了发动机的效率。涡轮增压器运作如图2-70所示。

中间冷却器或进气冷却器是外观像散热器一样的附加组件，只不过空气同时从中间冷却器的内部和外部经过。涡轮吸入的空气通过密封管路流过冷却器，而发动机冷却风扇吹出的冷风从它外部的散热片流过。

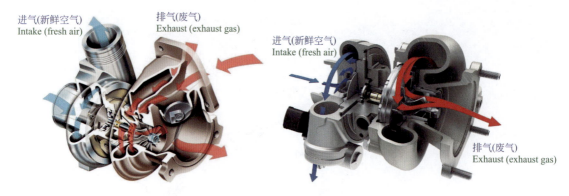

图2-70 涡轮增压器运作示意图

涡轮增压器实际上是一种空气压缩机,通过压缩空气来增加进气量。它是利用发动机排出废气的惯性冲力来推动涡轮室内的涡轮的,涡轮又带动同轴的叶轮,叶轮压送由空气滤清器管道送来的空气,使之增压进入气缸。发动机转速增大,废气排出速度与涡轮转速也同步增加,叶轮就压缩更多的空气进入气缸,空气的压力和密度增大可以燃烧更多的燃料,相应增加燃料量和调整发动机的转速,就可以增加发动机的输出功率。废气涡轮增压器内部构造如图2-71所示。

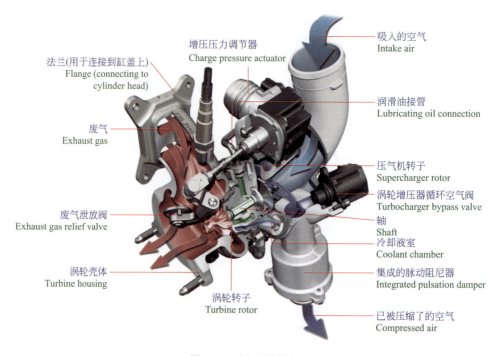

图2-71 废气涡轮增压器

2.6.5 机械增压器

机械增压器是一种强制性容积置换泵,简称容积泵。它跟涡轮增压器一样,可以增加进气管内的空气压力和密度,往发动机内压入更多的空气,使发动机每个循环可以燃烧更多的燃油,从而提高发动机的升功率和平均有效压力,使汽车动力性、燃油经济性和排放都得到改善。机械增压器本质上是一台罗茨鼓风机。机械增压器结构形式如图2-72所示。

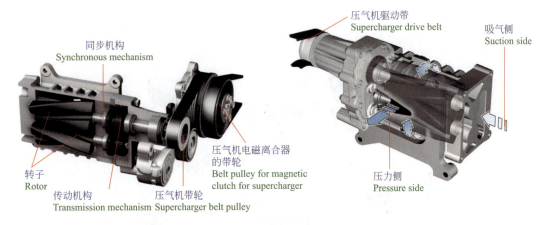

图2-72 机械增压器结构

罗茨式增压器属于机械增压器的类型之一。"罗茨式增压器"这个名称来源于Philander和Francis Roots兄弟,他们在1860年就将此技术申请专利了。罗茨式增压器的结构形式就是旋转活塞式机构,按容积泵原理工作,无内部压缩。压气机模块(罗茨式增压器)内集成有罗茨式鼓风机和增压空气冷却系统,在某些发动机上还有旁通调节装置。

压气机模块有个壳体,壳体内有两个转子在转动,如图2-73所示。

图2-73 罗茨式增压器剖视图

罗茨式增压器配备的是四叶型转子,两个转子的每个叶片相对于纵轴扭转160°,因此可实现连续而少波动的空气供给模式。两个转子采用机械式驱动,比如由曲轴通过传动带机构来驱动。这两个转子通过壳体外的一对齿轮来同步连接并按相反方向转动,于是两个转子就相互啮合了。在这种结构中,重要的是转子彼此间和与壳体间要密封。其困难之处在于:摩擦要尽可能小(要尽可能没摩擦)。在工作时(转子在转动),空气由叶片和外壁之间从空气入口(吸气侧)向空气出口(压力侧)输送。输送空气的压力来自回流。

罗茨式增压器部件分解如图2-74所示。

图2-74 罗茨式增压器分解图

机械式压气机的两个转子的形状的设计原理为：当转子转动时，吸气侧的容积变大，会吸入新鲜空气，且转子会将新鲜空气送至压气机的压力侧；在压力侧，两个转子之间的容积又在变小，于是空气就被压向废气涡轮增压器的方向。增压压力通过变换调节翻板的位置来进行调节，如果调节翻板关闭，压气机在该转速时产生最大增压压力。压气机工作原理如图2-75所示。

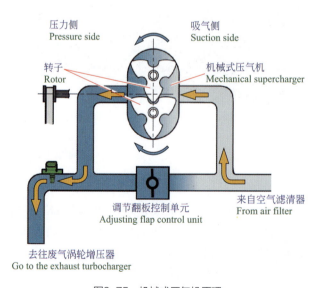

图2-75 机械式压气机原理

罗茨式增压器采用机械增压方式，是一种旋转活塞式结构的装置，如图2-76所示。该装置采用挤压原理工作，内部并无压缩过程。该增压器有一个壳体，壳体内有两个轴（转子）在转动。这两个转子采用机械方式来驱动，比如采用曲轴驱动。这两个转子是由壳体外的齿轮来传动的（传动比相同），两个转子同步转动，但转向相反，于是两个转子工作起来就像在"彼此啮合"。

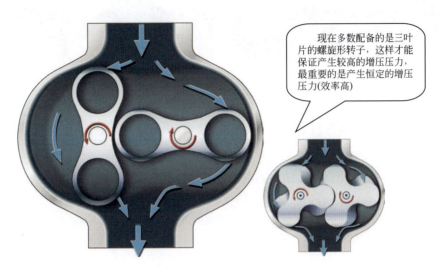

现在多数配备的是三叶片的螺旋形转子，这样才能保证产生较高的增压压力，最重要的是产生恒定的增压压力(效率高)

图2-76　罗茨式增压器原理

现代的罗茨式增压器是螺旋式增压器。增压模块完全处于发动机 V 型构造部位。因此发动机结构平整，如图 2-77 所示。

图2-77　罗茨式增压器安装位置

在全负荷工况下，空气经节流阀、罗茨式增压器和增压空气冷却器流向发动机，如图 2-78 所示。

在部分负荷、急速和超速工况下，输送过来的部分空气经打开的旁通通道被引回到进气侧，如图 2-79 所示。

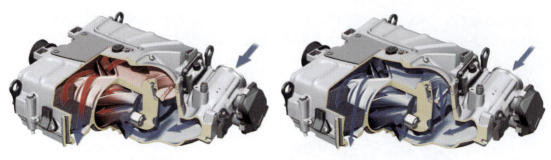

图2-78　全负荷工况　　　　　图2-79　部分负荷工况

2.6.6　三元催化转化器

三元催化转化器,是安装在汽车排气系统中最重要的机外转化装置,它可将汽车尾气排出的一氧化碳(CO)、碳氢化合物(HC)和氮氧化合物(NO_x)等有害气体通过氧化和还原作用转变为无害的二氧化碳、水和氮气。当高温的汽车尾气通过净化装置时,三元催化转化器的净化过程包括两个化学反应:一是还原反应,NO_x还原为O_2和N_2;二是氧化反应,在尾气中加入氧(二次燃烧),CO氧化为CO_2,HC氧化为H_2O和CO_2。三元催化转化器反应原理如图2-80所示。

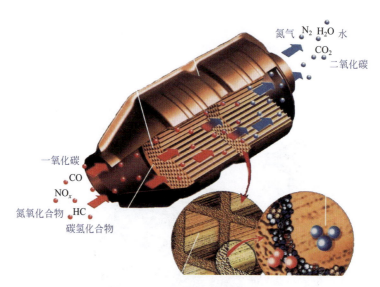

图2-80　三元催化转化器反应原理

2.6.7　柴油机后处理系统

后处理系统是废气再循环系统的一部分,系统组成如图2-81所示。借助去NO_x的催化转化器的帮助以及还原剂,就可以把氧化式催化转化器和柴油微尘过滤器没能处理掉的氮氧化物转化成氮气和水。还原剂使用的是高纯度、透明的32.5%尿素水溶液,其在欧洲的注册商标名是AdBlue,在美国销售的名称是AdBlue Diesel Exhaust Fluid。

有些柴油发动机上,使用了所谓的废气转化模块,部件构造如图2-82所示。这种模块将氧化式催化转化器和柴油微尘过滤器合成为一个部件,将这两个装置安装在发动机附近,因此也就可以让废气转化模块很快达到其正常工作温度。为存储废气中的氮氧化物,将氧化式催化转

化器设计成 NO_x 存储式催化转化器。

图2-81 柴油机后处理系统

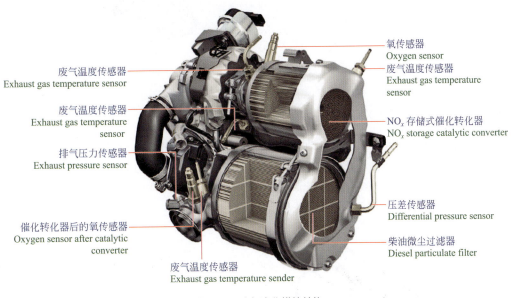

图2-82 废气净化模块结构

NO_x 存储式催化转化器中氮氧化物的存储和再生控制，是由控制单元内的一个计算模型来完成的，该计算模型需要使用温度传感器和氧传感器信息。柴油微尘过滤器还作为硫化氢（H_2S）的捕集器使用，硫化氢是在 NO_x 存储式催化转化器脱硫时产生的，因此柴油微尘过滤器涂有金属氧化物涂层。

废气再处理系统由这些部件组成：还原剂箱（带有水冷式还原剂喷射器）、安装在发动机附近的加热式催化转化器、有SCR涂层的柴油微尘过滤器和捕集式催化转化器（在主消声器前）。

涡轮增压器前、后的多个温度传感器、氧化式催化转化器、柴油微尘过滤器以及氧传感器和 NO_x 传感器，都安装在排气系统上。通过传感器来控制废气再处理过程。系统组成如图2-83所示。

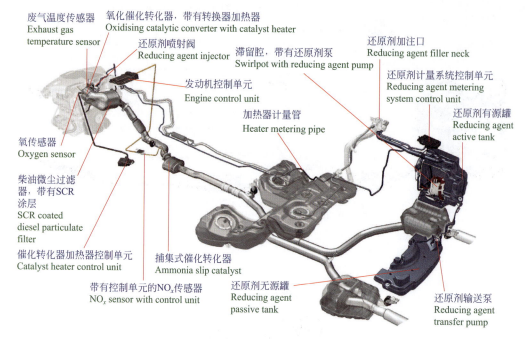

图2-83 柴油机废气再处理系统

2.6.8 曲轴箱通风系统

曲轴箱通风系统（PCV）可向发动机提供新鲜空气。此新鲜空气与漏气和发动机机油混合物混合。漏气气体中燃油和水蒸气被混合的新鲜空气吸收并通过曲轴箱通风系统排放。为了对曲轴箱进行通风，新鲜空气被从空气滤清器和空气质量流量计后的发动机进气管道中抽吸出来，通风管道通过一个单向阀与气缸盖罩连接，如图2-84所示。

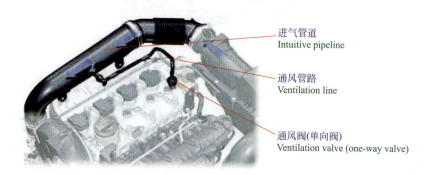

图2-84 曲轴箱通风系统部件

单向阀确保连接的气体供应并且未经过滤的漏气气体不会被直接吸入。单向阀的结构也使得它能够在曲轴箱中压力过高时打开，避免因压力过高损坏密封件。通风阀内部结构如图2-85所示。

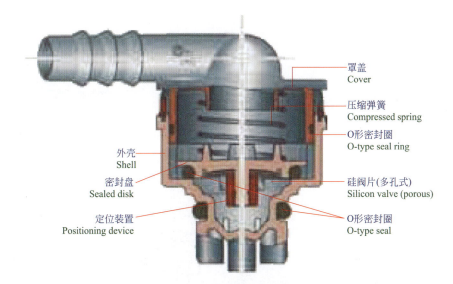

图2-85 曲轴箱通风阀剖面图

强制通风使用的是带止回阀的一根软管。新鲜空气从空气滤清器经过阀盖上的接头直接到达曲轴箱，如图 2-86 所示。止回阀的作用是防止为进行油气分离的"blow-by gases"（漏气）从这里出来。止回阀朝向空气滤清器方向的接头可以关闭。曲轴箱强制通风的目的是帮助缸体和机油内的燃油和水蒸气凝结物降压。

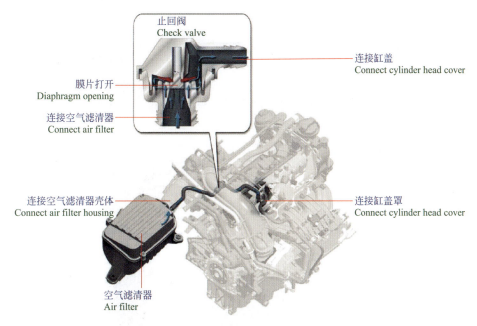

图2-86 曲轴箱强制通风连接形式

2.6.9 燃油蒸发系统

在发动机运行时，从活性炭罐（也称炭罐）中抽吸燃油蒸气产生与曲轴箱通风相同的问题。当有增压压力时，燃油蒸气不能直接流入进气歧管中。借助于双向检查阀并依据进气歧管中的压力状态，燃油蒸气或者直接流入进气歧管（无增压压力）或者流入废气涡轮增压器（有增压压力），如图 2-87 所示。

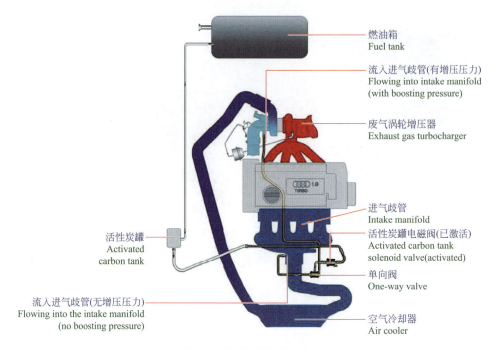

图2-87 发动机燃油蒸发系统

活性炭罐系统的ACF管连在通风管的另一个插头上,紧挨着控制阀。这个系统的功能和曲轴箱通风是一样的,部件连接如图2-88所示。

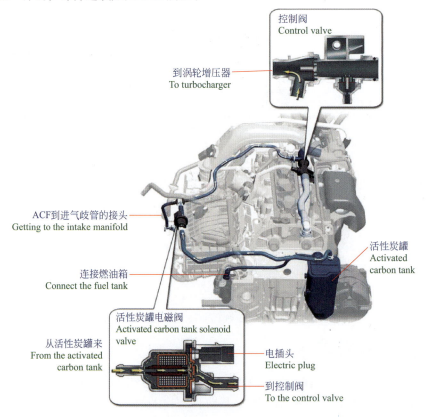

图2-88 燃油蒸发系统连接管路

2.7 燃料供给系统

2.7.1 汽车燃料介绍

2.7.1.1 车用燃料种类及特性

汽车的主要燃料包括石油、汽油、柴油和其他代用燃料。目前汽车上使用的燃料仍主要是汽油和柴油。

压缩天然气（CNG）及液化天然气（LNG）和液化石油气（LPG）由于具有较高的清洁效益，而被认为是内燃机较理想的代用燃料，已经被成功地应用于汽油机，见图2-89。天然气凭借其良好的排放特性及丰富的储量成为各种代用燃料汽车的首选。

图2-89 CNG/LNG加气站与CNG车型

醇类燃料具有辛烷值高、汽化潜热大、热值较低等特点。醇类燃料自身含氧，在发动机燃烧中可提高氧燃比；CO 和 HC 的排放较汽油和柴油低，几乎无碳烟排放。另外，由于汽化潜热大，可降低进气温度，提高充气效率，使最高燃烧温度低，发动机的 NO_x 排放较低。醇类燃料主要包括甲醇和乙醇。

乙醇汽油是将燃料乙醇以一定比例添加到汽油中，形成车用乙醇汽油，见图2-90，这种汽油可有效减少汽车尾气中的碳排放、细颗粒物排放以及其他有害物质的污染。我国推广的E10乙醇汽油，也就是在汽油调和组分油中加入 10% 的变性燃料乙醇调和而成的环保汽油。

燃料乙醇行业技术日趋成熟，目前从工艺上讲主要有生物制乙醇和煤制乙醇两条技术路径。其中生物发酵主要是以玉米、小米、木薯等为原材料，经发酵等生产工艺生产无水乙醇，而煤质乙醇则是中国煤化工行业的新方向之一，通过合成气微生物发酵或醋酸加氢等方法制备乙醇。

生物燃料是指从农作物或动物的脂肪中提取的可再生燃料。地球变暖已引起世界各国的关注，人们正在开发来源广泛的生物能源，目前已研制成功并投入使用的植物油型燃料有菜籽油、棉籽油、棕榈油、豆油等。生物燃料是一种可再生能源，特别是植物在生产过程中会吸收大气中的 CO_2，有助于减轻地球温室效应。

生物燃料可供提取的物质种类很多，比如玉米、黄豆、亚麻籽、油菜籽、甘蔗等，见图2-91。生物燃料不同于石油等传统燃料，属于可以再生的燃料。虽然生物燃料属于可再生能源，但是生产生物燃料的农作物也存在污染、粮食安全等诸多问题，目前尚未得到全球性的广泛应用。

图2-90　加油站的车用乙醇汽油加注点

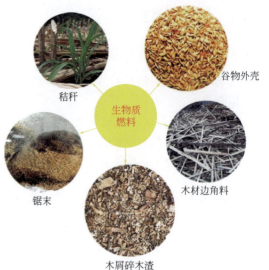

图2-91　生物燃料组成

2.7.1.2　汽油标号

汽油的抗爆性指汽油在汽油机中燃烧时抵抗爆燃的能力。通常采用辛烷值作为汽油抗爆性的评定指标。测试辛烷值的方法有研究法和马达法两种，分别得到研究法辛烷值和马达法辛烷值。研究法辛烷值（RON）表示汽油机在中负荷、低转速运转条件下汽油的抗爆性，它是模拟了轿车在城市道路条件下行驶的工况而测得的。马达法辛烷值（MON）表示汽油机在重负荷、高速运转条件下汽油的抗爆性，是模拟载货汽车在公路条件下行驶工况测得的。同一种汽油用研究法测定的辛烷值比用马达法测定的辛烷值要高6～10个单位。这一差值称为汽油的灵敏度，汽油灵敏度越小越好。

按照压缩比理想选用的车用无铅汽油标号，如表2-2所示。

表2-2　汽油机压缩比与适用汽油标号对应表

压缩比	90号	93号	95号	97号	98号
7.5～8.0	√	√			
8.0～8.5		√	√		
8.5～9.0			√	√	
9.0～9.5				√	√
9.5～10.0					√

在低辛烷值汽油中加入抗爆剂，过去广泛采用的抗爆剂是四乙基铅，但含铅汽油燃烧废气中有强烈的致癌物质，因此，各国先后取消使用含铅汽油。我国从2017年1月1日起汽油由"国四"全面升级到"国五"标准。停售低于"国五"标准车用汽油、柴油。90、93、97三个标号汽油将调整为89、92、95、98四个标号，如图2-92所示。

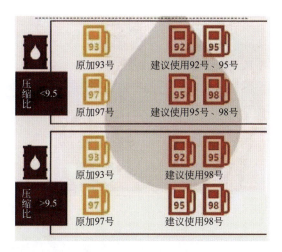

图2-92 汽油标号调整

2.7.1.3 "国六"与"国五"排放标准

"**国五**"汽车尾气排出的污染物主要有碳氢化合物（HC）、氮氧化物（NO_x）、一氧化碳（CO）和微粒（PM）等，它们主要通过汽车排气管排放。由于汽车排放污染物对环境造成的危害日益严重，世界各国和地区都先后制定了限制汽车废气排放的限量值，其中欧盟制定的欧洲标准是一项大多数国家和地区执行的参照标准。

汽油柴油"国五"标准全称即是国家第五阶段机动车污染物排放标准。可有效控制碳水化合物、一氧化碳排放，大幅减少尾气 PM2.5 排放。与"国四"标准相比，"国五"标准车用汽、柴油的硫含量下降80%（从不大于50ppm下降为不大于10ppm），以同等排量汽车计算，5辆使用"国五"标准油品的汽车二氧化硫排放量与1辆使用"国四"标准油品的汽车排放量相当。

"国五"标准相当于欧盟的"欧五"标准，欧盟已经从2009年起开始执行，其对氮氧化物、碳氢化合物、一氧化碳和悬浮粒子等机动车排放物的限制更为严苛。

"**国六**"汽车就是满足《轻型汽车污染物排放限值及测量方法（中国第六阶段）》规定的汽车。根据工信部发布的公告，最新的"国六"排放标准分为两个阶段实施，"国六（A）"和"国六（B）"。

2.7.2 汽油发动机燃油系统

燃油系统由燃油供给系统和燃油混合气制备装置组成。燃油供给系统负责将燃油从燃油箱输送至发动机，不同车辆的燃油供给系统不同。燃油混合气制备装置是发动机的组成部分，负责为每次燃烧过程提供准确的燃油量。

燃油供给系统组成：油箱、油管、燃油泵、燃油滤清器、空气滤清器、燃油压力调节器、喷油器（燃油喷射器）、冷启动喷油器、油压脉冲衰减器、进气管、排气管等。汽油机燃料供给系统的任务是根据发动机各种工况的要求，配制出一定数量和浓度的可燃混合气，供入气缸，使之在临近压缩终了时点火燃烧而膨胀做功。最后，供给系统还应将燃烧产物——废气排入大气中。燃油系统组成部件如图2-93所示。

双喷射系统也就是说有两种油气混合方法：一种方法是使用 TSI 高压喷射系统在气缸内进行直接喷射；第二种方法是使用进气歧管燃油喷射系统（SRE）。图2-94中蓝色喷嘴即为在缸外喷射，喷射位置为进气管末端；红色喷嘴即为在缸内喷射，喷射位置为气缸内部。

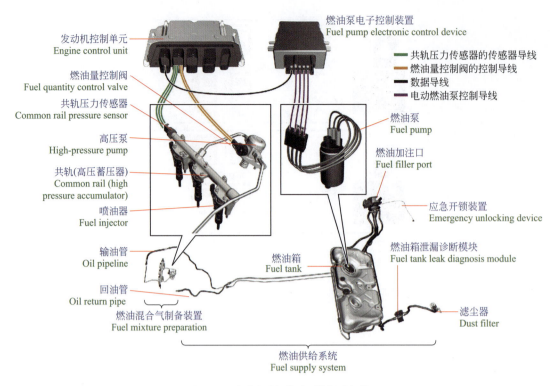

图2-93 直喷汽油机燃油系统组成部件

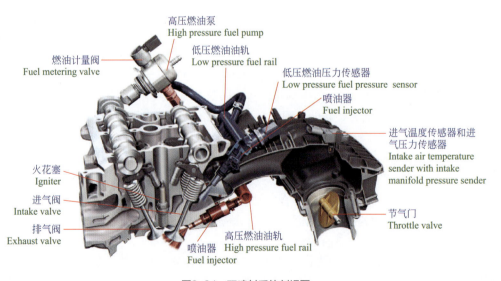

图2-94 双喷射系统剖视图

2.7.3 电控燃油喷射系统

电控燃油喷射系统全称电子控制燃油喷射系统（Electronic Fuel Injection，EFI），即为通常所说的汽油喷射。主要由空气供给系统（气路）、燃料供给系统（油路）和控制系统（电路）三大部分组成。系统原理如图2-95所示。

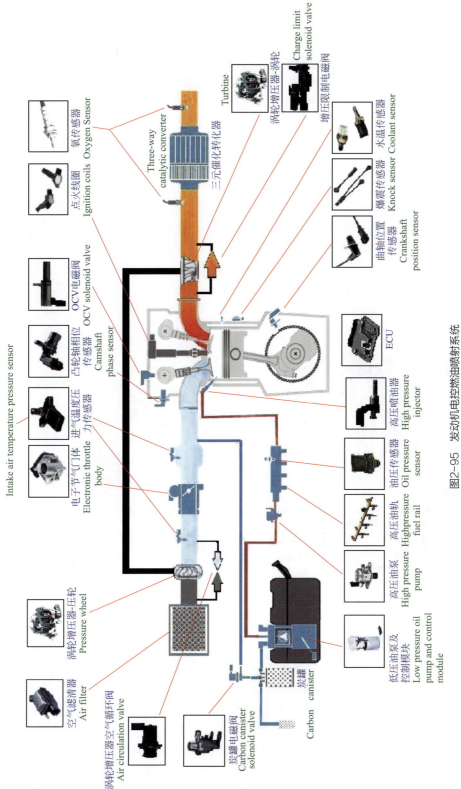

图2-95 发动机电控燃油喷射系统

空气供给系统的主要作用：为发动机提供必要的空气，并控制发动机正常工作时的供气量。一般由空气滤清器、节气门、空气阀、进气总管、进气歧管等部分组成。另外，为了随时调节进气量，进气系统中还设置了进气量的检测装置。

燃油供给系统的主要作用：喷油器向气缸提供燃烧所需要的燃油，其根据电脑指令喷油。一般由燃油箱、燃油泵、燃油滤清器、调压器以及喷油器构成。

控制系统的主要作用：根据各种传感器的信号，由计算机进行综合分析和处理，通过执行装置控制喷油量等，使发动机具有最佳性能。控制系统主要由传感器、输入/输出电路以及微机等组成，ECU是控制系统的核心。

2.7.4 汽油机缸内直喷技术

缸内直喷（GDI） 就是直接将燃油喷入气缸内与进气混合的技术，燃油喷射器安装位置如图2-96所示。其优点是油耗量低，升功率大，压缩比高达12，与同排量的一般发动机相比功率与转矩都提高了10%。空燃比达到40∶1（一般汽油发动机的空燃比是14.7∶1），也就是人们所说的"稀燃"。汽车缸内直喷技术（Gasoline Direct Injection）在不同汽车品牌中各自有着不同的学名，比如奔驰 CGI/ BlueDIRECT、宝马 HPI、奥迪 TFSI、大众 TSI、通用 SIDI、福特 EcoBoost、丰田 D4、本田 Earth Dreams Technology（地球梦）、日产 DIG、马自达 SKYACTIV（创驰蓝天）等。

图2-96 燃油喷射器安装位置与结构

缸内燃油喷射系统组成部件如图2-97所示。

燃油系统由低压系统和高压系统两部分构成。在低压系统中，电动燃油泵将约6bar（1bar=0.1MPa，下同）的燃油经滤清器供应给高压泵，从高压泵来的回油直接进入燃油箱。在高压系统中，单活塞高压泵将约40~110bar（取决于负荷和转速）的燃油送入燃油分配管，分配管再将燃油分配给四个高压喷油器。过压阀用于保护工作在高压下的部件，它在压力高于120bar时会打开，打开时流出的燃油会进入高压泵的供油管内。燃油系统原理如图2-98所示。

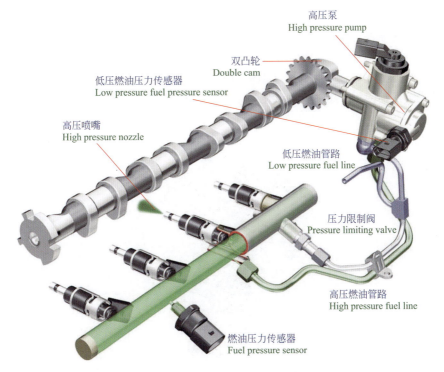

图2-97 高压燃油喷射系统组成

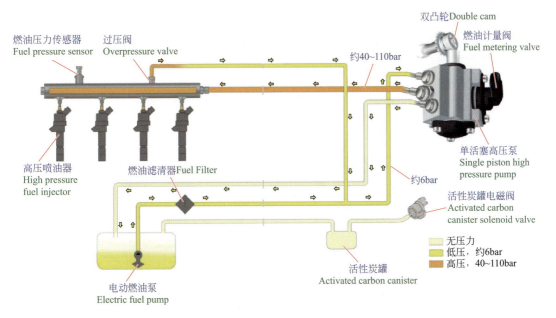

图2-98 燃油供应系统

2.7.5 柴油发动机燃油系统

柴油机燃料供给系统主要由燃油供给装置、空气供给装置、混合气形成装置和废气排出装置等四部分组成。柴油机燃料供给系统的功用是：不断供给发动机经过滤清的清洁燃料和空气，根据柴油机不同工况的要求，将一定量的柴油以一定压力和喷油质量定时喷入燃烧室，使其与空气迅速混合并燃烧,做功后将燃烧废气排出气缸。

共轨喷射系统是柴油机上使用的一种高压喷射系统,共轨的意思是所有喷油器使用共同的高压油轨。在这种喷射系统上,压力的产生和燃油喷射是彼此分开的。用一个单独的高压泵来产生燃油喷射所需要的燃油压力,这个燃油压力就储存在高压储存器(油轨)中,通过很短的喷油管直接供喷油器使用。燃油喷射系统部件如图2-99所示。

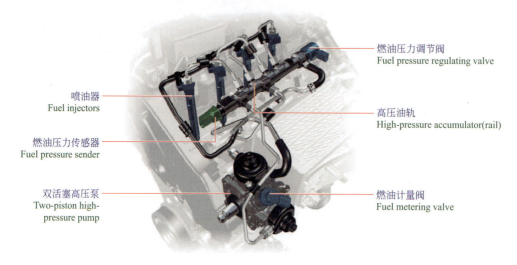

图2-99 燃油喷射系统部件

喷油阀有压电式的和电磁式的。共轨喷射系统通过发动机管理系统 Bosch EDC 17 来控制。根据发动机功率和结构形式,最高油轨压力可达1800～2000bar,并配有相应的喷嘴口形状。这个高压是由铝壳的高压泵产生的,所使用的泵是 CP4.1 或者 CP4.2,该泵有1或2个柱塞。共轨喷射系统原理如图2-100所示。

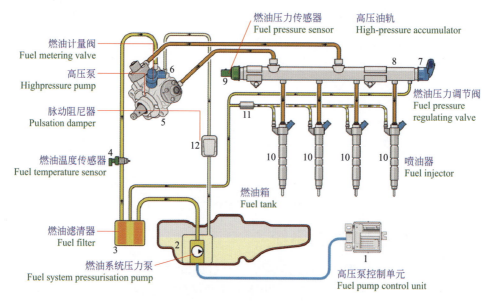

图2-100 共轨喷射系统原理

2.7.6 柴油机高压共轨技术

目前在柴油机的新技术领域主要存在着高压共轨和单体泵两种技术。两种技术都属于电子控制燃油喷射系统，在控制柴油机的排放方面有着非常重要的作用。

低压燃油泵将燃油从油箱输入至高压泵，高压泵将燃油加压送入高压共轨管，高压共轨管中的压力由电控单元根据压力传感器以及需要进行调节。高压共轨管内的燃油经过高压油管，根据柴油机的运行状态，由电控单元决定喷油时间，最后由电子阀喷油器向缸内喷射。高压共轨系统部件如图 2-101 所示。

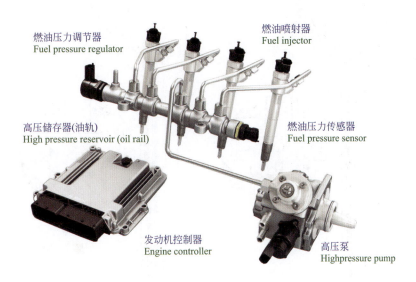

图2-101　高压共轨系统组成部件

电控喷油器是高压共轨系统最为重要的部件，高压燃油需要通过喷油器进行雾化。由于采用电磁阀控制喷油，喷油压力、喷油正时、喷油速率等所有喷油规律都可以全段柔性控制。

由博世（Bosch）公司生产的共轨喷射器（CRI2.5）可以进行最高 1800bar 的燃油驱动。是已有电磁阀喷射器 CRI2.2 的后续开发产品。除了最大压力提高外，可能的开关过程数也提高到超过使用寿命 50%。同样实现了多次喷射能力和很短的开关时间。共轨喷射器内部构造如图 2-102、图 2-103 所示。

压电喷射器受压电作动器控制。与电磁阀相比较，电作动器的开关速度大约快 4 倍。此外，与受电磁阀控制的喷射器相比，压电技术的喷针运动质量减小了约 75%。因此产生以下优点：开关时间非常短，每工作循环可能多次部分喷射（最多为五次），喷射量计量精确。压电喷射器内部结构如图 2-104 所示。

2.7.7 柴油机单体泵技术

单体泵技术是在每个气缸装配 1 个高压泵，最高喷射压力可达 200MPa。它的优势是结构相对简单、性能可靠、故障率低、寿命长且维修方便。高压共轨系统多用于中小功率的柴油机，而单体泵多用于大功率的重型柴油机。

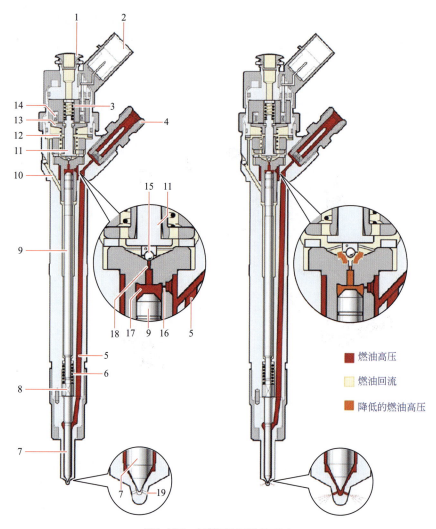

图2-102　电磁阀喷射器CRI2.2

1—燃油回流接口；2—电气接口；3—控制活塞弹簧；4—带过滤器的高压接口；5—供给通道；6—喷嘴弹簧；7—喷嘴针；8—连接器；9—阀控制活塞；10—机油溢流管路；11—电磁铁控制活塞；12—电枢弹簧；13—电枢；14—电磁线圈；15—阀球；16—供油节流阀；17—控制室；18—排油节流阀；19—孔喷嘴

泵-管路-喷嘴系统（PLD）的燃油高压供给由各单体泵来完成，每个气缸配备一个单体泵。单体泵由凸轮轴的凸轮挺杆驱动，并通过短的高压管和耐压连接件与喷嘴座组合件中的喷油器相连，如图2-105所示。每个单体泵包括一个用于调节喷射开始时间和控制喷油量的快动电磁阀。电磁阀由发动机控制（MR）的控制单元促动，一转动发动机和/或发动机运转时，此控制单元即根据发动机工况计算供油开始时间及供油量。

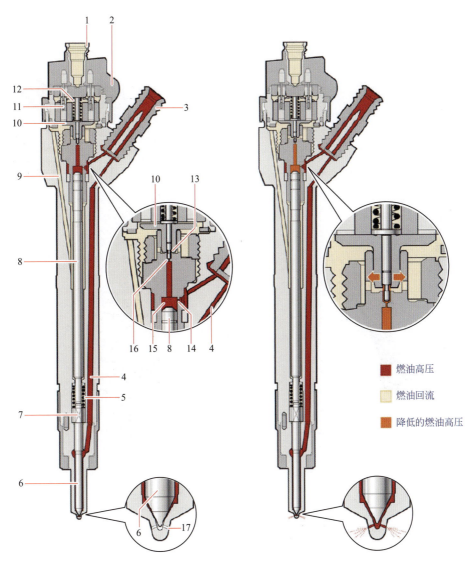

图2-103 电磁阀喷射器CRI2.5

1—燃油回流接口；2—电气接口；3—带过滤器的高压接口；4—供给通道；5—喷嘴弹簧；6—喷嘴针；
7—连接器；8—阀控制活塞；9—机油溢流管路；10—电枢；11—电磁线圈；12—电枢弹簧；
13—控制阀；14—供油节流阀；15—控制室；16—排油节流阀；17—孔喷嘴

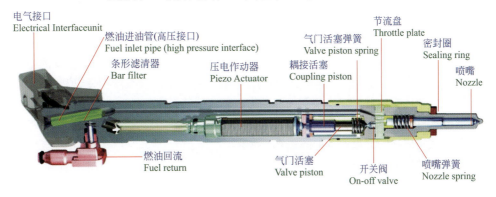

图2-104 压电喷射器

单体泵总成内部构造如图2-106所示。

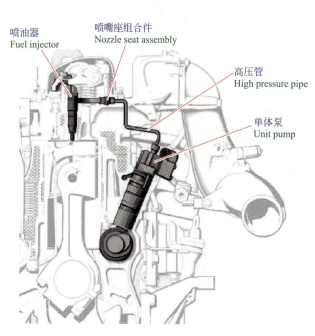

图2-105 单体泵系统部件分布

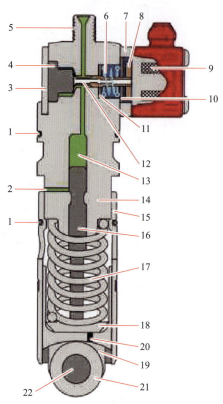

图2-106 单体泵剖视图

1—O形环；2—渗漏钻孔；3—盖板；4—阀门挡块；
5—接头螺帽的螺纹；6—气门弹簧；7—中间板；
8—电枢板；9—单体泵螺线管(电磁铁)；
10—气门弹簧座；11—弹簧盖；12—浮子针阀；
13—高压室；14—输油泵外壳；15—套筒；
16—活塞副；17—凸轮挺杆弹簧；
18—弹簧挡板（凸轮挺杆）；19—凸轮挺杆；
20—机油孔；21—滚子；22—凸轮挺杆销

2.7.8 柴油机泵喷嘴技术

泵喷嘴系统（Unit Inject System，UIS）是由高压泵和喷油器组成的一个紧凑的独立单元，安装于发动机缸盖的气门之间，无须冗长的高压传输管路。泵喷嘴系统由发动机顶置凸轮轴提供安装在缸盖内单体喷油器（UI）所需的驱动力，其嘴端喷射压力最大可达到2050bar，通过机械和液压的方式可以使全喷油量分成预喷和主喷两部分。

泵喷嘴直接集成在气缸盖中，如图2-107所示。

泵喷嘴内部结构剖视如图2-108所示。

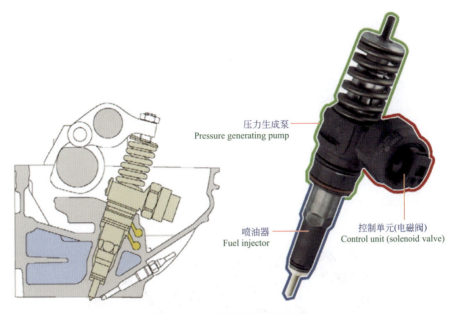

图2-107 泵喷嘴安装位置与外观

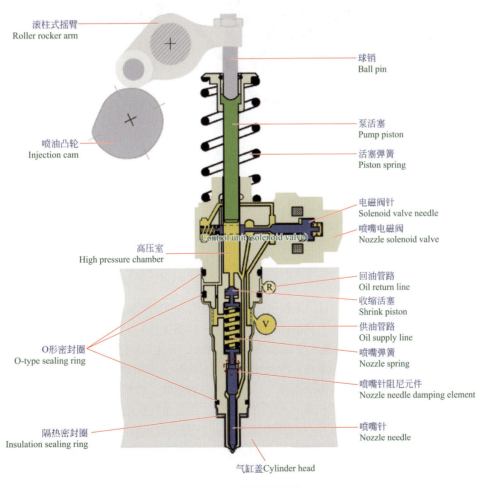

图2-108 泵喷嘴剖视图

2.8 冷却系统

2.8.1 系统组成与功能

汽车发动机采用的水冷系统，大多利用水泵强制使冷却液在冷却系统中循环流动，一般称为强制循环式水冷系统。冷却系统主要由水泵、散热器、冷却风扇、补偿水箱、节温器、发动机机体和气缸盖中的水套以及附属装置等组成，如图2-109所示。

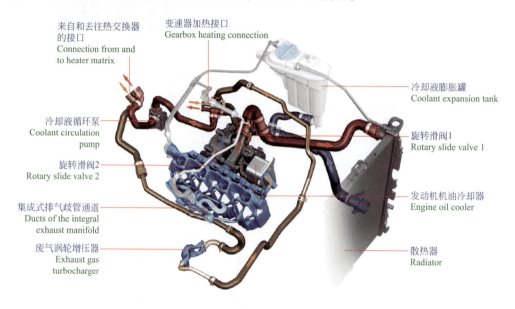

图2-109 发动机冷却系统部件

在冷却系统中，有两个散热循环：一个是冷却发动机的主循环；另一个是车内取暖循环。这两个循环都以发动机为中心，使用同一冷却液。

发动机中也有不同类型的冷却系统：发动机冷却系统，发动机油冷却系统，AGR冷却系统（废气再循环），增压空气冷却系统。

2.8.2 水冷回路

现代汽车设置冷却液回路的目的不仅仅是冷却发动机以及同时排走尽可能多的热量，更多的是，能够根据运行状态高效调节不同组件的运行温度，如图2-110所示。针对具体车辆，可能有多个独立的冷却液回路。这种情况使冷却液调节变数变大，因此必然造成冷却液回路设计更复杂。

发动机采用交叉流动式冷却系统。冷的冷却液通过冷却泵从发动机的前部流入气缸体中，并且冷却液通过各个端面在气缸体中循环。在发动机的灼热侧（排气侧），冷却液沿着管路被分配给各个气缸并且从气缸流至进气侧（较冷的一侧）。在这里灼热的冷却液被搜集在储液罐中，然后通过节温器被传送至散热器中；如果节温器关闭，则冷却液直接流回水泵中。热交换器和废气涡轮增压器通过附加连接装置被集成在发动机内部冷却液回路中。机油热交换器通过副支架直接与气缸体连接。冷却液再循环泵可防止发动机关闭后废气涡轮增压器的温度过高。循环泵的激活是由发动机控制单元根据特性曲线图控制的。

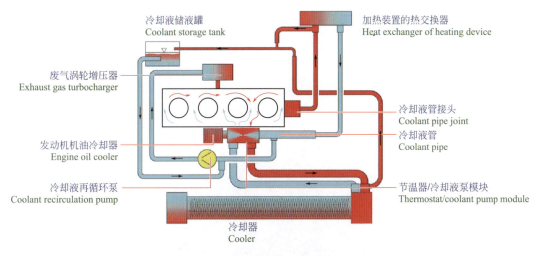

图2-110　发动机冷却液循环图

2.8.3　冷却液泵

发动机温度调节执行元件（图2-111）采用两个机械连接的旋转滑阀来调节冷却液液流。旋转滑阀角度位置的调节是按照发动机控制单元内的各种特性曲线来进行的。通过旋转滑阀的相应位置，就可实现不同的切换状态。因此，就可让发动机快速预热，也就使得摩擦变小了（因此燃油消耗就小了）。另外，可让发动机温度在85～107℃之间变动。

图2-111　发动机温度调节执行元件剖视图

创新温度管理的两个最重要部件是：集成在缸盖内的排气歧管，发动机温度调节执行元件。创新温度管理作为一个模块与水泵一起安装在发动机较冷的一侧。部件结构如图2-112所示。

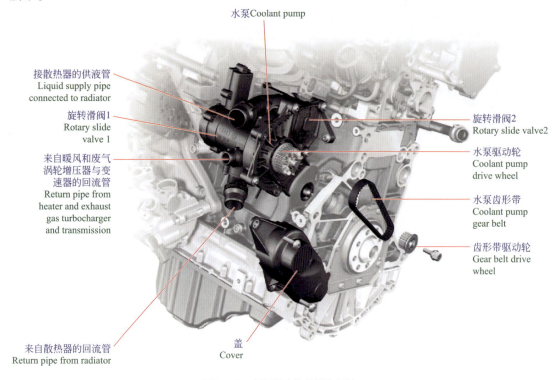

图2-112　创新温度管理模块部件

一个直流电机驱动旋转滑阀转动，该电机由发动机控制单元通过PWM信号（12V）来操控，操控频率为1000Hz。电机通过一个很结实的蜗轮蜗杆传动装置来驱动旋转滑阀1，从而控制机油冷却器、缸盖以及主散热器中的冷却液液流。旋转滑阀2是通过一个滚销齿联动机构与旋转滑阀1相连的，旋转滑阀2在特定角度位置会与旋转滑阀1连上和脱开。旋转滑阀2的旋转运动（打开流经缸体的冷却液液流）在旋转滑阀1转角约为145°时开始，在旋转滑阀1转角约为85°时再次脱开，此时旋转滑阀2达到了其最大转动位置，缸体内的冷却液循环管路就完全打开了。

发动机越热，旋转滑阀的转动也就越大，为了能准确识别旋转滑阀的位置以及功能故障，就在旋转滑阀的控制电路板上装了一个旋转角度传感器，该传感器将数字电压信号发送给发动机控制单元。

2.8.4　冷却控制系统

冷却液控制、节温装置于1922年左右应用于发动机。节温器控制主要是在发动机没有达到正常工作温度时，使冷却水不经过散热器，而是通过旁通水道直接流回发动机，如图2-113所示。

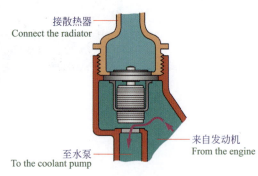

图2-113　节温器的作用

电控冷却系统依据发动机的负荷为发动机在该状态下设定一个适宜的工作温度，改变了传统的冷却循环。冷却液分配法兰与节温器合成一个信号单元。发动机缸体上不需要任何温度调节装置。发动机控制单元内设有电控冷却系统的特性图。电控冷却系统循环回路如图2-114所示。

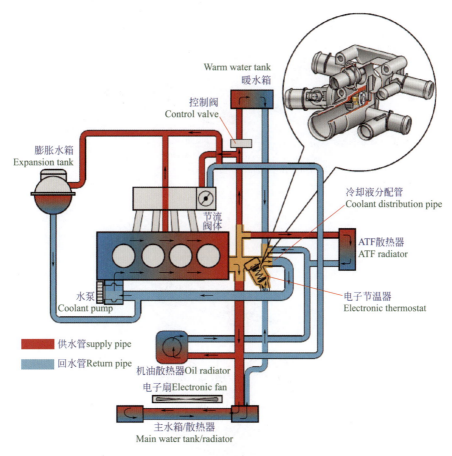

图2-114 电控冷却系统循环回路

冷却液分配器分为两部分，上半部分是供给冷却液的，下半部分是冷却液的回液管，如图2-115所示，两部分通过一垂直通道相通。电子节温器通过其小阀片来打开或关闭此垂直通道，以此控制冷却液的大小循环。

电子节温器由热敏膨胀调节器（带石蜡成分）、在石蜡中的加热电阻、机械锁止冷却液通道的压力弹簧、大循环锁片和小循环锁片等部件组成，如图2-116所示。在冷却液分配器中的电子节温器一直浸在冷却液中。超过冷却液沸点后，石蜡变为液体并且膨胀，使冲程止动销伸出。在正常情况下，没有加热的电子节温器，工作温度在110℃左右。石蜡中藏有加热电阻，在需要调节时，ECM向加热电阻通电，它与冷却液一起加热石蜡，这样就可根据发动机工况控制温度。

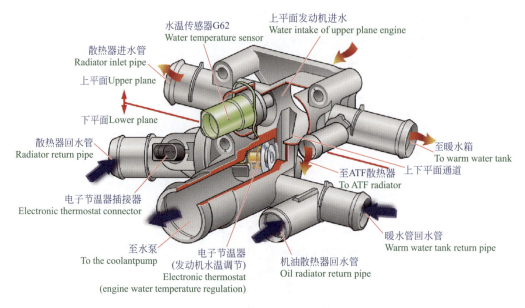

图2-115 冷却液分配器结构

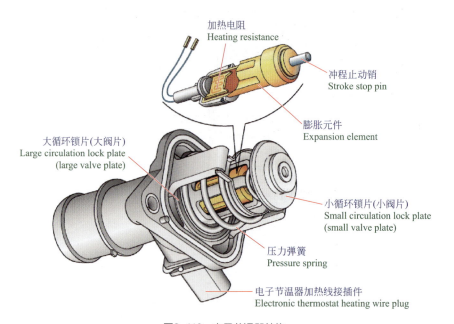

图2-116 电子节温器结构

冷启动时，小循环工况使发动机尽快热机，达到正常工作温度。此时，未按发动机冷却特性图进行工作。部分负荷时，节温器将回水管堵塞。水泵使冷却液循环，冷却液经过发动机缸盖、分配器上平面流入，此时，小循环阀门打开，冷却液进过小阀门直接流回水泵处，形成小循环，如图2-117所示，此时冷却液温度为95～110℃。

大循环时水温达到约110℃或全负荷时进入大循环。此时散热器也参与工作，在怠速或行车迎风时更好冷却，电子扇在需要时运转，如图2-118所示。大循环完全打开的水温为85～95℃。

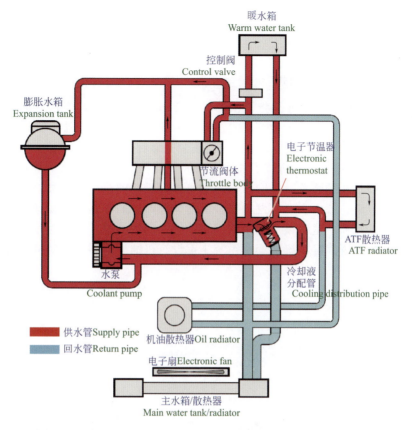

图2-117　小循环冷却液回路

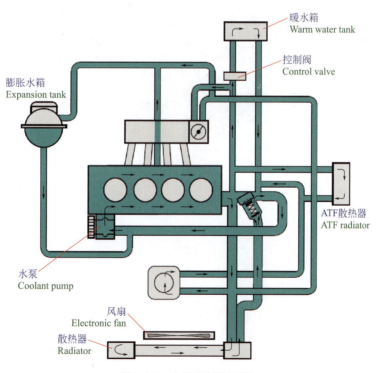

图2-118　大循环冷却液回路

2.9 润滑系统

2.9.1 系统组成与功能

发动机润滑系统的基本任务是将清洁的、具有一定压力的、温度适宜的机油不断供给运动零件的摩擦表面，使发动机能够正常工作。为此，压力润滑系统中必须具有为进行压力润滑和保证机油循环而建立足够油压的机油泵、储存机油的容器（一般利用油底壳储油）、由润滑油管以及在发动机机体上加工出来的一系列润滑油道组成的循环油路。油路中还必须有限制最高油压的装置——限压阀，它可以附于机油泵中，也可以单独设置。机油在工作一段时间以后，其中会混有发动机零部件摩擦产生的金属磨屑和其他机械杂质，以及机油本身产生的胶质，这些杂质如果随同机油进入润滑油道，将加速发动机的磨损，还可能堵塞油路，所以现代发动机的润滑系统中都设有机油滤清器。发动机润滑系统组成部件如图2-119所示。

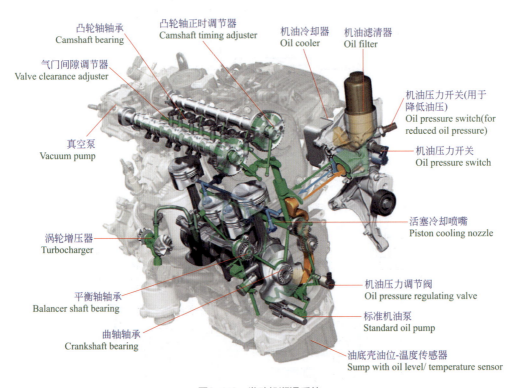

图2-119　发动机润滑系统

发动机润滑油要执行多项任务：部件润滑、部件冷却、严密密封、清洁、防腐、动力传输。机油回路用于在相应部件上执行这些任务。在车用发动机中，无论采用哪种燃烧方式都主要使用压力循环润滑系统。发动机机油供给系统如图2-120所示。

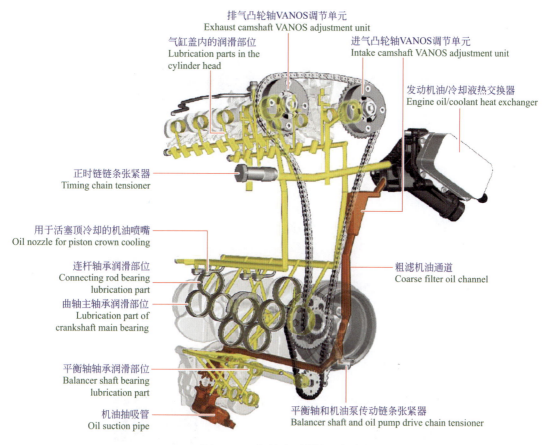

图2-120 发动机机油供给系统

2.9.2 润滑油介绍

机油（润滑油）由基础油和添加剂两部分组成，如图2-121所示。基础油是润滑油的主要成分，决定着润滑油的基本性质；添加剂则可弥补和改善基础油性能方面的不足，赋予某些新的性能，是润滑油的重要组成部分。

图2-121 机油成分

机油按照基础油的不同，可以简单地分为矿物质机油和合成机油两种，其中合成机油中又可分为半合成机油和全合成机油。矿物质机油和合成机油最大差别在于合成油使用的温度更广，使用期限更长，以及成本更高。这三类机油的更换周期也各不相同，一般来说，矿物油的更换周期是半年或5000公里，半合成油是半年或者7500公里一换，全合成油则是半年或者10000

公里一换，如图2-122所示。

图2-122　机油类型与更换周期

SAE标准黏度值含义如图2-123所示。SAE（美国汽车工程师学会）标准黏度值的W代表冬天（英文WINTER），W前面的数字代表低温时的流动性能，数值越小表示低温时的启动性能越好。W后面的数字代表机油在高温时的稳定性能（即变稀的可能性），数值越大说明机油高温的稳定性能越好。

图2-123　SAE标准机油黏度参数表示含义

API标准（美国石油协会的标准）机油等级中字母S代表汽油发动机用油（如果是C则代表柴油发动机用油），字母N代表质量等级。按英文字母顺序每递增一个字母，机油的性能都会优于前一种，比如SB优于SA，依次类推，SN优于SL，这个性能更好也表明机油中会有更多用来保护发动机的添加剂。部分机油等级如图2-124所示。

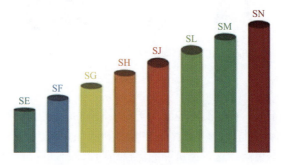

图2-124　API标准机油等级（部分）

2.9.3 机油泵

机油泵作用是将机油提高到一定压力后,强制压送到发动机各零件的运动表面上。机油泵按结构形式可以分为齿轮式和转子式两类。齿轮式机油泵又分为内接齿轮式和外接齿轮式两类,一般把后者称为齿轮式油泵,如图2-125、图2-126所示。

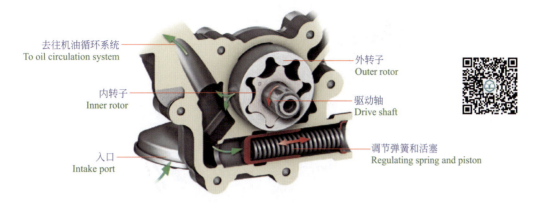

图2-125 内齿轮式机油泵

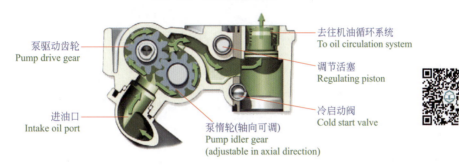

图2-126 外齿轮式机油泵

转子式机油泵内部结构如图2-127所示。

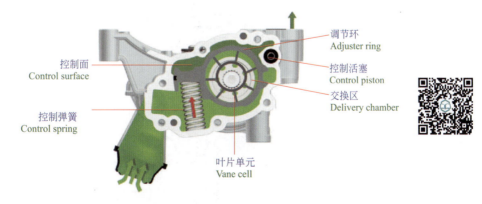

图2-127 转子式机油泵

2.9.4 机油滤清器

机油滤清器,又称机油格。用于去除机油中的灰尘、金属颗粒、炭沉淀物和煤烟颗粒等杂质,保护发动机。一般润滑系统中装用几个不同滤清能力的滤清器——集滤器、粗滤器和细滤器,分别并联或串联在主油道中。与主油道串联的叫全流式滤清器,发动机工作时润滑油全部经滤清器滤清;与主油道并联的叫分流式滤清器。其中粗滤器一般串联在主油道中,为全流式;细滤器并联在主油道中,为分流式。现代轿车发动机上普遍只设有集滤器和一个全流式机油滤清器。机油滤清器结构如图2-128所示。

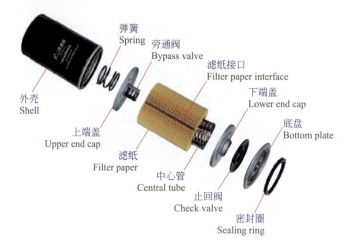

图2-128　机油滤清器结构分解

机油滤清器用于清洁机油,从而防止污物颗粒进入机油回路并因此进入润滑部位。当前车型的所有机油滤清器都设计为纸质滤清器滤芯。机油泵从油底壳抽出的机油,以必定的压力(0.3～0.4MPa),从滤清器的进油口(螺纹盖板的多个冲孔)进入滤清器的滤芯纸格外表,经滤芯过滤后进入中心管,再从出油口(即中心螺纹孔)流进发动机的主油道进行润滑。机油滤清器内部结构及过滤原理如图2-129所示。

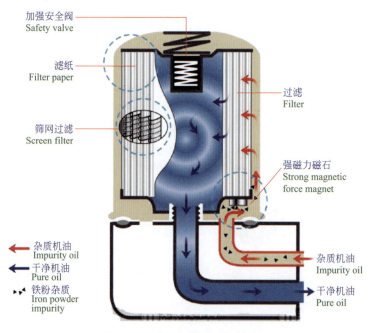

图2-129　机油滤清器工作原理图

2.9.5 机油冷却器

机油冷却器是一种加速润滑机油散热使其保持较低温度的装置。在高性能、大功率的强化发动机上，由于热负荷大，必须装设机油冷却器。机油冷却器布置在润滑油路中，其工作原理与散热器相同。风冷式机油冷却器的芯子由许多冷却管和冷却板组成，在汽车行驶时，利用汽车迎面风冷却热的机油冷却器芯子。水冷型机油冷却器置于冷却水路中，利用冷却水的温度来控制润滑油的温度。发动机机油冷却器用于冷却发动机的润滑油，保持机油的温度合理（90～120℃）、黏度合理；安装在发动机的缸体部位，安装时与壳体一起进行安装。如果为风冷式冷却器则安装在散热器的前侧。

在机油滤清器模块内集成有机油冷却液热交换器、散热器旁通阀、滤清器旁通阀和滤芯，如图2-130所示。

图2-130 集成冷却器的机油滤清器模块

2.10 启动系统

2.10.1 启动系统概述

启动系统将储存在蓄电池内的电能转换为机械能，要实现这种转换，必须使用起动机。起动机的功用是由直流电动机产生动力，经传动机构带动发动机曲轴转动，从而实现发动机的启动。启动系统包括以下部件：蓄电池、点火开关（启动开关）、起动机总成、起动机继电器等，如图2-131所示。

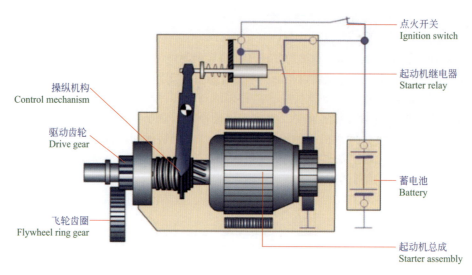

图2-131 启动系统组成

2.10.2 起动机

起动机可以将蓄电池的电能转化为机械能,驱动发动机飞轮旋转实现发动机的启动。发动机在以自身动力运转之前,必须借助外力旋转。发动机借助外力由静止状态过渡到自行运转的过程,称为发动机的启动。起动机是启动系统的核心部件。起动机由直流串励电动机、传动机构和控制装置三大部分组成。电动机包括必要的电枢、换向器、磁极、电刷、轴承和外壳等部件。起动机内部结构如图2-132所示。

图2-132 汽车起动机结构

2.10.3 起动机-发电机一体机

起动机-发电机一体化系统,采用了可逆变原理即将传统汽车上的发电机和起动机功能合成在一起,当汽车行驶时充当发电机,产生电能,当汽车启动时又充当起动机。以奥迪A6为例,该车12V MHEV车型装有起动机-发电机一体化系统,该部件有两个功能。在当发电机使用时,它为车载供电网提供电能并为两个蓄电池充电,如图2-133所示;当起动机使用时其是用于启动内燃机的(只有当发动机机油温度高于45℃且处于自动启停模式时）。另外，还会在某些行驶状况下辅助内燃机来驱动车辆。车辆另有一个12V小齿轮起动机，用于在发动机机油温度低于45℃时启动内燃机。

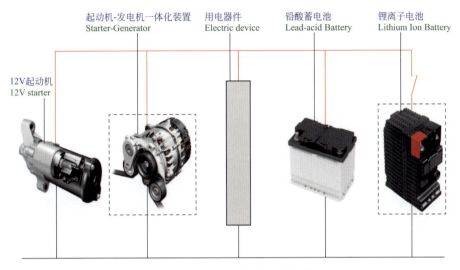

图2-133 起动机-发电机系统组成

2.11 点火系统

2.11.1 传统点火系统

汽车点火系统的作用是：点燃式发动机为了正常工作，按照各缸点火次序，定时地供给火花塞足够高能量的高压电（15000～30000V），使火花塞产生足够强的火花，点燃可燃混合气。

传统点火系统分为蓄电池点火系统和磁电机点火系统两种类型。

点火系统的工作过程是，由曲轴带动分电器轴转动，从而分电器轴上的凸轮转动使点火线圈初级触点接通与闭合而产生高压电。这个点火高压电通过分电器轴上的分火头，根据发动机工作要求按顺序送到各个气缸的火花塞上，火花塞发出电火花点燃燃烧室内的气体。点火系统主要组成如图2-134所示。

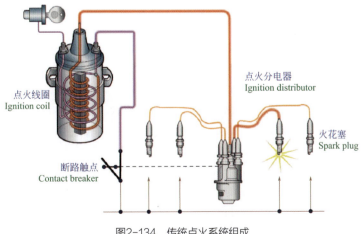

图2-134 传统点火系统组成

2.11.2 电子点火系统

现代汽车上，使用的是纯电子点火系统，这种系统没有任何活动部件，即没有用于分配点火火花的分火头，因此也被称作"静止式点火系统"。

电子点火系统（Electronic Ignition）可分为晶体管点火系统 TI-B（Breaker-Triggered transistorized Ignition）、半导体点火系统 SI（Semiconductor Ignition）和无分电器点火系统 DIS（Distributorless Ignition System）三种类型。

电子点火系统也有闭环控制与开环控制之分：带有爆震传感器，能根据发动机是否发生爆震及时修正点火提前角的电控系统称为闭环控制系统；不带爆震传感器，点火提前控制仅根据电控单元内设定的程序控制的称为开环控制系统。

无分电器点火系统一般每个气缸有专用的点火线圈，该线圈安装在火花塞上方，由控制单元来操控。发动机控制单元（一般还负责控制喷油器）根据存储的3D特性曲线，按下述传感器信号来计算出理想的点火点：发动机转速、发动机负荷、发动机温度、爆震传感器信号（如果有的话）。电子点火系统组成部件如图 2-135 所示。

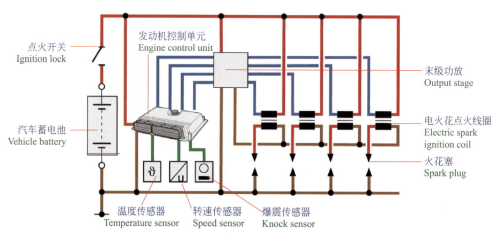

图2-135 电子点火系统

2.11.3 火花塞

汽油发动机的火花塞负责在做功行程时将气缸内的燃油-空气混合气点燃。为此，需要在接线端子上加载约 30～40kV 的电压并使该电压流经火花塞。

在中央电极和侧电极之间产生的电弧，就是点火火花。电极间距离对点火火花强度起着决定性作用。因此，汽车生产厂对电极间距离是有准确规定的。如果这个间距过大，无法产生火花，也就无法点燃气缸内的混合气；如果这个间距过小，那么火花一般也会太小，这时的火焰前锋就过小，无法完全点燃混合气。火花塞构造如图 2-136 所示。

并非所有火花塞都在用顶极型结构，越来越多的火花塞采用的是多侧极型结构。也有将顶极型结构与侧极结构结合在一起使用的，称作混合型结构。火花塞结构形式如图 2-137 所示。如今，火花塞带有 4 个或者 3 个电极是很普遍的，这样的好处是：可将热负荷分摊在多个侧电极上，提高耐用度。

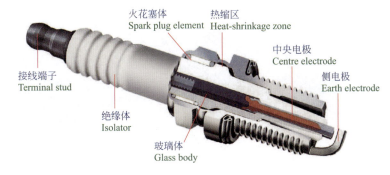

图2-136 火花塞内部结构

图2-137 各种类型的火花塞

2.12 特殊发动机技术

2.12.1 阿特金森（米勒）循环发动机

1882 年，英国工程师詹姆士·阿特金森（James Atkinson）发明了一款发动机，这款发动机的压缩行程和做功行程，活塞的位移是不一样的。阿特金森发动机使用了较为复杂的连杆用于动力从活塞到曲轴的输出，模型如图 2-138 所示。通过一系列的机械连杆，使活塞下压的行程小于上升的行程，使活塞的循环往复运动变得不等长，既能有效地改良进排气情况，也能更有效地利用燃烧后废气，间接提高了压缩比，所以燃油效率也更高一些。

1940 年，美国工程师拉夫·米勒（Ralph Miller）遵循阿特金森可变压缩比发动机的思路，但是舍弃了复杂的连杆结构，另辟蹊径采用配气时机来制造可变压缩比的效果。在吸气冲程结束时，推迟气门的关闭，这就将吸入的混合气又"吐"出去一部分，再关闭气门，开始压缩冲程，整个循环称作米勒循环。此为可变气门正时的先驱：通过控制气门的开启和关闭的时机，来达到可变压缩比的目的。米勒循环工作原理如图 2-139 所示。

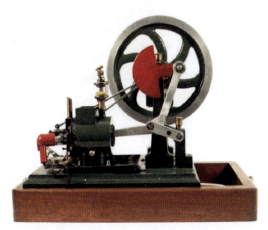

图2-138 阿特金森循环发动机模型

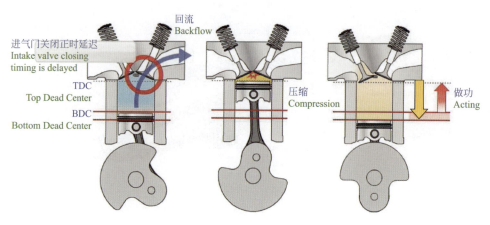

图2-139 米勒循环工作原理

2.12.2 水平对置发动机

水平对置发动机的活塞平均分布在曲轴两侧，在水平方向上左右运动，如图2-140所示。发动机的整体高度降低、长度缩短、整车的重心降低，车辆行驶更加平稳；发动机安装在整车的中心线上，两侧活塞产生的力矩相互抵消，大大降低车辆在行驶中的振动，使发动机转速得到很大提升，减少噪声。目前，采用这种发动机的汽车品牌主要为日本斯巴鲁与德国保时捷。

图2-140 水平对置发动机剖视图

水平对置发动机的最大优点是重心低。同时，水平对置的气缸布局是一种对称稳定结构，这使得发动机的运转平顺性比V型发动机更好，运行时的功率损耗也更小。

2.12.3 转子发动机

与活塞式发动机一样，转子发动机也是利用空气与燃油的混合气燃烧产生的压力。在活塞式发动机中，燃烧产生的压力保存在气缸中，驱使活塞运动，连杆和曲轴将活塞的来回运动转换为为汽车提供动力的旋转运动。转子发动机结构如图2-141所示。在转子发动机中，燃烧产生的压力保存在由壳体和三角形转子（在该发动机中用来代替活塞）构成的密封室中。转子有三个凸面，每个凸面相当于一个活塞。转子的每个凸面都有一个凹陷，用于增加发动机的排气量，容纳更多空气和燃油的混合气。

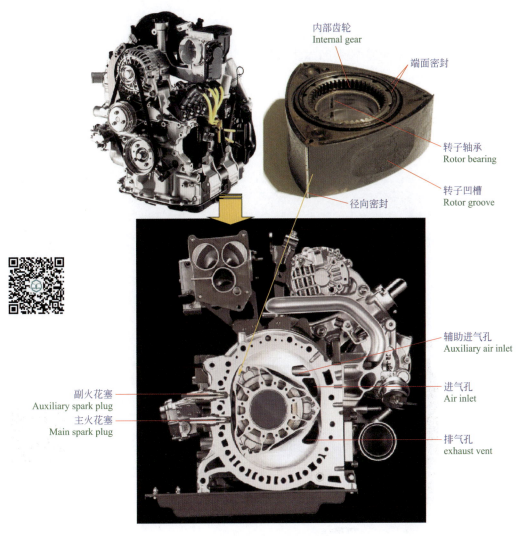

图2-141 转子发动机结构

转子有一组内部轮齿，位于其中一个侧面的中心，与固定到壳体的齿轮相啮合。这种啮合决定了转子在壳体内运动的路径和方向。壳体大致呈椭圆形，壳体的每一部分都专用于燃烧过程的一部分。燃烧过程的四部分包括：进气、压缩、做功和排气。当转子在壳体内转动时，会推动凸轴旋转，转子每转一周，凸轴会旋转三周。转子发动机工作循环如图2-142所示。

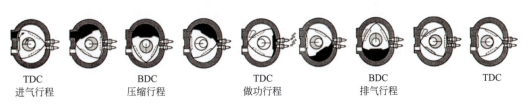

图2-142 转子发动机的工作循环

2.12.4 天然气发动机

压缩天然气（Compressed Natural Gas，CNG）是对天然气加压并将其以气态储存在容器中。压缩天然气除了可以用油田及天然气田里的天然气外，还可以用人工制造的生物沼气（主要成分是甲烷）。

顾名思义CNG发动机就是燃料用CNG的发动机（一般应用于大车、客车），CNG汽车属于燃料汽车的一种。

有的乘用车使用CNG和汽油两种燃料，其是由定型的汽油汽车改装而成的，在保留原车供油系统的基础上，增加一套车用压缩天然气装置，可燃用压缩天然气，也可燃用汽油，油气两种燃料转换非常方便。

车用压缩天然气装置由以下三个系统组成。

① 天然气储气系统：主要由充气阀、高压截止阀、天然气贮气瓶、高压管线、高压接头、压力传感器及气量显示器等组成。

② 天然气供给系统：主要由天然气滤清器、减压调节器、动力调节阀、混合器等组成。

③ 油气燃料转换系统：主要由油气燃料转换开关、天然气电磁阀、汽油电磁阀等组成。

CNG汽车工作原理如图2-143所示。

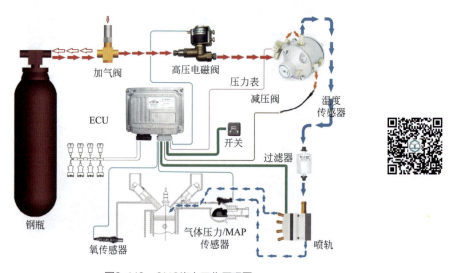

图2-143 CNG汽车工作原理图

天然气的主要成分就是烷烃，甲烷占比最大，其沸点为-161.5℃，即在20MPa压缩条件下表现形式是CNG（压缩天然气），在-161.5℃以下的隔热状态条件下就表现为LNG（液化天然气）。

LNG汽车的燃气系统由LNG气瓶、电控调压器、气化器、液位仪、空气滤清器、安全装置（如过流阀、安全阀和防爆片）以及一系列阀件（如充液阀、截止阀和单向阀等）组成。当发动机启动，阀门打开时，LNG气瓶内的液化天然气依靠气瓶自身的压力，通过控制阀和燃料限流阀进入气化器中。气化器通过发动机回水对LNG进行加热，在气化器中液化天然气被气化成气态天然气。LNG系统工作原理如图2-144所示。

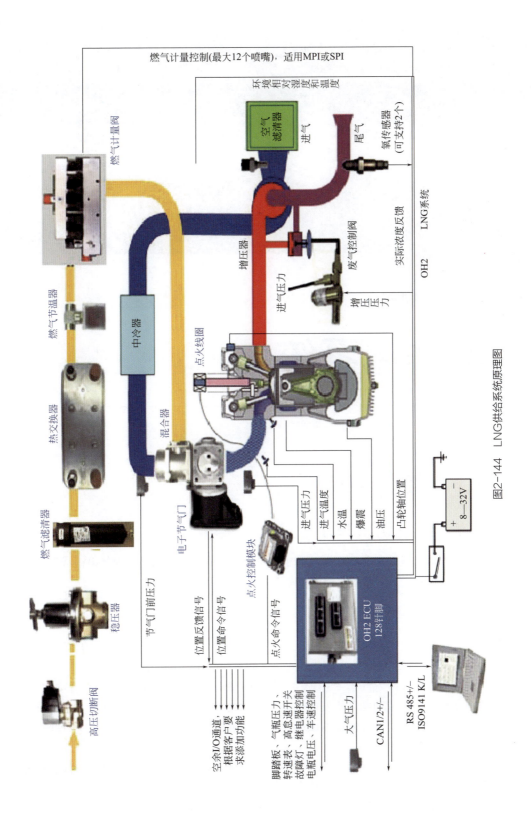

图2-144 LNG供给系统原理图

第3章

电动化系统

3.1 类型与特征

3.1.1 纯电动汽车（BEV）

纯电动汽车是完全由可充电电池（如铅酸电池、镍镉电池、镍氢电池或锂离子电池）提供动力源的汽车。典型车型例如图 3-1 所示。

3.1.2 混合动力汽车（HEV）

混合动力汽车是指使用电动机和传统发动机联合驱动的汽车，按动力耦合方式的不同可以分为串联式混合动力、并联式混合动力和混联式混合动力汽车。

串联式混合动力汽车（SHEV）：车辆的驱动力只来源于电动机的混合动力汽车。结构特点是发动机带动发电机发电，电能通过电机控制器输送给电动机，由电动机驱动汽车行驶。另外，动力电池也可以单独向电动机提供电能驱动汽车行驶。该种驱动结构组成形式如图 3-2 所示。

并联式混合动力汽车（PHEV）：车辆的驱动力由电动机及发动机同时或单独供给的混合动力（电动）汽车。结构特点是并联式驱动系统可以单独使用发动机或电动机作为动力源，也可以同时使用电动机和发动机作为动力源驱动汽车行驶。该种混动模式组成形式如图 3-3 所示。

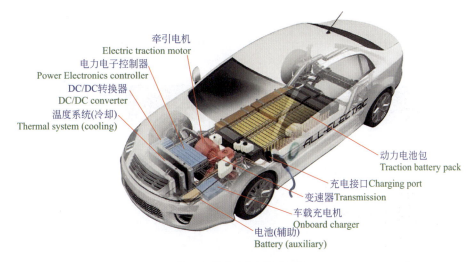

图3-1 纯电动汽车组成部件

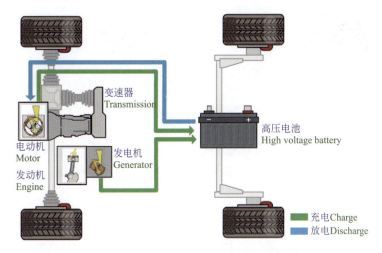

图3-2 串联式混合动力系统

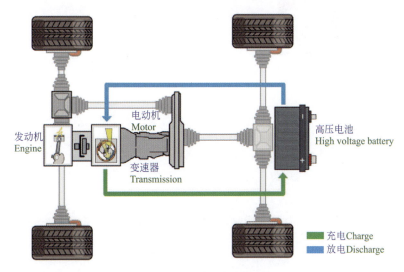

图3-3 并联式混合动力系统

第3章　电动化系统　101

混联式混合动力汽车（CHEV）：同时具有串联式、并联式驱动方式的混合动力（电动）汽车。结构特点是既可以在串联混合模式下工作，也可以在并联混合模式下工作，同时兼顾了串联式和并联式的特点。这种混动模式组成形式如图 3-4 所示。

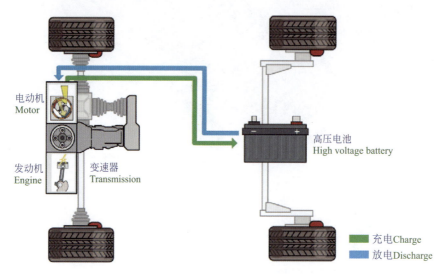

图3-4　混联式混合动力系统

根据基本设计的方向不同，混合动力系统可分为以下三种。

① 微混合动力系统。在这种动力方案中，电气组件（起动机/发电机）仅用于启动停止功能。在制动时，部分动能可以转化为电能以重新利用（能量再生）。车辆无法通过纯电力驱动行驶。因发动机需要频繁启动，故对 12V 玻璃纤维蓄电池进行了升级改造。微混合动力系统组成形式如图 3-5 所示。

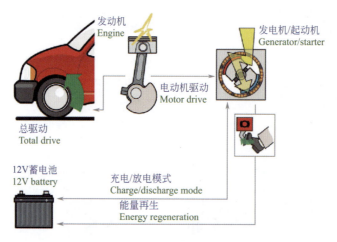

图3-5　微混合动力系统

② 中度混合动力系统。电力驱动用来辅助发动机驱动车辆。车辆无法通过纯电力驱动行驶。利用中度混合动力系统，可以在制动时回收更多的动能，并以电能的形式储存在高压蓄电池中。高压蓄电池及电气组件的额定电压和额定功率更高。由于电动机的辅助，发动机可以在最佳的效率范围内启动，这被称为负载点推移。中度混合动力系统组成形式如图 3-6 所示。

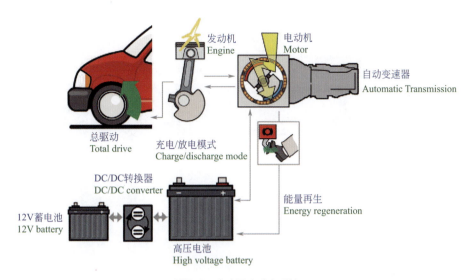

图3-6 中度混合动力系统

③ 全混合动力系统。这种系统将功率更大的电动机和发动机相结合，可以实现纯电力驱动。一旦达到规定条件，电动机即可辅助发动机运行。在低速行驶时，完全由电力驱动。发动机具备启动停止功能。回收的制动能量可为高压蓄电池充电。发动机和电动机之间的离合器，可以断开这两个系统之间的连接。发动机仅在需要时介入。该种混动系统组成形式如图3-7所示。

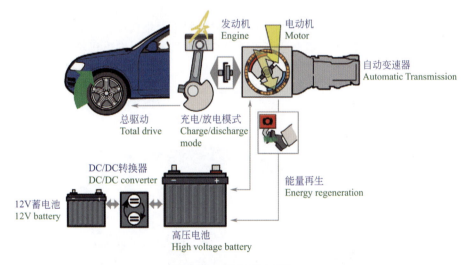

图3-7 全混合动力系统

混合动力技术的一种扩展应用是插电式混合动力汽车（Plug-in Hybrid Electric Vehicle，PHEV），它综合了纯电动汽车（EV）和混合动力汽车（HEV）的优点，既可实现纯电动、零排放行驶，也能通过混动模式增加车辆的续驶里程。它既有传统汽车的发动机、变速器、传动系统、油路、油箱，也有纯电动汽车的电池、电动机、控制电路，而且电池容量比较大，有充电接口；既可以通过发动机进行充电，也可以通过车载充电机连接市电供电系统为其进行充电。该类车型混动系统组成形式如图3-8所示。

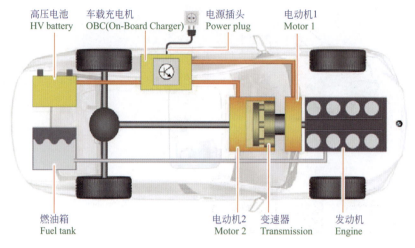

图3-8 插电混合动力汽车

3.1.3 氢燃料电池汽车（FCV）

氢燃料电池电动汽车是利用氢气和空气中的氧在催化剂的作用下在燃料电池中经电化学反应产生电能，并以此作为主要动力源驱动的汽车。此类比较典型的车型是如图3-9所示的丰田 MIRAI。这是丰田第一款量产的燃料电池汽车，MIRAI 的内部有两个氢气储气罐，可以存储 70MPa 的氢气，总质量为 87.5kg。一个气罐布置在后备厢靠前的位置，一个布置在后排座椅下面，这两个储气罐是由三层材料包裹制成。后排座椅椅背后方，有一块 1.6kW·h 的机械轴封镍氢蓄电池组，车辆运行时，可以存储燃料电池堆栈所产生的多余电力以及能量回收时的电力。在必要的时候，蓄电池可以同燃料电池堆栈同时向电机输出电力以增强车辆动力。

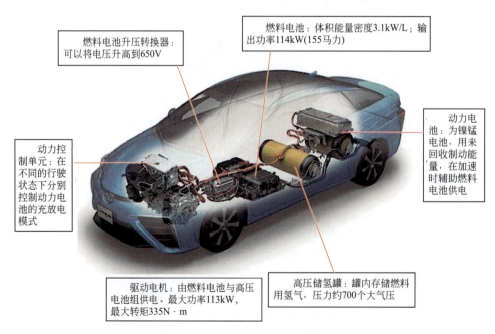

图3-9 丰田MIRAI氢燃料电动汽车各部件的结构及作用

3.2 构造与原理

3.2.1 纯电动汽车

电动汽车的整个驱动系统包括:
- 高压蓄电池,带控制单元,用于蓄电池管理和必要的充电器;
- 电动机/发电机,带电动控制(动力电子元件)和冷却系统;
- 变速箱,包括差速器;
- 制动系统;
- 用于车内的高压空调。

以前驱车型为例,图 3-10 显示了纯电动汽车的常用部件。

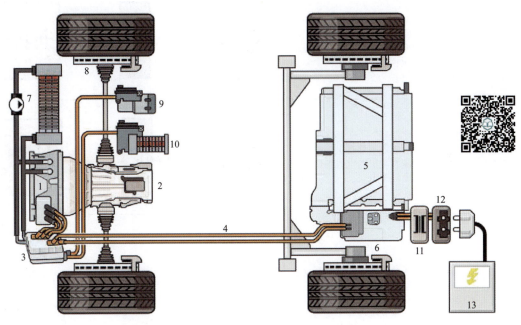

图3-10 纯电动汽车部件布置
1—电动机/发电机;2—带差速器的变速箱;3—动力电子元件;4—高压电缆;5—高压蓄电池;
6—电子设备盒(带控制单元,用于蓄电池管理);7—冷却系统;8—制动系统;
9—高压空调压缩机;10—高压供热器;11—蓄电池充电器;
12—用于外部充电的充电触点;13—外部充电电源

以大众高尔夫 BEV 纯电动汽车为例,这是一款不装载发动机的纯电动车。除了通过再生性制动充电的蓄电池外,高压蓄电池只能通过一个充电站、230V 的电源插座或连接至公共充电站的充电电缆进行外部充电。除了高压系统,车辆还带有 12V 车载供电转换器和 12V 车载供电蓄电池。85kW 电动机/发电机通过一个减速箱和差速器将输出动力传导至驱动轮。车辆驱动单元与高压系统部件分布如图 3-11 所示,车辆驱动模式及能量传递路线见表 3-1。

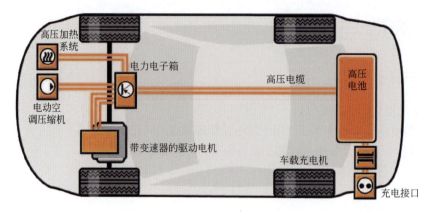

图3-11 车辆驱动单元和高压部件位置

表3-1 车辆驱动模式及能量传递路线

模式	模式说明	能量传递线路
电动驱动	纯电动车辆电动驱动单元的配置与完全混合动力车辆的配置完全相同：高压蓄电池向动力电子元件供能。动力电子元件将直流电压转变成交流电压来驱动电动机	电机作为驱动单元运行 ← 电力电子箱 ← 高压电池输出电能
再生制动	如果电动车"滑行"（车辆在没有来自电动机的驱动转矩下移动），部分热能通过用作交流发电机的电机转化成电能并对高压蓄电池充电	电机作为交流发电机运行 → 电力电子箱 → 高压电池接受充电
外部充电	高压蓄电池通过车辆上的充电触点进行充电。当连接外部充电电源时，车辆将按照之前的设定值自动充电。该过程会自动完成。如果充电过程中使用用电设备，它们将由充电电压供电	充电接口 → 高压电池接受充电；电力电子箱
车辆温度控制	如果电动车处于交通阻塞中，则无需电动机/发电机输出能量。高压暖风系统和高压空调压缩机将满足乘员们的舒适性需求	高压暖风系统、高压空调压缩机 ← 电力电子箱 ← 高压电池输出电能

3.2.2 混合动力汽车

（1）串联式混合动力系统

在串联式混合动力系统中，电动机转动车轮，发动机利用发电机作为电动机的电源，以奥迪 A1 e-tron 车型为例，该车型是配备增程器的车辆之一（**RXBEV**）。A1 e-tron 车型高压系统部件分布如图 3-12 所示。

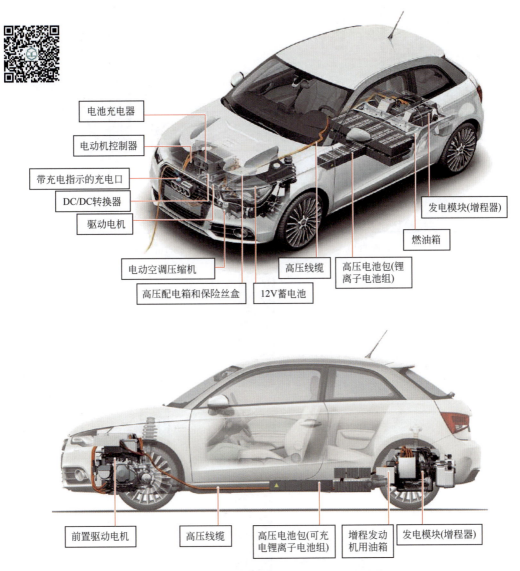

图3-12　奥迪A1 e-tron增程型电动汽车高压部件位置

该车由一个发动机和两个电动机驱动，发动机未配备至驱动桥的机械连接装置。该车辆仅配备电动驱动系统。

如图 3-13 所示，发动机仅驱动电动机 1，其作为发电机使用，并在车辆行驶时对高压蓄电池充电。在该供能下，发动机以高输出和低油耗高效运作，该构造使得车辆行程增加。高压蓄电池主要由外部充电。

当发动机和电动机 1 作为交流发电机对车辆进行再充电时，其可被视作备用发电机。除了高压系统，车辆还带有 12V 车载供电转换器和 12V 车载供电蓄电池。车辆驱动模式和能量传递线路见表 3-2。

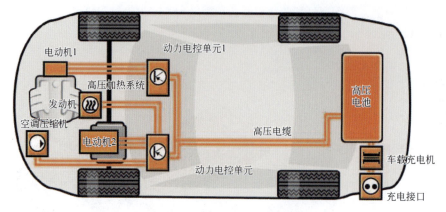

图 3-13　串联式混合动力系统结构

表 3-2　串联式混合动力车辆驱动模式和能量传递线路

模式	模式说明	能量传递路线
电力驱动	如果高压蓄电池已充电，则车辆由电动机2驱动。便捷用电设备（高压暖风系统和高压空调压缩机）和12V车载供电蓄电池通过动力电子元件2供电	发动机关闭；电动机1关闭；动力电控单元1；电动机2作为驱动部件运行；高压电池输出电能
电动驾驶和充电	高压蓄电池缺电。发动机启用，驱动电动机1，从而为高压蓄电池充电，以继续行驶。电动机2是推动车辆的唯一动力，也是再生性制动的唯一方式	发动机运行；电动机1作为交流发电机运行；电动机2作为驱动部件运行；高压电池输出电能并接受充电

续表

模式	模式说明	能量传递路线
外部充电	高压系统和整个驱动停用。高压蓄电池通过车载充电插头、高压充电器和两个充电保护继电器充电。充电过程由系统自动监控和停止	外接电源充电接口；高压电池充电中
车辆静止时充电	没有外部电源对高压蓄电池充电。在这种情况下，发动机可在车辆静止时通过电动机1对高压蓄电池充电	内燃机运行；电动机1作为交流发电机运行；电动机2关闭；高压电池充电中

（2）并联式混合动力系统

本田 IMA 系统是非常典型的并联式混合动力系统，至今已发展到第六代并应用在本田最新的 CR-Z、思域、飞度等车型上。以思域为例，IMA 部件组成如图 3-14 所示。

图3-14 本田IMA并联式混合动力系统

IMA 系统由 4 个主要部件构成,其中包括:发动机、电动机、CVT 变速箱以及 IPU 智能动力单元,如图 3-15 所示。电动机取代了传统的飞轮用于保持曲轴的运转惯性。

图3-15　思域混合汽车IMA系统组成

在并联式混合动力系统中,发动机和电动机/发电机均直接驱动车轮。在车辆行驶过程中,除了补充发动机的动力外,电动机/发电机还可作为发电机为 HV 蓄电池充电。也可仅使用电动机/发电机驱动车辆,其组成部件见图 3-16。其驱动模式及能量传递路线见表 3-3。

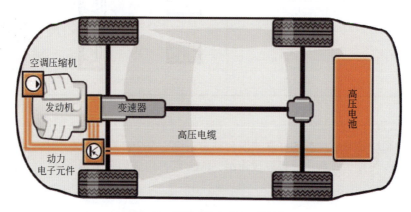

图3-16　并联式混合动力系统结构

表3-3　并联式混合动力汽车驱动模式及能量传递路线

模式	说明	能量传递线路
电动驱动	发动机停用,电动机/发电机驱动车辆。在混合动力车中,通常情况下由发动机驱动的功能由不同的高压电池和12V单元驱动	

续表

模式	说明	能量传递线路
发动机运行	发动机驱动车辆。高压蓄电池充电（根据充电状态）。发动机操作点切换至高效范围	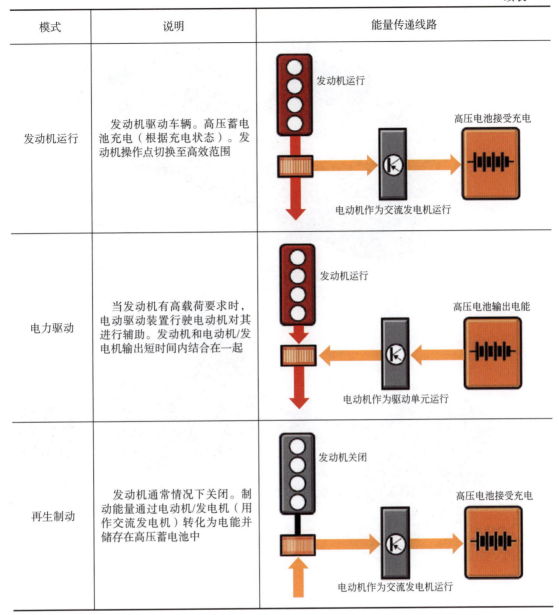
电力驱动	当发动机有高载荷要求时，电动驱动装置行驶电动机对其进行辅助。发动机和电动机/发电机输出短时间内结合在一起	
再生制动	发动机通常情况下关闭。制动能量通过电动机/发电机（用作交流发电机）转化为电能并储存在高压蓄电池中	

（3）混联式混合动力系统

奥迪 Q7 e-tron 车型便是一款混联式混合动力汽车，该车主要部件组成如图 3-17 所示。

以大众混合动力驱动系统为例，图 3-18 为高尔夫 6 双驱 PHEV 插电式混合动力系统结构示意图。驱动系统主要由发动机、混合动力车辆传动桥总成、带转换器的逆变器总成和 HV 蓄电池组成，采用混联式混合动力系统。载有两个电动机，其中一个电动机专门用作交流发电机或起动机，另一个电动机用作电动机和交流发电机。两个电动机和发动机通过离合器相互连接。混联式混合动力汽车的各模式及能量传递线路见表 3-4。

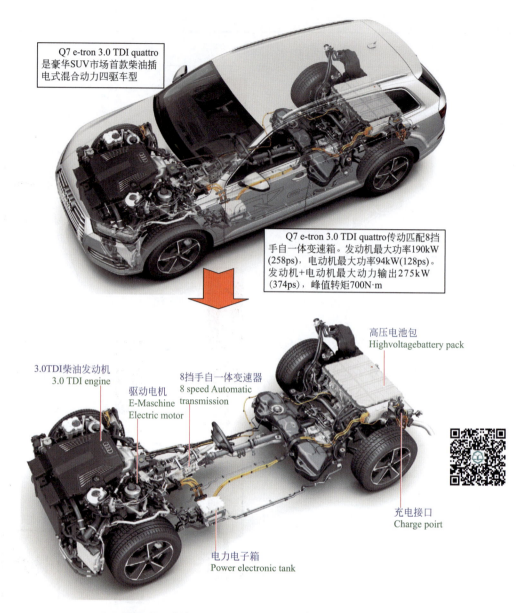

图3-17 奥迪Q7 e-tron插电式柴油混合动力车型

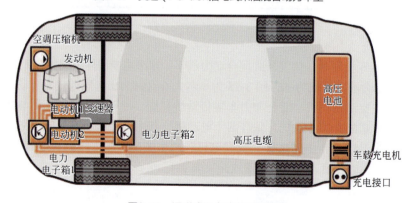

图3-18 混联式混合动力系统结构

表 3-4 混联式混合动力汽车模式及能量传递线路

模式	模式说明	能量传递线路
电动驱动	发动机停用。车辆由电动机1驱动。高压蓄电池通过动力电子元件1供能	发动机与电动机2；高压电池输出电能；电动机1作为驱动部件运行
序列驱动	电动机2启动发动机。之后电动机2作为交流发电机运行并向高压蓄电池供能。电动机1可驱动车辆。这种运行模式是个例外	发动机运行；电动机2作为交流发电机运行；高压电池输出；电动机1作为驱动单元运行
联合驱动	发动机和电动机使车辆加速。该供能取决于高压蓄电池的充电状态	发动机运行；电动机2作为驱动单元运行；高压电池输出电能；电动机1作为驱动单元运行
发动机驱动	如果高压蓄电池完全失电，则不再允许电动驾驶。在这种情况下，车辆使用发动机驱动，同时使用电动机2产生的额外能量对高压蓄电池充电	发动机运行；电动机2作为交流发电机运行；高压电池接受充电；电动机1关闭

续表

模式	模式说明	能量传递线路
耦合驾驶和充电	驾驶者计划的路线可能要求发动机驱动车辆，同时，额外的能量用于给高压蓄电池充电	
再生制动	离合器接合时，两个电动机可用于再生性制动。车辆减速产生的能量可通过两个动力电子元件转换成直流电压，并立刻存储在高压蓄电池中	
外插充电	在从外部电源充电过程中，高压系统处于备用模式。电动机和动力电子元件停用。充电电缆通过充电触电连接至车辆。当控制单元识别用于为高压蓄电池充电的电源时，两个充电保护继电器关闭。充电过程开始后，一旦达到要求的容量，充电过程停止。充电过程中启用的用电设备由外部充电电源供电	

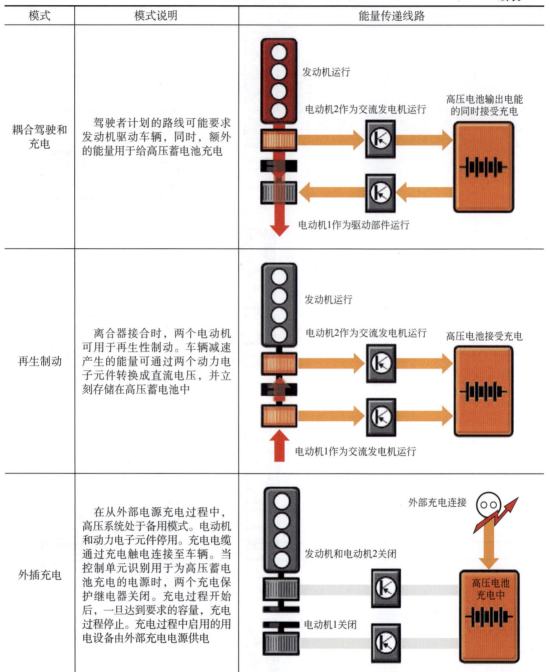

（4）车桥独立式混合动力系统

采用车桥混合动力时对车辆各车桥进行独立驱动，路面是两车桥间唯一的联系。驱动车辆时不仅可以单独而且也可以同时使用两种传动系统。高压电池电量充足时可通过电动驱动装置以零排放和低噪声方式行驶较长距离。采取相应设计的发动机在配合电动驱动装置使用的情况下也可实现较长行驶里程并可在低油耗的情况下实现运动型驾驶方式。宝马i8高压系统部件分布如图3-19所示，动力系统组成及分布形态如图3-20所示。

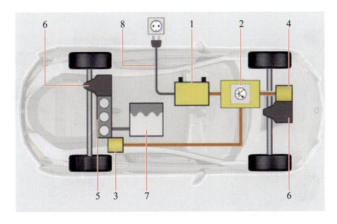

图3-19 宝马i8高压系统部件分布

1—高电压蓄电池；2—供电电子装置；3—增程电机或高压启动发电机；4—电机；5—发动机；6—变速箱；7—燃油箱；8—电源插头

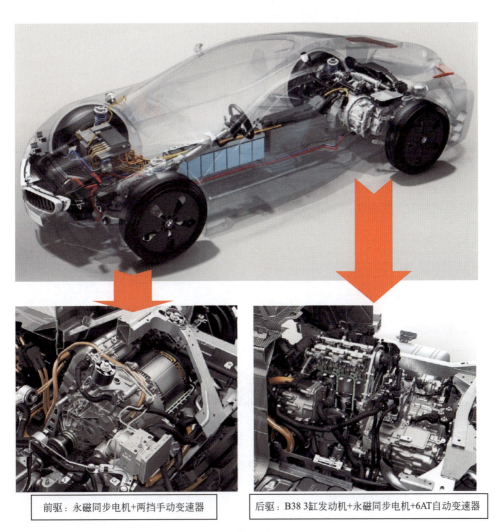

前驱：永磁同步电机+两挡手动变速器　　后驱：B38 3缸发动机+永磁同步电机+6AT自动变速器

图3-20

1—PLCD 传感器；2—换挡拨叉；3—变速箱输入轴；4—1挡齿轮组；5—中间轴；6—差速器；7—通风装置；8—2挡齿轮组；9—换挡执行机构

B1—制动带（锁止后部行星齿轮组的前部太阳轮）；B2—制动离合器（锁止后部行星齿轮组的行星齿轮架）；C1—驱动离合器（连接前部行星齿轮组的行星齿轮架与后部行星齿轮组的后部太阳轮）；C2—驱动离合器（连接中间轴与后部行星齿轮组的行星齿轮架）；C3—驱动离合器（连接前部行星齿轮组的行星齿轮架与后部行星齿轮组的前部太阳轮）

图3-20 宝马i8动力系统组成及分布形态（续）

3.2.3 氢燃料电池汽车

奥迪 A7 Sportback h-tron quattro 氢燃料混合动力车，其最核心的部件是位于传统发动机舱的氢燃料电池，由 300 多个电池单元组成。其工作过程极为清洁，氢气被输送到电池阳极后，被分解为质子和电子，质子到达阴极后与空气中的氧气反应变成水蒸气，同时电子提供电能，整个燃料电池的电压在 230～360V 之间。在燃料电池模式下，车辆仅需大约 1kg 的氢就能行驶 100km，产生的能量相当于 3.7L 汽油，加满大约 5kg 氢气只需要不到 3min 的时间。该车内部结构及关键部件位置如图 3-21～图 3-24 所示。

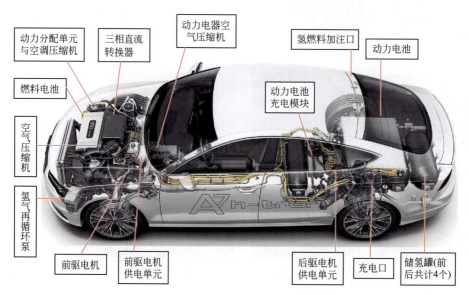

图3-21 奥迪A7 Sportback h-tron氢燃料汽车部件分布

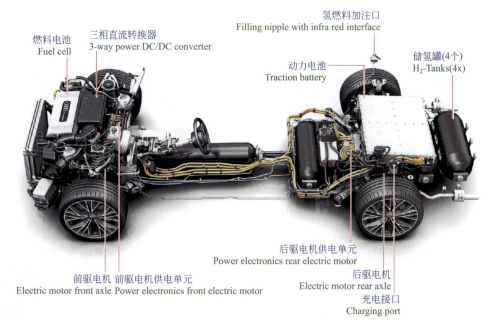

图3-22 奥迪A7 Sportback h-tron氢燃料汽车部件（无车身视图）

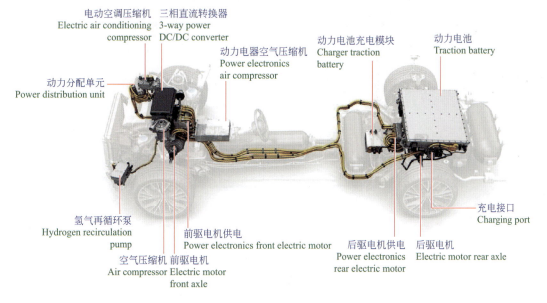

图3-23 奥迪A7 Sportback h-tron氢燃料汽车部件（电动系统视图）

以大众途观 HyMotion（FCBEV）车型为例，该车采用燃料电池驱动。车辆以氢气做燃料，并从燃料电池模块为电动机获取电能。在该模块中，氢气转化为水以产生电能。根据操作模式，使用高压蓄电池的充电电压作为驱动。

第3章　电动化系统　117

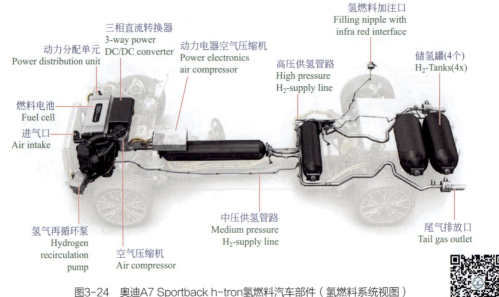

图3-24 奥迪A7 Sportback h-tron氢燃料汽车部件（氢燃料系统视图）

没有安装附加的发动机。高压蓄电池只能通过车间使用特殊的蓄电池充电器进行外部充电。除了高压系统，车辆还带有12V车载供电转换器和12V车载供电蓄电池。该车高压部件连接如图3-25所示，各模式及能量传递线路见表3-5。

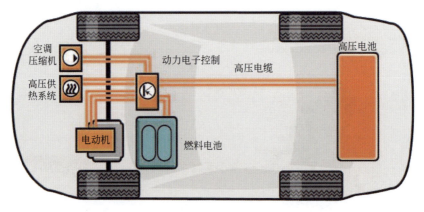

图3-25 高压部件连接

表3-5 大众途观各模式及能量传递线路

模式	模式说明	能量传递线路
电动驱动	如果高压蓄电池已充电，则可以电动驱动车辆。在这种情况下，燃料电池不再供给任何能量，而且不再消耗任何氢气	

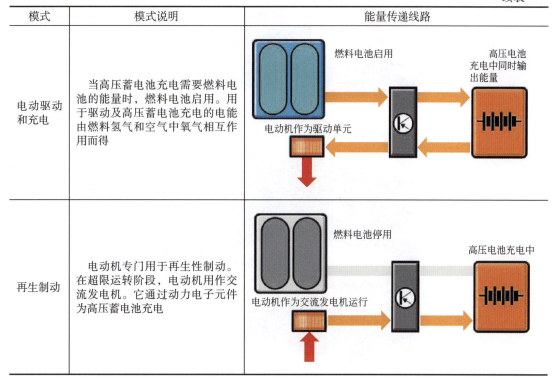

3.3 电池-电驱-电控

3.3.1 高压电池

高压电池也叫动力电池，这是区别于传统 12V 车载供电的低压蓄电池的称呼。高压电池的电芯目前选用三元锂电池的为多，其次为铁锂电池、镍氢电池、氢燃料电池等。

三元锂电池（Ternary Lithium Battery），是指以镍钴锰酸锂或镍钴铝酸锂为正极材料，以石墨为负极材料，以锂盐（以六氟磷酸锂为主）作为电解质的锂电池。三元锂电池，采用的就是以其正极材料来命名，因为其正极材料包含了镍、钴、锰/铝三种金属元素，因此得名"三元"。高压电池模块部件分解如图 3-26 所示。

三元锂电主要分为镍钴锰（NCM）和镍钴铝（NCA）两条技术路线。国内新能源汽车主要配套 NCM 电池，以方形和软包为主，从早期的镍钴锰比例 5∶2∶3 逐渐发展为高镍体系的 8∶1∶1，成本更低、能量密度更高。NCA 的性能更加优越，松下生产的圆柱形 NCA18650、21700 主要供应特斯拉，如图 3-27 所示，系统能量密度最高甚至达到 300Wh/kg。

铁锂电池是锂电池家族中的一类电池，正极材料主要为磷酸铁锂材料。铁锂电池的全名是磷酸铁锂锂离子电池，由于其性能特别适合于动力方面的应用，因而也有人叫它"锂铁动力电池"。与三元锂电池相比，铁锂电池主要体现在其安全性更好，因为无须添加稀有的钴元素，整体造价更低。比亚迪汉 EV 应用的刀片式铁锂电池模块结构如图 3-28 所示。

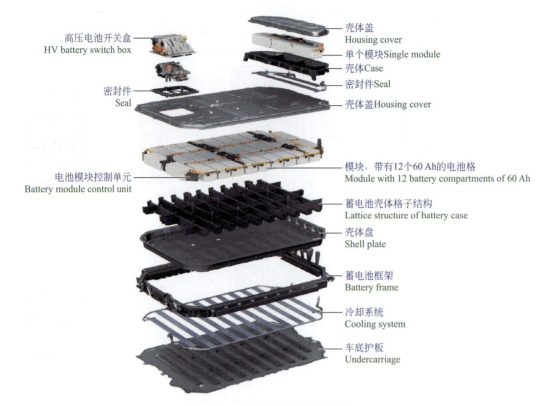

图3-26 高压电池包部件分解

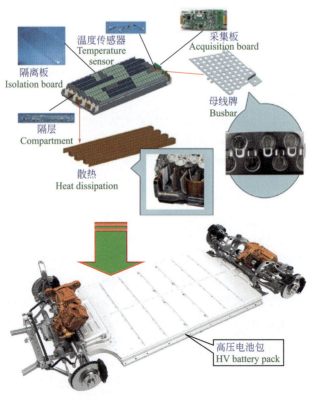

图3-27 高压电池包组成

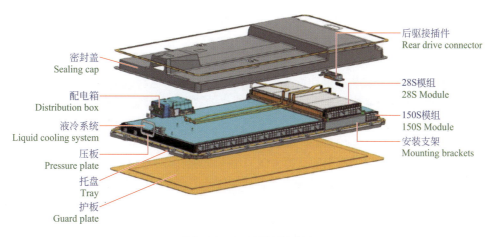

图3-28 高压电池部件分解

镍氢电池分为高压镍氢电池和低压镍氢电池。镍氢电池正极活性物质为Ni（OH）$_2$（称NiO电极），负极活性物质为金属氢化物，也称储氢合金（电极称储氢电极），电解液为6mol/L氢氧化钾溶液。镍氢电池主要用于早期的混合动力汽车，如丰田的普锐斯（如图3-29所示）、本田的思域、凯迪拉克的凯雷德等油电混动车型。

图3-29 普锐斯所用镍氢电池模块

燃料电池是一种能量转化装置，它将燃料的电化学能转化成电能。它类似于电池一样也是电化学发电装置，因此被称为燃料电池。对应的采用氢气作为燃料的燃料电池就是氢燃料电池，其可以理解为水电解成氢气和氧气的逆反应。氢燃料电池的效率可轻松达到60%以上。由于氢燃料电池的生成物是水，基本不排放有害气体，做到了无碳排放，且不产生噪声，有望成为继锂电池之后的新型清洁动力。奥迪A7氢燃料电池汽车主要部件组成如图3-23所示。

3.3.2 车载充电机

充电系统按照是否安装在车上，分为车载充电系统和非车载充电系统。车载充电系统安装在车辆内部，具有体积小、冷却和封闭性好、重量轻等优点，但功率普遍较小，充电所耗时间长；非车载充电系统安装在新能源汽车外部，具有规模大、使用范围广、功率大等优点，其缺点是体积大、重量大、不易移动，主要适用于新能源汽车的快速充电。

车载充电机是指固定安装在电动汽车上的充电机，具有为电动汽车动力电池安全、自动充满电的能力，充电机依据电池管理系统（BMS）提供的数据，能动态调节充电电流或电压参数，执行相应的动作，完成充电过程。

可用交流（AC）或者直流（DC）来给高压电池充电。充电插座上的交流（AC）接口连接在高压电池充电器上。充电插座上的直流（DC）接口连接在开关盒上，直流电就直接输入到高压电池内了。在充电器内，交流转换为直流，并通过开关盒输入到高压电池内。充电系统部件连接示意图如图 3-30 所示。

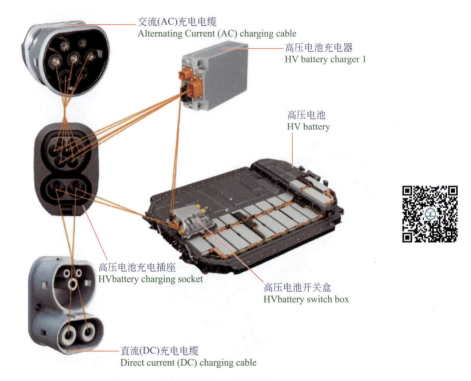

图3-30　充电系统部件连接示意图

充电系统应用时，车载充电机将外部交流电转换成直流电给高压电池充电。充电时，车载充电机根据 VCU 的指令确定充电模式。车载充电机内部有滤波装置，可以抑制交流电网波动对车载充电机的干扰。高压接线盒接收车载充电机或直流充电桩的电能，并输送给高压电池总成。整车充电系统电气连接见图 3-31。

3.3.3　电机驱动系统

如图 3-32 所示，电机组成部件主要有电动机/发电机（1）、转子（2）、定子（3）、动力电子元件（4）和高压蓄电池（5），电机装有一个定子绕组，绕组如同电动机一样，可产生一个旋转磁场。

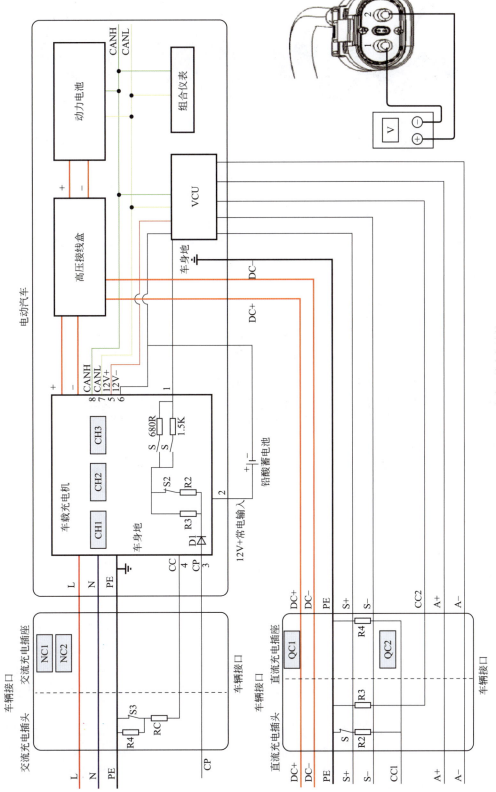

图3-31 充电系统电气连接

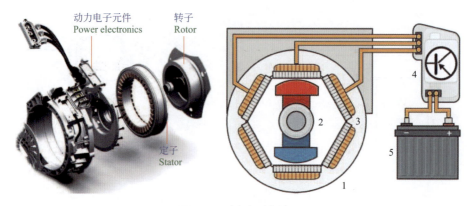

图3-32 电机组成部件

当电机作为电动机工作时,定子绕组会产生一个旋转磁场。转子是一个可以产生磁场的永磁体。同步电动机的转速可通过感应交流电的频率精确控制。系统中装有一个变频器,对同步电动机转速进行无级调整。转子位胳传感器可持续检测转子的位胳,控制电子器件以此测定发动机实际转速。电机工作原理如图3-33所示。

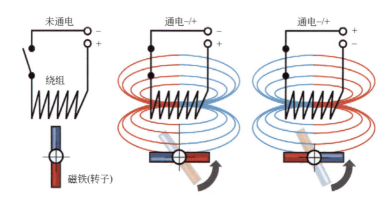

图3-33 电机工作原理(磁铁的旋转方向由线圈的磁场方向而定)

电力驱动系统都采用了能量回收技术,即在汽车制动时,通过控制器将车轮损耗的动能回收到电池中,并使电机处于发电状态,将发出的电输送到电池中。因此,电动汽车的驱动机称为电机,按工作电源种类,可分为直流电机(按结构及工作原理可划分无刷直流电机和有刷直流电机,以及永磁直流电机和电磁直流电机)和交流电机(交流电机可分为单相电机和三相电机;按结构和工作原理可分为异步电机、同步电机)。目前电动汽车上多配置永磁同步直流电机,少数车型使用异步交流电机,如特斯拉与蔚来等品牌车型。

电机的主要组件包括:转子和定子、接口、转子位置传感器、冷却系统。大众 e-Golf 采用的永磁同步电机结构如图3-34所示。

奥迪 e-tron 车上使用的驱动电机是异步电机。每个电机的主要部件有:带有3个呈120°布置铜绕组(U,V,W)的定子,转子(铝制笼型转子)。转子把转动传入齿轮箱。为了能达到一个较高的功率密度,静止不动的定子与转动着的转子之间的气隙要求非常小。电机与齿轮箱合成一个车桥驱动装置。

车桥驱动装置有两种类型，其区别体现在电机相对于车桥的布置上。前桥上采用平行轴式电机（APA250）来驱动车轮，结构如图3-35所示，后桥则采用同轴式电机（AKA320）来驱动车轮。

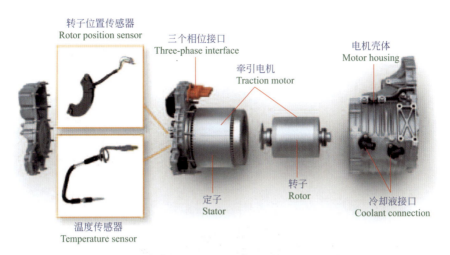

图3-34　永磁同步电机结构

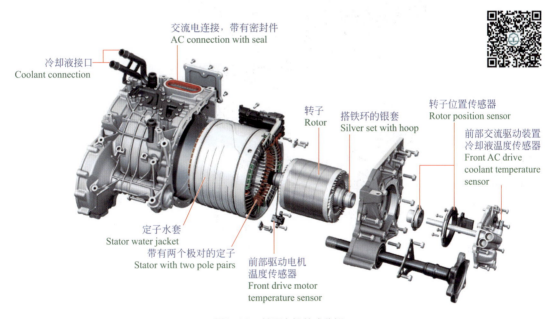

图3-35　前驱电机总成分解

　　电机控制器日趋集成化，集成形式包括：单主驱动控制器、三合一控制器（集成：EHPS控制器+ACM控制器+DC/DC）、五合一控制器（集成：EHPS控制器+ACM控制器+DC/DC+PDU+双源EPS控制器）、乘用车控制器（集成：主驱+DC/DC）。多合一集成后的电机控制包括：为集成控制器各个支路提供配电，如电除霜回路供电、电动转向回路供电、电动空调回路供电等；为控制电路提供电源（如VCU），为驱动电路提供隔离电源；接收控制信号，驱动 IGBT 并反馈状态，提供隔离及保护；接收 VCU 控制指令，并做出反馈，检测电机系统转速、温度等传感器信息，通过指令传输电机控制信号；为电机控制器提供散热，保障控制器安全。

功率电子装置连接在前桥和后桥上的低温冷却循环管路上。这样能对功率电子装置内部的各部件起到良好的冷却作用。功率电子装置内部结构如图 3-36 所示。

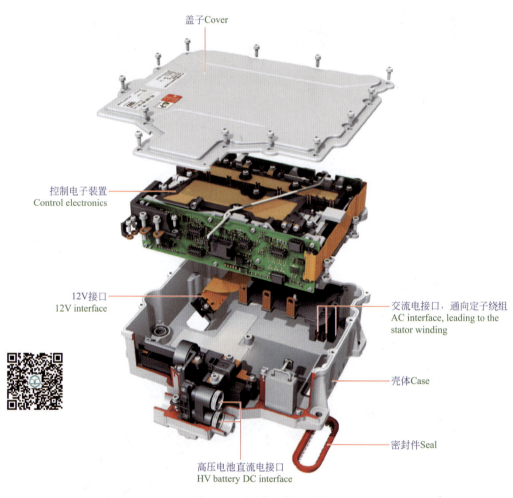

图3-36　功率电子装置部件分解

3.3.4　高压温度管理系统

以宝马 i3 电动汽车为例，高电压蓄电池单元直接通过制冷剂进行冷却。因此空调系统的制冷剂循环回路由两个"并联"支路构成，一个用于车内冷却，一个用于高电压蓄电池单元冷却。两个支路各有一个膨胀和截止组合阀，相互独立地控制冷却功能。温度管理系统部分工作原理图见图 3-37 ～图 3-41。

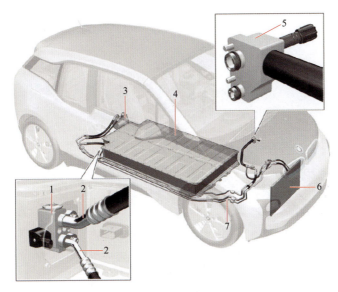

图3-37 高压电池单元的整个冷却系统

1—膨胀和截止组合阀；2—用于冷却高电压蓄电池单元的制冷剂管路；3—电动制冷剂压缩机；
4—高电压蓄电池单元；5—用于车内冷却的膨胀阀；
6—制冷剂循环回路内的冷凝器；7—制冷剂管路

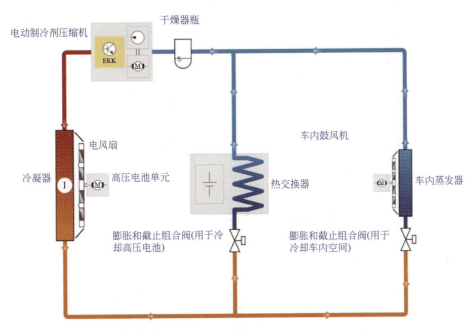

图3-38 高压电池的整个加热/冷却系统

  如图3-38所示，为了使用制冷剂对电池进行冷却，在电池模块下方装有由铝合金平管构成的热交换器，它与内部制冷剂管路连接在一起，因此进行冷却时有制冷剂流过。对电池进行加热时会启用高电压系统并使电流经过加热丝网，该网沿冷却通道布置。由于冷却通道与电池模块接触，因此加热线圈内产生的热量会传至电池模块和电池。

  车辆通过一个冷却系统对驱动组件进行冷却。图3-40展示了选装所有配置的冷却系统，蓝色表示较低温度，红色表示冷却液温度较高，红色的深浅表示不同程度的高温。

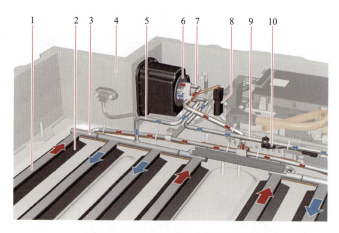

图3-39 高压电池单元内的冷却组件

1—热交换器；2—弹簧条；3—冷却通道连接装置；4—高电压蓄电池壳体；5、9—制冷剂供给管路；6—膨胀和截止阀连接法兰；7—制冷剂回流管路；8—电气加热装置插头；10—制冷剂温度传感器

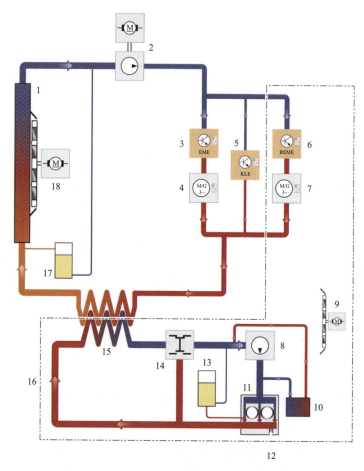

图3-40 驱动组件冷却系统概览（选装所有配置）

1—冷却液散热器；2—电动冷却液泵（80W）；3—电机电子装置EME；4—电机；5—便捷充电子装置KLE；6—增程电机电子装置REME；7—增程电机；8—机械冷却液泵；9—用于增程器冷却总成（冷却液制冷剂热交换器）的附加电风扇；10—发动机油冷却液热交换器；11—增程器（W20发动机）；12—冷却液温度传感器；13—内燃机冷却液循环回路内的补液罐；14—节温器；15—用于增程器的冷却液制冷剂热交换器；16—该区域仅限于带有增程器时；17—驱动组件冷却液循环回路内的补液罐；18—用于冷却液散热器的电风扇

如图 3-41 为驱动组件冷却系统的安装位置，电机电子装置所要求的温度比电机低，因此选择按该顺序串联。由于电动驱动装置和便捷充电电子装置不同时运行，因此选择了并联。增程电机和增程电机电子装置首先串联连接，是由于这两个组件与便捷充电电子装置和电机电子装置不同时运行。车辆前部的冷却模块由冷却液空气热交换器、电风扇以及选装主动式冷却风门构成。驱动组件冷却液循环回路内的冷却液通过一个电动冷却液泵（80W）进行泵送，经过五个驱动组件以及必要时还经过冷却液热交换器。如果行驶风不足以冷却冷却液散热器内的冷却液，还会通过 EDME 接通电风扇，电风扇功率为 400W。

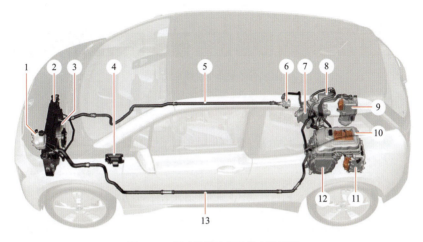

图3-41　驱动组件冷却系统安装位置

1—驱动组件冷却液循环回路内的补液罐；2—冷却液散热器；3—用于冷却液散热器的电风扇；4—数字式发动机电气电子系统；5—供给管路；6—电动冷却液泵（80W）；7—增程电机；8—内燃机冷却液循环回路内的补液罐；9—增程电机电子装置REME；10—电机电子装置EME；11—便捷充电电子装置KLE；12—电机；13—回流管路

3.3.5　整车控制系统

新能源汽车根据其动力源可分为纯电动汽车（EV）和混合动力汽车（HEV\PHEV）。整车控制器是新能源汽车的核心控制部件，主要功能是解析驾驶员需求，监控汽车行驶状态，协调控制单元如 BMS、MCU、EMS、TCU 等的工作，实现整车的上下电、驱动控制、能量回收、附件控制和故障诊断等功能。整车控制系统原理如图 3-42 所示。

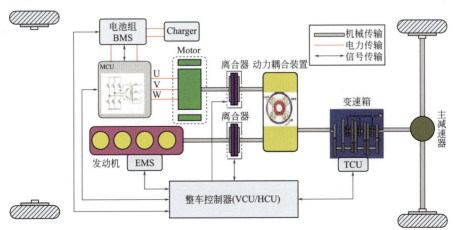

图3-42　整车控制器原理框图

以广汽传祺 GA3S 车型为例，整车控制器作为电动汽车的核心部件，负责实现整车控制策略，协调各子系统工作，是电动汽车的控制中枢。整车控制器原理示意如图 3-43 所示。

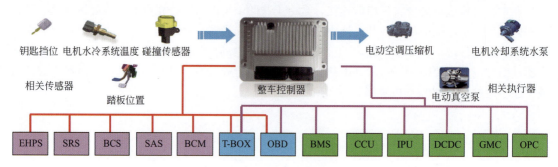

图3-43　整车控制器系统原理

整车控制器关联部件功能描述见表 3-6。

表3-6　整车控制器关联部件功能

零件名称	缩写	功能	零件名称	缩写	功能
电子控制动力转向系统	EHPS	控制电磁阀的开度，从而满足高、低速时的转向助力要求	电池管理系统	BMS	检测高压电池状态，控制高压电池输入/输出
安全气囊	SRS	被动安全性保护系统，与座椅安全带配合使用，为乘员提供防撞保护	整车控制器	VCU（HCU）	接收整车高压/低压附件信号，对整车进行控制
车身控制系统	BCS	控制ABS/ESP	耦合控制单元	CCU	检查GMC油压/油温，通过控制电磁阀实现离合器吸合/断开
半主动悬架	SAS	通过传感器感知路面状况和车身姿态，改善汽车行驶平顺性和稳定性，是一种可控式悬架系统	集成电机控制器	IPU	控制驱动电机和发电机
车身控制模块	BCM	设计功能强大的控制模块，实现离散的控制功能，对众多用电器进行控制	直流/直流转换器	DC/DC	将高压电池内高压直流电转化为12V，供低压用电器使用
远程监控系统	TBOX	行车时实时上传整车信号至服务器，实现对车辆进行实时动态监控	机电耦合系统	GMC	内置TM、ISG、差减速器，实现整车动力输出
车载诊断系统	OBD	诊断整车故障状态	低压油泵控制器	OPC	辅助控制GMC内部冷却油流动

第4章

汽车传动系统

4.1 传动系统概述

4.1.1 驱动形式

传动系统的布置形式因汽车的用途、发动机的结构和安装位置不同而不同，汽车上广泛采用的传动系统布置形式有：发动机前置后驱动（英文简称FR）、发动机前置前驱动（FF）、发动机后置后驱动（RR）、发动机中置后驱动（MR）及四轮驱动（4WD）等，见图4-1。

4.1.2 传动系统结构

汽车传动系统主要由离合器（自动变速器为液力变矩器）、变速器（分为手动和自动两种类型）、传动轴与驱动桥（有的集成于变速器，有的为单独装置）等机构组成，见图4-2。

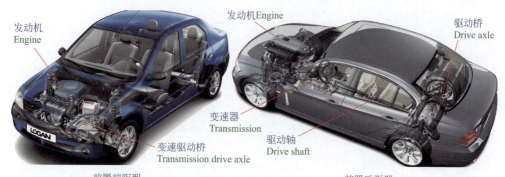

前置前驱型
(低中级车中最常用的驱动形式,一般变速器与驱动桥装于一起,故称变速驱动桥,有手动和自动之分)

前置后驱型
(中高级、高级车中最常见的驱动形式。发动机输出的转矩经离合器与变速器,再经传动轴传到后桥驱动桥上,驱动后轮)

中置后驱型
(多见于高级跑车中,发动机居于前后桥的中部)

后置后驱型
(在高级跑车如保时捷、法拉利跑车中多见)

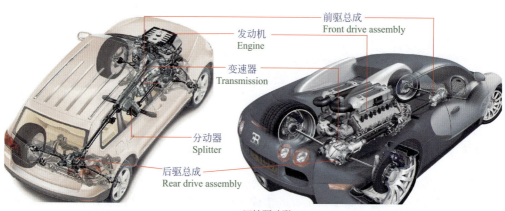

四轮驱动型
(多用于高级豪华轿车、高端SUV车型与越野车型中,为了分配动力,一般布置有分动器)

图4-1　汽车底盘布置形式

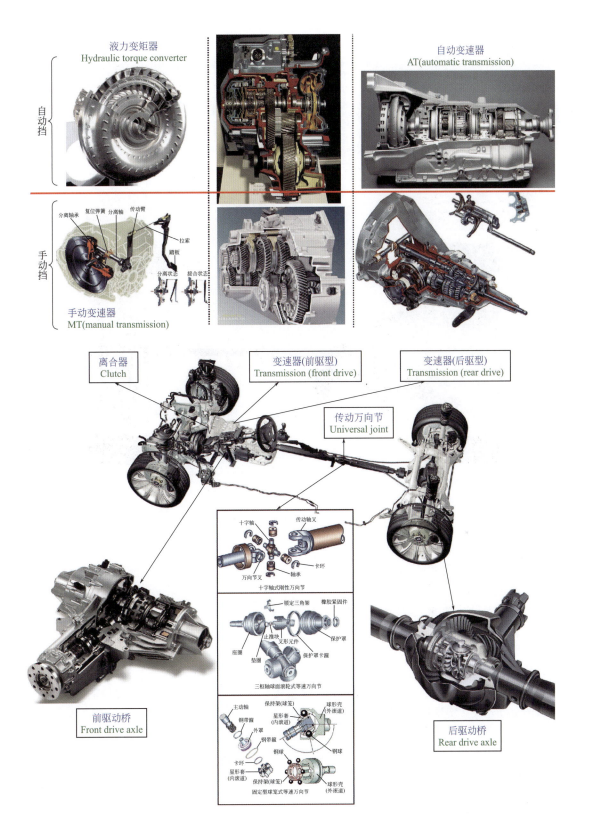

图4-2 汽车传动系统总图

如图 4-3 所示为汽车动力传递路径，发动机输出的动力，先经过离合器，由变速器变转矩和变速后，经传动轴把动力传递到主减速器上，最后通过差速器和半轴把动力传递到驱动轮上。

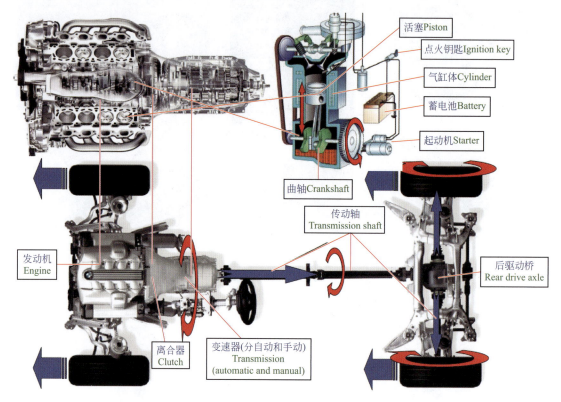

图4-3　汽车动力传递路径

汽车传动系统各主要部件的作用如下：

离合器固定于发动机飞轮后端面，并与变速器相连，处于常啮合状态。在汽车起步、换挡以及对汽车进行制动之前，驾驶员便踩下离合器踏板，使离合器分离，从而切断发动机与驱动轮之间的传动路线。

变速器上设有空挡、若干个前进挡及一个倒挡，各挡传动比都不相同，可以满足汽车在不同行驶工况下的需要。

万向传动装置位于变速器和驱动桥之间。汽车上任何一对轴线相交且相对位置经常变化的转轴之间的动力传递，都需要通过万向传动装置。

驱动桥由主减速器、差速器、半轴和桥壳组成，其功用是将万向传动装置传来的发动机转矩传给驱动轮，并实现降低转速和增大转矩。

4.2　离合器

4.2.1　离合器功能与原理

汽车离合器位于发动机和变速箱之间的飞轮壳内，用螺钉将离合器总成固定在飞轮的后平面上，离合器的输出轴就是变速箱的输入轴。在汽车行驶过程中，驾驶员可根据需要踩下或松开离合器踏板，使发动机与变速箱暂时分离或逐渐接合，以切断或传递发动机向变速器输入的动力。

汽车离合器有摩擦式离合器、液力变矩器（液力耦合器）、电磁离合器等几种。摩擦式离合器又分为湿式和干式两种。与手动变速器相配合的绝大多数离合器为干式摩擦式离合器，按其从动盘的数目，又分为单盘式、双盘式和多盘式等几种。离合器内部结构及组成部件如图4-4所示。

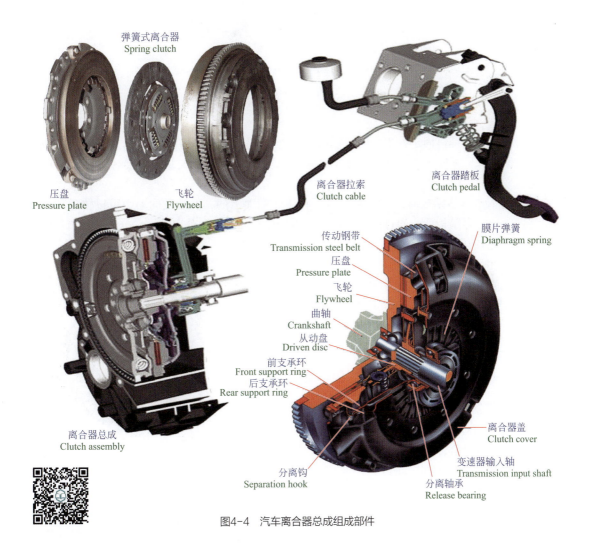

图4-4　汽车离合器总成组成部件

湿式摩擦式离合器一般为多盘式的，浸在油中以便于散热，采用若干个螺旋弹簧作为压紧弹簧。一般将这些弹簧沿压盘圆周分布的离合器称为周布弹簧离合器，采用膜片弹簧作为压紧弹簧的离合器称为膜片弹簧离合器。

离合器主要由主动部分（飞轮、离合器盖等）、从动部分（摩擦片）、压紧机构（膜片弹簧）和操纵机构组成。目前与手动变速器相配合的离合器绝大部分为干式摩擦式离合器，组成部件如图4-5所示。

图4-5 干式膜片弹簧离合器

离合器盖通过螺钉固定在飞轮的后端面上,离合器内的摩擦片在弹簧的作用力下被压盘压紧在飞轮面上,而摩擦片与变速箱的输入轴相连。通过飞轮及压盘与从动盘接触面的摩擦作用,将发动机发出的转矩传递给变速箱。

在没踩下离合器踏板时,摩擦片是紧压在飞轮端面上的,发动机的动力可以传递到变速箱。当踩下离合器踏板后,通过操作机构,将力传递到分离叉和分离轴承,分离轴承前移将膜片弹簧往飞轮端压紧,膜片弹簧以支承圈为支点向相反的方向移动,压盘离开摩擦片,这时发动机动力传输中断;当松开离合器踏板后,膜片弹簧重新回位,离合器重新接合,发动机动力继续传递。

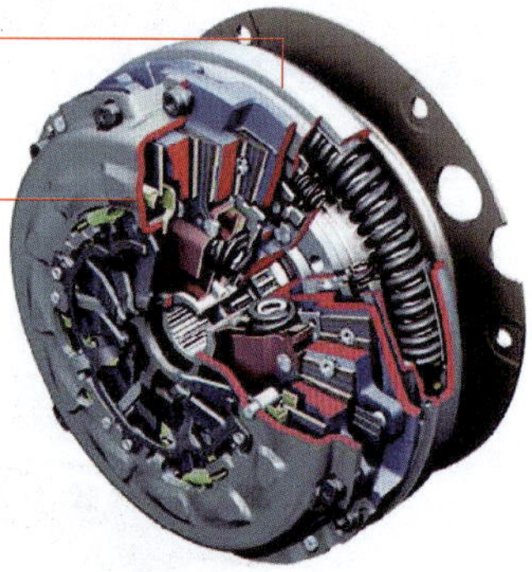

图4-6 双盘式离合器

4.2.2 双盘式离合器

双盘式离合器的优点是可以传输大量转矩,直径相对较小,经久耐用。如图4-6所示,两个离合器盘中间有一个中转盘,这样就形成了四个摩擦面,可以传输两倍于同样尺寸和接触压力下单盘离合器的传输转矩。

双盘式离合器部件结构如图4-7所示。

4.2.3 液力变矩器

和手动挡汽车不同,自动挡汽车的发动机和变速箱之间没有传统意义上的离合器,取而代之的是液力变矩器这个机构(主要应用于行星齿轮式自动变速器与部分无级变速器)。液力变矩器靠工作液(油液)传递转矩,外壳与泵轮连为一体,是主动件;涡轮与泵轮相对,是从动件。当泵轮转速较低时,涡轮不能被带动,主动件与从动件之间处于分离状态;随着泵轮转速的提高,涡轮被带动,主动件与从动件之间处于接合状态。液力变矩器组成部件及内部结构如图4-8所示。

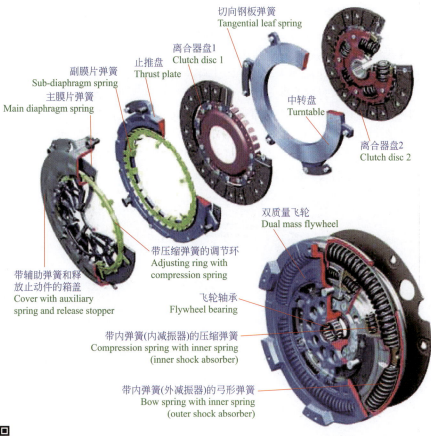

图4-7 双盘式离合器分解

图4-8 液力变矩器组成部件

4.3 手动变速器

4.3.1 纯手动变速器

手动变速器（Manual Transmission，MT）又称机械式变速器，即必须用手拨动变速杆（俗称"挡把")才能改变变速器内的齿轮啮合位置，改变传动比，从而达到变速的目的。手动变速在操纵时必须踩下离合，方可拨得动变速杆。手动变速器是利用大小不同的齿轮配合而达到变速的目的。最常见的手动变速器多为5挡位（4个前进挡、1个倒挡），也有的汽车采用6挡位变速器。一般来说，手动变速器的传动效率要比自动变速器高，如果驾驶技术好，手动变速的汽车在加速、超车时比自动变速车快，也省油。

手动变速器由变速传动机构、变速器壳体、操纵机构组成。按照轴的形式可以分为固定轴式（齿轮的旋转轴线固定不动）和旋转轴式（齿轮的旋转轴线也是转动的，如行星齿轮变速器），其中固定轴式手动变速器根据轴数的不同，可分为两轴式、中间轴式、双中间轴式、多中间轴式手动变速器。手动变速器操纵机构组成如图4-9所示。

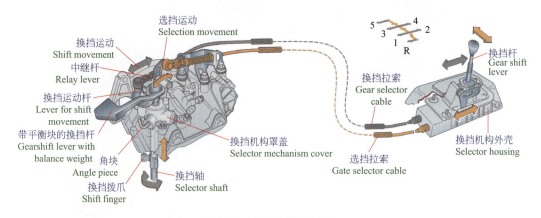

图4-9 变速器换挡操纵机构

以奔驰6挡变速驱动桥（前置前驱型手动变速器）为例，变速箱内部齿轮机构部件如图4-10、图4-11所示。

图4-10 变速箱的剖面图（动力输出侧视图）

图4-11 变速箱的剖面图（发动机连接侧视图）

4.3.2 AMT变速器

自动机械式变速器（Automated Mechanical Transmission，AMT），也叫自动离合手动变速器，AMT变速器实际上就是带自动控制离合换挡功能的手动变速器，它的结构和传统平行轴式手动变速器没有本质差异，结构上也基本一致。AMT变速器在卡车上应用较为广泛，大部分自动挡卡车无论是进口车还是国产车都采用了AMT变速器，其维修保养也较为简单。液压式自动离合器在目前通用的膜片离合器的基础上增加了电子控制单元（ECU）和液压执行系统，将踏板操纵离合器油缸活塞改为由开关装置控制电动油泵去操纵离合器油缸活塞。

目前AMT变速器大多装用于客车、卡车等商用车型。如图4-12所示为解放12挡AMT变速器控制系统部件。

图4-12 解放12挡AMT变速器

4.4 自动变速器

4.4.1 行星齿轮变速器

行星齿轮变速器是用行星齿轮机构实现变速的变速器。它通常装在液力变矩器的后面，与其共同组成液力自动变速器。行星齿轮机构因类似于太阳系而得名，它的中央是太阳轮，太阳轮的周围有几个围绕它旋转的行星轮，行星轮之间，有一个共用的行星架。行星轮的外面，有一个大齿圈。应用较多的行星齿轮组有辛普森（Simpson gearset）齿轮机构、拉威挪（Ravigneaux gearset）齿轮机构和莱派特（Le Pelletier gearset）齿轮机构。

如图4-13所示为奔驰9挡自动变速器内部结构。

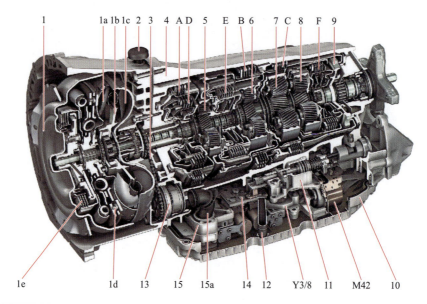

序号	中文名称	英文名称
1	变矩器盖	Torque converter cover
1a	涡轮	Turbine wheel
1b	定子	Stator
1c	叶轮	Impeller
1d	离心摆	Centrifugal pendulum
1e	变矩器锁止离合器	Torque converter lockup clutch
2	变速箱外壳通风口	Transmission housing ventilation
3	机油泵链条传动	Oil pump chain drive
4	变速箱外壳	Transmission housing
5	行星齿轮组1	Planetary gear set 1

续表

序号	中文名称	英文名称
6	行星齿轮组2	Planetary gear set 2
7	行星齿轮组3	Planetary gear set 3
8	行星齿轮组4	Planetary gear set 4
9	驻车锁装置	Park pawl gear
10	油底壳	Oil pan
11	活塞外壳（驻车锁促动器）	Piston housing for park pawl actuation
12	导管	Guide tube
13	油泵	Oil pump
14	全集成化变速箱控制系统触点支架	Supporting body of VGS
15	护盖/换挡阀体	Cover/shift valve housing
15a	压力管和吸油管	Pressure and intake pipes
M42	电动辅助油泵	Electric auxiliary oil pump
Y3/8	全集成化变速箱控制系统控制单元	Fully integrated transmission controller unit
A	多片式制动器B08	Multidisk brake B08
B	多片式制动器B05	Multidisk brake B05
C	多片式制动器B06	Multidisk brake B06
D	多片式离合器K81	Multidisk clutch K81
E	多盘式离合器K38	Multidisk clutch K38
F	多盘式离合器K27	Multidisk clutch K27

图4-13 9挡自动变速器（奔驰725.0）

4.4.2 双离合器变速器

双离合变速器有别于一般的自动变速器系统，它基于手动变速器而又不是自动变速器，除了拥有手动变速器的灵活性及自动变速器的舒适性外，还能提供无间断的动力输出。双离合变速器分为湿式双离合变速器、干式双离合变速器，其不同之处在于双离合器摩擦片的冷却方式：湿式离合器的两组离合器片在一个密封的油槽中，通过浸泡着离合器片的变速器油吸收热量，而干式离合器的摩擦片则没有密封油槽，需要通过风冷散热。

双离合变速器在不同的汽车厂商那有着不同的名称：大众 DSG（Direct Shift Gearbox），奥迪 S Tronic，宝马 M DKG（Doppel Kupplung Getriebe，M Double Clutch Gearbox）或 M-DCT（Dual Clutch Transmission），福特、沃尔沃 PowerShift，保时捷 PDK（Porsche Doppel Kupplung），三菱 TC-SST（Twin Clutch-Super Sport Transmission），日产 GR6（Rear Gearbox 6 Speed），部分品牌汽车 DCT（Dual Clutch Transmission）。双离合器结构如图 4-14 所示。

图4-14 双离合器部件结构

图4-15是一个大众6挡和7挡DSG双离合变速箱的工作原理图。6挡DSG的离合器1控制1、3、5挡及倒挡,离合器2控制2、4、6挡的切换;7挡DSG的离合器1负责控制1、3、5、7挡;离合器2负责控制2、4、6挡和倒挡。

7挡DSG采用三根轴的全同步滑动套筒变速箱。这款变速箱原则上由两个完全独立的分变速箱构成。每个分变速箱的工作原理与传统手动变速箱相同,并各自配有一个膜片式离合器。两个膜片式离合器由机械电子单元根据挂入的挡位接合和断开。挂入1、3、5或7挡时通过离合器K1进行动力传输。挂入2、4、6挡或倒车挡时通过离合器K2进行动力传递,动力传递原理简图如图4-16所示。

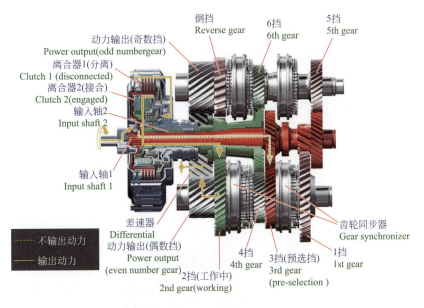

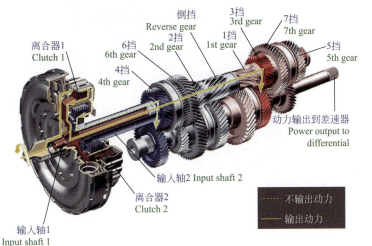

图4-15 6挡和7挡DSG双离合变速器动力传递

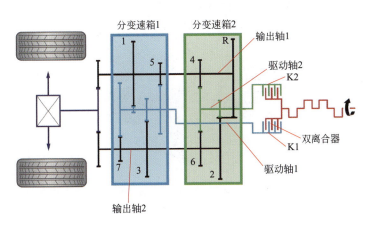

图4-16 7挡DSG动力传递

4.4.3 无级变速器

4.4.3.1 钢带式无级变速器

钢带式无级变速器是在片状钢带上镶有许多V型钢片,用它来取代原来的橡胶带。这样,就解决了传动带寿命短的问题。同时,这种新型无级变速器还装有由微机控制的液压调整和变速比调整机构,可以根据驾驶员的爱好(节油或大动力)及发动机的工作状况,把液压和速比自动调整到最佳状态。

奔驰722.8无级自动变速器传动及控制部件安装位置见图4-17、图4-18。

图4-17 无级变速箱剖面图(一)

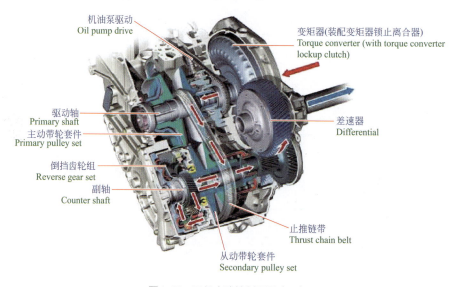

图4-18 无级变速箱剖面图(二)

4.4.3.2 钢链式无级变速器

为了保证变速器能承受更大转矩，将一般 CVT 所采用的推动式钢带，改进为拉动式链条作为动力传递的中介，这大大提高了变速器的强度，如图 4-19 所示。该系列变速器刚开始生产就能承受 310N·m 的最大转矩，不久后这个数字就增加到了 400N·m。

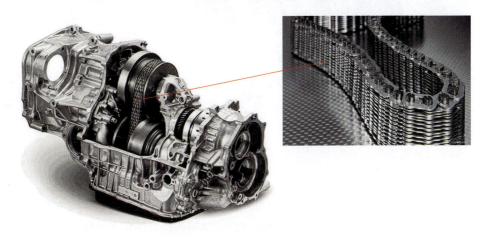

图4-19 链式无级变速器链条形式

以奥迪 01J 无级变速器为例，该类型变速器内部结构如图 4-20 所示。

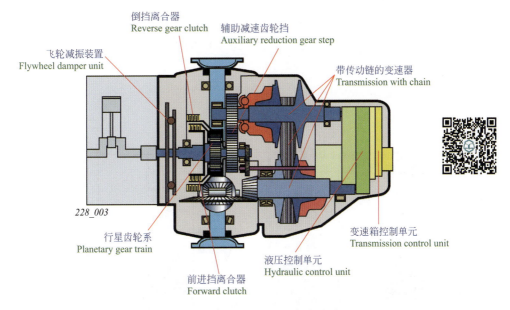

图4-20 链式无级变速器内部构造（奥迪01J）

4.4.4 电动无级变速器

以本田 Accord 全混合动力车为例，该车采用了电动无级变速箱（E-CVT），总成位置如图 4-21 所示。

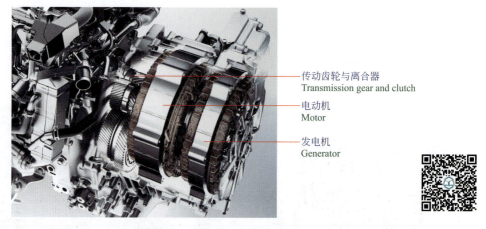

图4-21　E-CVT变速器部件

E-CVT 通过组合使用发动机、齿轮和电机，提供无级前进速度和倒车。E-CVT 允许车辆通过电动机动力或发动机动力驱动，两种动力均通过变速箱内的齿轮传送到输出轴。该变速器无传统的齿轮或带轮变速机构。电动机的功率输出特点不同于发动机，可以在运转初期就输出极大的转矩（因此起步时不可过于激烈操作加速踏板，避免出现危险）。

E-CVT 需要定期更换变速箱油（ATF-DW1），且不可分解只能整体更换（虽然没有变速机构，但还有机械传动机构和离合器，需要使用变速箱油，电动机、发电机也要通过变速箱油进行散热）。图 4-22 显示 E-CVT 内部部件。

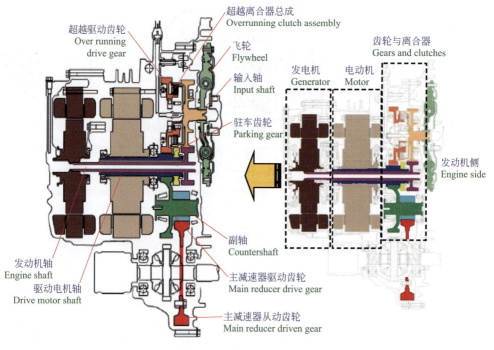

图4-22　E-CVT内部结构

4.5 传动轴与驱动桥

4.5.1 传动轴

传动轴是汽车传动系统中传递动力的重要部件,它的作用是与变速器、驱动桥一起将发动机的动力传递给车轮,使汽车运动,传动轴部件外观如图4-23所示。传动轴由轴管、伸缩套和万向节组成。伸缩套能自动调节变速器与驱动桥之间距离的变化;万向节能保证变速器输出轴与驱动桥输入轴两轴线夹角的变化,并实现两轴的等角速传动。

图4-23 汽车底盘中的传动轴

万向节是汽车传动轴上的关键部件。在前置发动机后轮驱动的车辆上,万向节传动轴安装在变速器输出轴与驱动桥主减速器输入轴之间;而前置发动机前轮驱动的车辆省略了传动轴,万向节安装在既负责驱动又负责转向的前桥半轴与车轮之间。

十字轴万向节是目前汽车上应用最多的万向节。它以十字轴为中心,两端分别连接一个万向节叉,这样,即使两个万向节叉之间有夹角,动力依然可以传递过去。它的工作特性是当主动轴等速旋转时,从动轴的转速(角速度)是不均匀的。所以,为了达到等速转动,传动轴两端须安装两个万向节,并且还须满足两个条件,即传动轴两端的万向节叉应在一个平面内,主动轴和从动轴与传动轴的夹角应相等。该部件结构形式如图4-24所示。

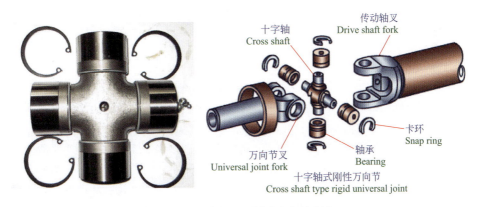

图4-24 十字轴万向节实物与部件分解

球笼式万向节工作时六个钢球都参与传力,故承载能力强、磨损小、寿命长,被广泛应用于各种型号的转向驱动桥和独立悬架的驱动桥。该部件结构形式如图4-25所示。

图4-25　固定型球笼式等速万向节实物与部件分解

三枢轴万向节工作时，动力由半轴输入，经球叉、传力球、球销，最后经球笼输出，其结构较紧凑。该部件结构形式如图 4-26 所示。

图4-26　三枢轴球面滚轮式等速万向节实物与部件分解

4.5.2　驱动桥

驱动桥的主要构件为差减总成。差减总成由差速器与减速器组成，后驱车安装在后桥上，前驱车安装在变速器内部。差速器是实现左、右驱动轮不同转速转动的机构。差速器与减速器总成部件结构及组成部件如图 4-27 所示。

减速器将变速器输出的动力进一步减速，增大转矩，并改变旋转方向。差速器主要由差速器壳、行星齿轮、半轴齿轮、行星齿轮轴等组成。差速器左右轮的转速是不一样的，某一侧的车轮静止，则另一侧车轮转动的速度加倍。减速器主要由主动锥齿轮、从动锥齿轮、轴承座与减速器壳等组成，通过小齿轮带动大齿轮转动达到减速增扭的作用。

布置在前驱动桥（前驱汽车）和后驱动桥（后驱汽车）的差速器，可分别称为前差速器和后差速器，安装在四驱汽车的中间传动轴上来调节前后轮的转速的差速器，则称为中央差速器。

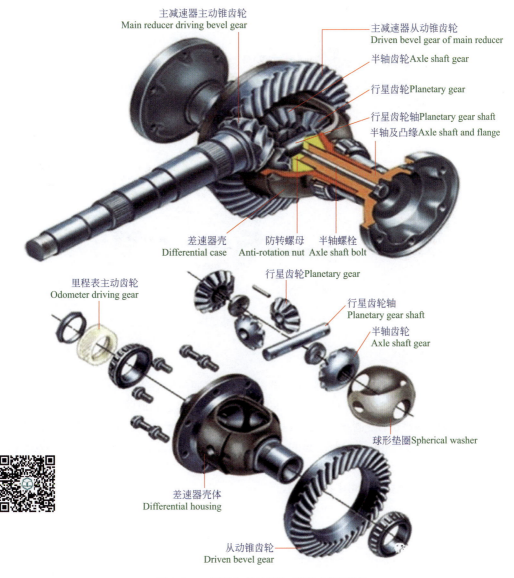

图4-27 减速器与差速器总成部件分解及结构

4.6 四轮驱动系统

四轮驱动,顾名思义就是采用四个车轮作为驱动轮,简称四驱(4 Wheel Drive,4WD),也有称为全轮驱动的,英文简称AWD,或车身标记为4x4,都表示该车带有四驱功能。四轮驱动又可以细分成三种驱动模式:全时驱动(Full-Time)、分时驱动(Part-Time)、适时驱动(Real-Time)。

四驱汽车的四个车轮都可以驱动汽车,如果在一些复杂路段出现前轮或后轮打滑,则另外两个轮子还可以继续驱动汽车行驶,有利于摆脱困境。在冰雪或湿滑路面行驶时,也不容易出现打滑现象,比一般的两驱车型稳定。典型的四驱汽车底盘结构如图4-28所示。

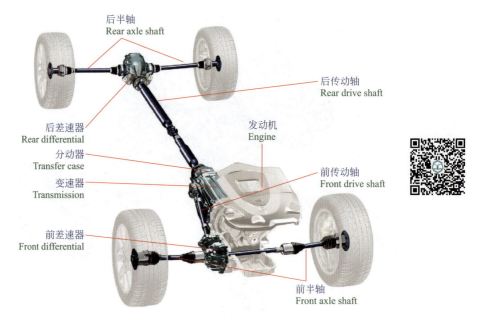

图4-28 四驱汽车底盘结构

4.6.1 分时四驱

分时四驱是由驾驶者手动切换的驱动模式，驾驶者可通过接通或断开分动器来选择两轮驱动或四轮驱动模式。这是SUV车型中最常见的驱动模式，其优点是既能保证车辆的动力性和通过性，又能兼顾燃油经济性，略显不足的是驾驶者需要自行判断路况，手动操作驱动模式。分时四驱可以分为基于FR（前置后驱）车的4WD和基于FF（前置前驱）车的4WD。发动机的动力按照变速器、分动器、前后传动轴、主减速器和差速器、驱动轴、车轮的顺序进行传输。典型的分时四驱汽车底盘结构如图4-29所示。

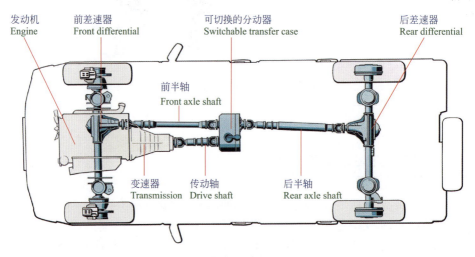

图4-29 分时四驱车型结构形式

4.6.2 适时四驱

适时四驱就是根据车辆的行驶路况，系统会自动切换为两驱或四驱模式，是不需要人为控制的。适时四驱汽车其实跟两驱汽车没太大的区别,操控简便,而且油耗相对较低,广泛应用于一些城市 SUV 或轿车上。

适时四驱车的传动系统中,只需从前驱动桥引一根传动轴,并通过一个多片耦合器连接到后桥。当主驱动轮失去抓地力(打滑)后,另外的驱动轮才会被动介入,所以它的响应速度较慢。适时四驱系统结构形式如图 4-30 所示。

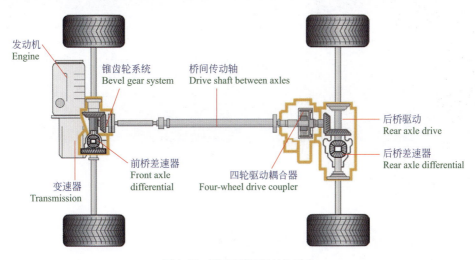

图4-30 适时四驱系统结构形式

4.6.3 全时四驱

全时四驱就是指汽车的四个车轮时时刻刻都能提供驱动力。因为是全时四驱,没有了两驱和四驱之间切换的响应时间,主动安全性更好,不过相对于适时四驱来说,油耗较高。全时四驱汽车传动系统中,设置了一个中央差速器,发动机动力先传递到中央差速器,再分配到前后驱动桥。全时四轮驱动底盘结构形式如图 4-31 所示。

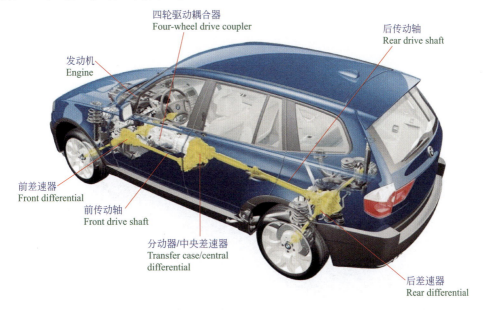

图4-31 全时四驱车型结构形式

第5章

汽车行驶系统

　　常见的车辆行驶系统有轮式、半履带式、车轮-履带式及水陆两用式等多种类型，其中应用最为广泛的是轮式行驶系统。轮式行驶系统主要由车架、车桥、悬架和车轮组成。

　　车架是连接在各车桥之间形似桥梁的一种结构，是整个汽车的安装基础。汽车车架按结构形式可分为边梁式车架、中梁式车架、综合式车架和无梁式车架。如图5-1

图5-1　带车架的底盘行驶系结构（皮卡）

所示为皮卡底盘行驶系统结构形式。除强调越野性能的越野车型具备非承载式车身外，一般小车都没有单独的车架，而以车身代替车架，主要部件连接在车身上，这种车身称为承载式车身。

车桥的功用是传递车架或承载式车身与车轮之间各方向的作用力。车桥分为转向桥、驱动桥、转向驱动桥和支持桥 4 种类型。

车轮是外部装轮胎、中心装车轴并承受负荷的旋转部件，由轮毂、轮辋和轮辐组成。轮胎的种类大致分为普通斜交轮胎、子午线轮胎和无内胎轮胎三类。

汽车悬架是车架 / 车轮与车桥 / 车身之间传递动力的连接装置的统称。汽车悬架弹性地连接车桥与车身，缓和行驶中车辆受到的由路面不平引起的冲击力，保证乘坐舒适和货物完好；迅速减轻由弹性系统引起的振动，传递垂直、纵向、侧向反力及其力矩；并起导向作用，使车轮按一定轨迹相对车身运动。

5.1 悬架系统

5.1.1 悬架概述

悬架系统是汽车的车架与车桥或车轮之间传力连接装置的总称，其功能是传递作用在车轮和车架之间的力和力矩，并且缓冲由不平路面传给车架或车身的冲击力，并衰减由此引起的振动，以保证汽车平顺行驶。如图 5-2 所示为汽车悬架总成安装位置。

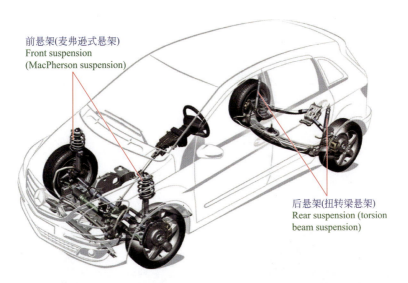

图5-2 汽车悬架系统

汽车的悬架系统分为非独立悬架和独立悬架两种。非独立悬架的车轮装在一根整体车轴的两端，当一边车轮跳动时，另一侧车轮也相应跳动，在现代轿车中基本上已不再使用，多用在货车和大客车上。独立悬架的车轴分成两段，每只车轮由螺旋弹簧独立安装在车架下面，当一边车轮发生跳动时，另一边车轮不受影响，两边的车轮可以独立运动，独立悬架系统又可分为横臂式、纵臂式、多连杆式、烛式以及麦弗逊式悬架系统等。

5.1.2 麦弗逊式悬架

麦弗逊式悬架是当今应用最广泛的轿车前悬架之一，一般用于轿车的前轮。麦弗逊式悬架由螺旋弹簧、减振器、三角形下摆臂组成，绝大部分车型还会加上横向稳定杆。麦弗逊式前悬架组成部件及结构形式如图5-3所示。

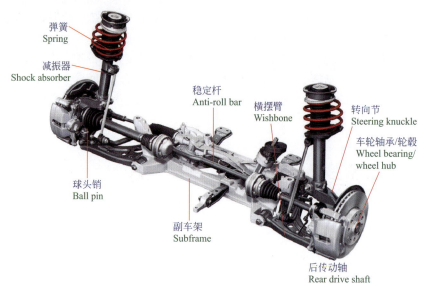

图5-3 麦弗逊式悬架结构

5.1.3 扭转梁悬架

汽车悬架的金属弹簧有三种形式，分别是螺旋弹簧、钢板弹簧和扭杆弹簧。扭杆弹簧一端与车架固定连接，另一端与悬架控制臂连接，通过扭杆的扭转变形达到缓冲作用。扭杆用合金弹簧钢做成，具有较高的弹性，既可扭曲变形又可复原，实际上起到与螺旋弹簧相同的作用，只是表现形式不同而已。扭转梁悬架形式如图5-4所示。

图5-4 扭转梁悬架结构

5.1.4 多连杆悬架

多连杆悬架是由连杆、减振器和减振弹簧组成的。它的连杆比一般悬架要多些，按惯例，一般都把四连杆或更多连杆结构的悬架，称为多连杆悬架。四连杆式悬架结构形式及组成部件如图 5-5 所示。

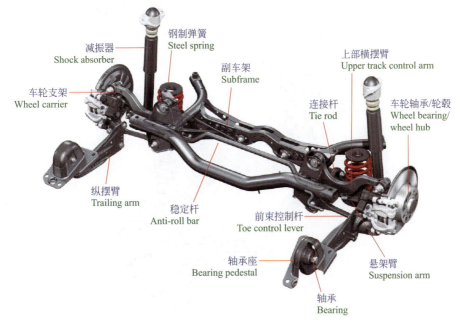

图5-5　四连杆悬架

如图 5-6 所示为奥迪五连杆前悬架，五连杆分别为上控制臂（分上前和上后）、导向杆、支承杆和转向拉杆。五连杆后悬架的五根连杆分别指主控制臂、前置定位臂、后置定位臂、上臂和下臂，其中，主控制臂可以起到调整后轮前束的作用，以提高车辆行驶稳定性，有效降低轮胎的摩擦。

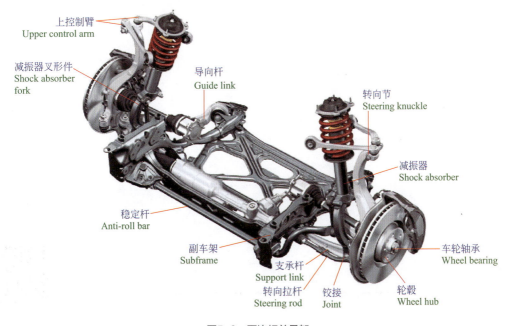

图5-6　五连杆前悬架

5.1.5 双横臂式悬架

双横臂式悬架是独立悬架的一种，也叫双叉骨、双愿骨（double wish bone）悬架，拥有上下两个不等长的摇臂，双横臂的臂有做成 A 字形或 V 字形。V 形臂的上下两个 V 形摆臂以一定的距离，分别安装在车轮和车架上。双横臂式悬架结构形式如图 5-7 所示。

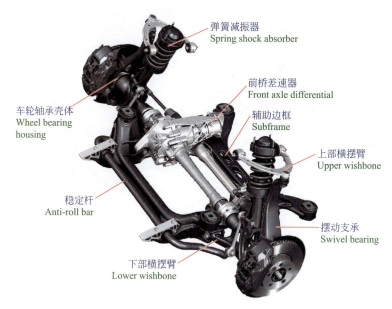

图5-7　双横臂式悬架（大众途锐前悬架）

5.1.6 空气悬架

空气悬架是一种可调节式的车辆悬架，使用空气悬架很容易实现车身自水平调节。如图 5-8 所示，空气悬架具有以下特性。

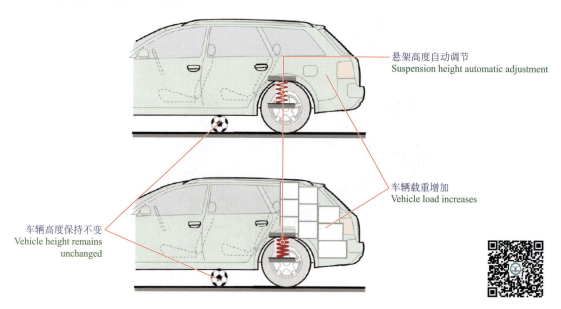

图5-8　空气悬架的特性

① 舒适性：不论载荷多大，车身固有频率基本保持恒定。
② 通过性：通过改变弹簧内的空气压力，可以实现不同的车辆高度。
③ 行驶稳定性：不论载荷多大，减振器的衰减度保持恒定，且车身高度也保持恒定。

空气悬架主要由控制电脑、吸气孔、排气孔、气动前后减振器和空气分配器等组成，可以控制车身的水平姿态：调节车身的稳定系统。空气悬架部件结构如图5-9所示。

图5-9 空气悬架（宝马7系）

电子减振器控制系统EDC由以下组件构成（如图5-10所示）：分别带有两个调节阀的四个电动调节式减振器，垂直动态管理平台VDP控制单元，用于探测车轮移动的四个车辆高度传感器，用于探测车身移动（提升，俯仰和侧倾）的传感器组件。

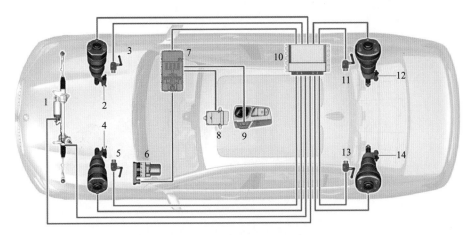

图5-10 电子减振器控制系统（EDC）概览
1—电子助力转向系统EPS（电动机械式助力转向系统）；2—右前减振器调节装置调节阀；3—右前车辆高度传感器；4—左前减振器调节装置调节阀；5—左前车辆高度传感器；6—动态稳定控制系统DSC；7—车身域控制器BDC；8—碰撞和安全模块ACSM-High；9—驾驶体验开关；10—垂直动态管理平台VDP；11—右后车辆高度传感器；12—右后减振器调节装置调节阀；13—左后车辆高度传感器；14—左后减振器调节装置调节阀

电子调节式减振器是带有相应空气弹簧减振支柱的单元，无法单独更换。在减振器上有两个电动调节阀,通过该调节阀对调节式减振器的拉伸和压缩阶段分别进行调节,可完美抵消车身和车轮振动。减振器是一个单筒充气支承杆。图5-11展示了电动调节式减振器的内部结构。

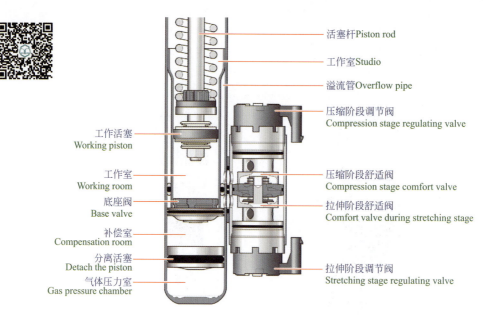

图5-11　EDC减振器结构

通过快速处理数据和控制电动主动式侧倾稳定杆EARS可迅速抵消出现的侧倾力矩(M_w),EARS系统组成部件如图5-12所示。

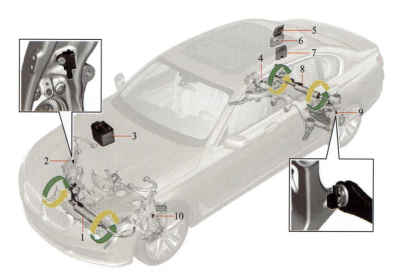

图5-12　电动主动式侧倾稳定杆EARS系统概览

1—前桥电动主动式侧倾稳定杆EARSV；2—右前车轮加速度传感器；3—发动机室12V蓄电池（车载网络支持措施）；4—右后车轮加速度传感器；5—垂直动态管理平台VDP；6—右后配电盒；7—电源控制单元PCU（500W DC/DC转换器）；8—后桥电动主动式侧倾稳定杆EARSH；9—左后车轮加速度传感器；10—左前车轮加速度传感器

主动式稳定杆接收垂直动态管理平台VDP的调节请求。两个主动式稳定杆控制单元（EARSV/EARSH）读取并处理总线电码,通过控制电机使两个稳定杆部分相对扭转。在永励式同步电机内进行集中能量转化,通过设定的旋转磁场对电机的转动方向、转矩和转速进行调节。电动主动式稳定杆剖面如图5-13所示。

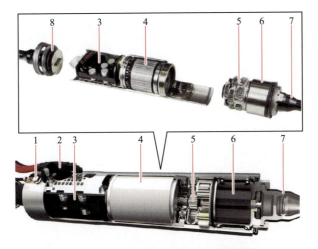

图5-13　电动主动式稳定杆剖面图
1—接地点;2—电气接口;3—控制单元(EARSV/EARSH);4—电机;5—三级行星齿轮箱;
6—隔离元件;7—稳定杆连杆;8—力矩传感器

5.2　车轮与轮胎

5.2.1　车轮

车轮通常由两个主要部件轮辋和轮辐组成,轮辋是在车轮上安装和支承轮胎的部件,轮辐是在车轮上介于车轴和轮辋之间的支承部件。车轮除上述部件外,有时还包含轮毂。车轮结构如图5-14所示。

图5-14　车轮结构

轮辋是安装在车轮上周边用于支承轮胎的部件,与轮辐组成车轮。轮辋和轮辐可以是整体式的,永久连接式的,也可以是可拆卸式的。

轮辐是连接轮辋和轮毂的装置,其直径大小和轮圈的直径大小相接近。按照轮辐的结构,车轮分为辐板式和辐条式,目前主流的家用轿车采用辐板式轮辐结构。

轮毂是车轮中心安装车轴部件,又叫轮圈、钢圈。轮毂根据直径、宽度、成形方式、材料不同而种类繁多。

5.2.2 轮胎

轮胎根据胎体帘线层排列的不同,有子午线状构造和斜交状构造,如图5-15所示。轿车用轮胎一般是子午线轮胎。

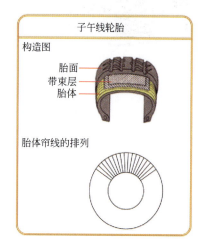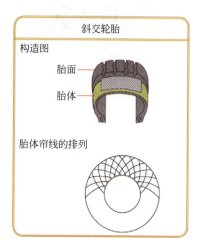

图5-15 子午线轮胎与斜交轮胎的结构特点

轿车与商用车(货车和客车)应用的子午线轮胎的材料有些不同,如表5-1所示。

表5-1 不同用途的子午线轮胎的材料

用途	通称	材料	
		胎体	带束层
轿车用	钢丝子午线	合成纤维	钢丝
小型货车用	钢丝子午线	合成纤维	钢丝
货车及公共汽车用	全钢子午线	钢丝	钢丝

无内胎轮胎是以在轮胎的内侧贴合透气性低的特殊橡胶(内衬)的一体化构造来代替使用内胎的轮胎。因为没有内胎,所以不会发生由内胎引起的故障,如图5-16所示。即使被钉子等刺穿也不容易造成快速漏气,能够减少走行中的事故发生。因为轮胎内部的空气直接与轮辋接触,所以散热性较好。

在轮胎侧面,子午线轮胎有"Radial"字样,无内胎轮胎有"Tubeless"字样。汽车轮胎常见标识及含义见图5-17。

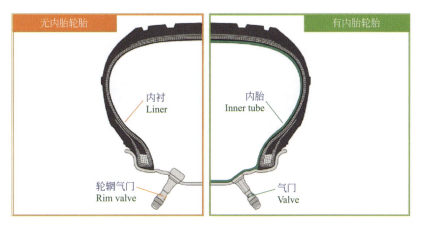

图5-16 有内胎与无内胎轮胎

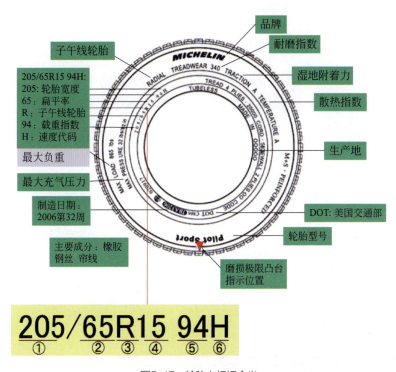

图5-17 轮胎上标识含义

① 205—断面宽的通称（mm）；②65—扁平率的通称（%）；③R—轮胎构造标记（子午线）；
④15—轮辋直径的通称（in）；⑤94—载重指数（见表5-2）；⑥H—速度记号（210km/h）

表5-2 轮胎载重指数与速度等级参数

载重指数	每条轮胎载重/kg	载重指数	每条轮胎载重/kg	载重指数	每条轮胎载重/kg	载重指数	每条轮胎载重/kg	载重指数	每条轮胎载重/kg	速度符号	速度/（km/h）
62	265	75	387	88	560	101	825	114	1180	J	100
63	272	76	400	89	580	102	850	115	1215	K	110
64	280	77	412	90	600	103	875	116	1250	L	120
65	290	78	425	91	615	104	900	117	1285	M	130
66	300	79	437	92	630	105	925	118	1320	N	140

续表

载重指数	每条轮胎载重/kg	载重指数	每条轮胎载重/kg	载重指数	每条轮胎载重/kg	载重指数	每条轮胎载重/kg	载重指数	每条轮胎载重/kg	速度符号	速度/(km/h)
67	307	80	450	93	650	106	950	119	1360	P	150
68	315	81	462	94	670	107	975	120	1400	Q	160
69	325	82	475	95	690	108	1000	121	1450	R	170
70	335	83	487	96	710	109	1030	122	1500	S	180
71	345	84	500	97	730	110	1060	123	1550	T	190
72	355	85	515	98	750	111	1090	124	1600	H	210
73	365	86	530	99	775	112	1120	125	1650	V	240
74	375	87	545	100	800	113	1150			W	270
										Y	300
										VR	>210
										ZR	>240

轮胎生产日期标识位置及含义如图5-18所示。

0803：制造日期-2003年第8周

图5-18　DOT标志与生产日期标识

"DOT"表示此轮胎符合美国交通部（U.S. Department of Transportation，DOT）规定的安全标准。"DOT"后面紧挨着的11位数字及字母则表示此轮胎的识别号码或序列号。各种认证标识如图5-19所示。

In metro(巴西)　　　ECE(欧洲)　　　CCC(中国)

图5-19　强制认证标志

中国强制性产品认证，即"China Compulsory Certification"，英文缩写"CCC"，简称3C认证。图中的"S"表示安全认证。

5.2.3　车轮动平衡

轮胎是一个整体，由于制造工艺的原因，导致轮胎整体各部分的质量分布不可能非常均匀。而在高速转动时轻微的"重量差"都会导致轮胎的不平衡转动。四轮不平衡的转动会使车轮摇摆、跳动（直观感受：高速方向盘抖动），令轮胎产生波浪形磨损，降低汽车行驶时的稳定性。

车轮平衡分为两种，分别是"静平衡"和"动平衡"。静平衡是指车轮的重心与旋转轴心在同一线上，停止转动时的位置是任意的；如果一个车轮每次停止转动时的位置都是相同的，则说明该车轮是静不平衡。动平衡是指车轮转动过程中所表现出的现象，由于质量相对车轮的对称面不对称，当车轮高速转动时就会左右摆动。

为了防止轮胎的不平衡转动，车辆在出厂时就会对每个轮胎进行动平衡校准，贴上平衡块（图5-20），保证高速转动的轮胎平衡平稳地工作。

图5-20 轮胎平衡

5.2.4 车轮定位

车辆的四轮、转向机构、前后车轴之间的安装应具有一定的相对位置，这个相对位置是由厂家制定的标准值。调整恢复这个位置的安装，就是四轮定位。车轮定位的作用是使汽车保持稳定的直线行驶和转向轻便，并减少汽车在行驶中轮胎和转向机件的磨损。前轮定位包括主销后倾角（见图5-21）、主销内倾角（见图5-22）、前轮外倾角和前轮前束四个内容；后轮定位包括车轮外倾角和逐个后轮前束。

主销后倾角

主销后倾角是指在车辆纵轴方向上，转轴轴线与经过车轮中心的路面垂直线之间的夹角。

主销后倾偏距是指转轴轴线与经过车轮中心的垂直线在路面上所形成的交点间的距离。

主销后倾为正时，车轮接地点在转轴与路面的交点之后（车轮被拉动）。正的主销后倾有助于车辆转向稳定性。

主销后倾为负时，车轮接地点在转轴与路面的交点之前（车轮被推动）。负的主销后倾有利于提供转向轻便性。

主销内倾角

主销内倾角是指在车辆横向方向上，转轴（减振支柱转轴）中心线与路面垂直线之间的夹角。

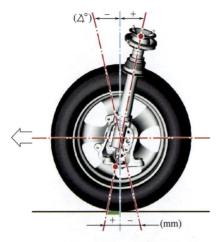

图5-21　主销后倾角和主销后倾偏距（绿）　　　　图5-22　主销内倾角

在麦弗逊（McPherson）式烛式独立悬架上，主销内倾角与车轮外倾角形成的总角度（夹角）在弹簧压缩与伸长时保持不变。

车轮转动一个角度时，主销内倾角使车辆升高。主销内倾角产生回转力，驶过弯道后回转力使车轮和方向盘重新回到直线行驶位置。主销内倾角误差将导致车辆跑偏。

主销横偏距

主销横偏距（图5-23）是指从车轮接地面与车轮中心平面的交线至减振支柱转轴与地面交点间的距离。车辆不同，主销横偏距可以为正、负或零。

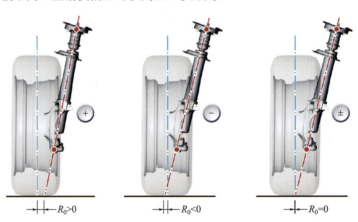

图5-23　主销横偏距

车轮外倾角

车轮外倾角是车轮中心平面与垂直面的倾斜角，如图5-24所示。车轮上部向外倾斜时，车轮外倾角为正；车轮上部向内倾斜时，车轮外倾角为负。车轮外倾角误差将导致车辆持续"跑偏"。前桥调整为负车轮外倾角时，会使车辆总行驶性能表现为过度转向；前桥调整为正车轮外倾角时，会使车辆总行驶性能表现为不足转向。

前束

一个车桥的总前束由该车桥上两车轮之间前部距离与后部距离的差值确定，如图5-25所示。在轮辋边缘处测量距离。前桥上的单个车轮前束是指单个车轮相对几何行驶轴线的夹角。后桥上的单个车轮前束是指单个车轮相对车辆纵向中心平面的夹角。前束误差不会导致车辆持续"跑偏"。

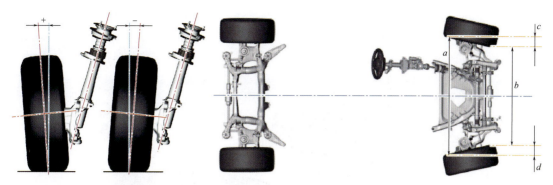

图5-24 车轮外倾角　　　　　　　图5-25 总前束 $c+d=a-b$

5.2.5 胎压监测系统

轮胎失压显示 RPA 是用于间接测量不同轮胎充气压力的系统。在此并非测量实际轮胎充气压力,而是通过车轮转速传感器持续监控所有车轮的滚动周长。轮胎压力下降时,相应车轮的转角速度会发生变化,车轮转速传感器可对其进行探测并向动态稳定控制系统 DSC 发送相关信号。车速超过 25km/h 和压力下降约 30 % 时,系统会发出警告,通过组合仪表内的一个指示灯以及中央信息显示屏内的文本信息向驾驶员发出警告。RPA 胎压监视系统组成部件如图 5-26 所示。

图5-26 轮胎失压显示RPA系统概览

1—右前车轮转速传感器；2—中央信息显示屏（不显示轮胎充气压力）；3—右后车轮转速传感器；
4—左后车轮转速传感器；5—组合仪表KOMBI；6—动态稳定控制系统DSC；7—左前车轮转速传感器

轮胎压力温度监测系统 RDCi 是一个直接测量系统，通过各车轮的车轮电子装置确定实际轮胎充气压力，组成部件如图 5-27 所示。与 RDC low 不同，RDCi 无需单独的 RDC 控制单元，RDCi 功能集成在动态稳定控制系统 DSC 控制单元内。使用遥控信号接收器作为所有车轮电子装置发送记录的接收装置。它通过数据总线将相关信息发送至 DSC 控制单元。

图5-27　轮胎压力监测系统RDCi系统概览

1—右前车轮电子装置；2—中央信息显示屏（可显示轮胎充气压力）；3—右后车轮电子装置；4—遥控信号接收器FBD；5—左后车轮电子装置；6—组合仪表KOMBI；7—动态稳定控制系统DSC；8—左前车轮电子装置

第6章

汽车转向系统

　　汽车转向系统是用来改变或保持车辆行驶方向的机构，按转向能源的不同可分为机械转向系统和动力转向系统两大类。其中机械转向系统由转向操纵机构、转向器和转向传动机构三大部分组成，它以驾驶员的体力作为转向能源，所有传力件都是机械的；动力转向系统是兼用驾驶员体力和发动机动力为转向能源的转向系统，在正常情况下，汽车转向所需能量，只有一小部分由驾驶员提供，而大部分是由发动机通过转向加力装置提供的，但在转向加力装置失效时，一般还应当能由驾驶员独立承担汽车转向的任务。图 6-1 展示了汽车转向系统组成。

　　汽车转向系统经历了四个发展阶段：从最初的机械式转向系统（Manual Steering，MS）发展为液压助力转向系统（Hydraulic Power Steering，HPS），然后又出现了电控液压助力转向系统（Electro Hydraulic Power Steering，EHPS）和电动助力转向系统（Electric Power Steering，EPS）。

6.1　液压助力转向系统

6.1.1　机械式液压助力转向系统

　　机械式液压助力转向系统主要包括齿轮齿条转向机构和液压系统（液压助力泵、液压缸、活塞等）两部分，如图 6-2 所示。工作原理是通过液压泵（由发动机传动带带动）提供油压推动活塞，进而产生辅助力推动转向拉杆，辅助车轮转向。

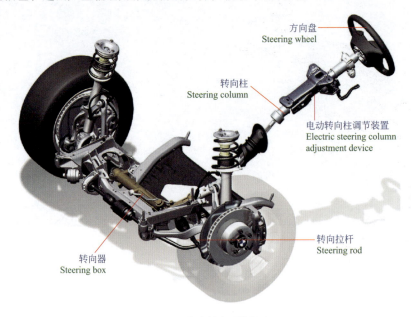

图6-1　汽车转向系统组成

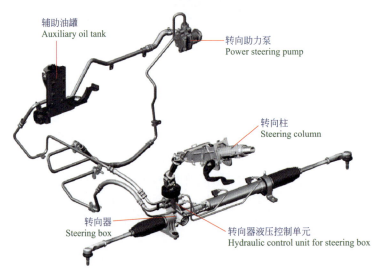

图6-2　液压助力转向系统

6.1.2　电子液压助力转向系统

　　电子式液压助力的结构原理与机械式液压助力大体相同，最大的区别在于液压泵的驱动方式不同。机械式液压助力的液压泵是直接通过发动机传动带驱动的，而电子式液压助力采用的是由电力驱动的电子泵，如图6-3所示。

　　电子液压助力的电子泵，不用消耗发动机本身的动力，而且电子泵是由电子系统控制的，不需要转向时，电子泵关闭，进一步减少能耗。电子液压助力转向系统的电子控制单元，利用对车速传感器、转向角度传感器等传感器的信息处理，可以通过改变电子泵的流量来改变转向助力的力度大小。

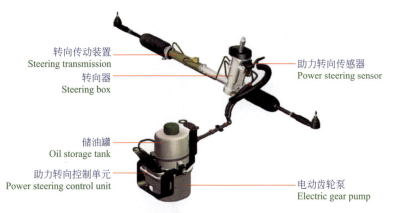

图6-3 电子液压转向系统组成部件

助力转向控制单元集成在电动泵总成中，根据转向角速度和车辆行驶速度发出信号，以驱动齿轮泵。瞬时供油量从控制单元储存的通用特性图中读取。助力转向传感器安装在助力转向传动装置的旋转分流阀内，由它提供转向角并计算出转向角速度，转向角传感器安装在转向臂与转向轮之间的转向柱上，ABS通过CAN总线传输的转向角信号来驱动转向轮。系统工作原理如图6-4所示。

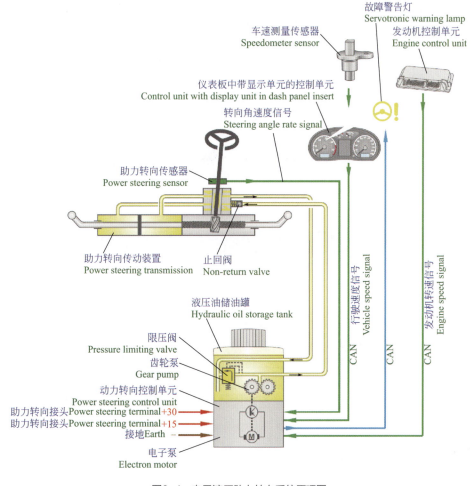

图6-4 电子液压助力转向系统原理图

6.2　电动助力转向系统

电动助力转向系统（Electric Power-assistant Steering，EPS）由转矩传感器、电子控制单元 ECU 和助力电机共同组成，如图 6-5 所示。电子控制单元根据各传感器输出的信号计算所需的转向助力，并通过功率放大模块控制助力电机的转动，电机的输出经过减速机构减速增扭后驱动齿轮齿条机构产生相应的转向助力。

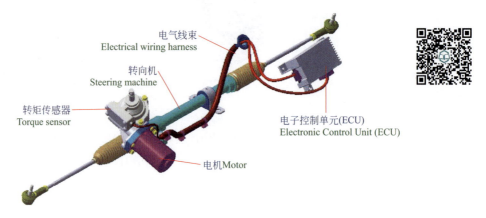

图6-5　电动助力转向系统

目前电动助力转向系统按助力作用位置分为管柱助力式（C-EPS）、齿轮助力式（P-EPS）和齿条助力式（R-EPS），见图 6-6。

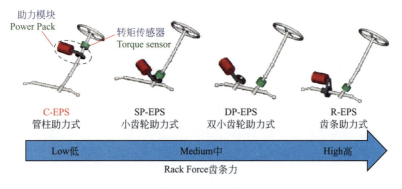

图6-6　EPS的分类

根据助力输出范围以及空间布置限制条件，助力模块（电机，控制单元，减速机构）安装在各种电动转向系统中不同的位置。

电动助力转向系统的主要工作原理是，在方向盘转动时，位于转向柱位置的转矩传感器将转动信号传到控制器，控制器通过运算修正给电动机提供适当的电压，驱动电动机转动。而电动机输出的转矩经减速机构放大后推动转向柱或转向拉杆，从而提供转向助力。电动助力转向系统可以根据速度改变助力的大小，能够让方向盘在低速时更轻盈，在高速时更稳定。

6.2.1　齿条助力式EPS

R-EPS 是英文 Rack-drive Electric Power Steering system 的缩写，意为齿条驱动式电动助力转

向系统,其主要有同轴式 R-EPS 和非同轴式 R-EPS(即齿条平行式)两种形式,如图 6-7 所示。

同轴式 R-EPS 是指电机轴与转向器丝杠轴同轴,电机转子直接与丝杠螺母配合,并将转矩传递给丝杠螺母,丝杠螺母副通过丝杠螺母的旋转运动转变成齿条丝杠的直线运动。非同轴式 R-EPS 是指转向器助力电机轴与转向器丝杠轴不同轴(通常采用传动带连接电机转轴和丝杠螺母),同时采用滚珠丝杠副作为减速机构的 R-EPS,该类型转向器多见于欧美车型。

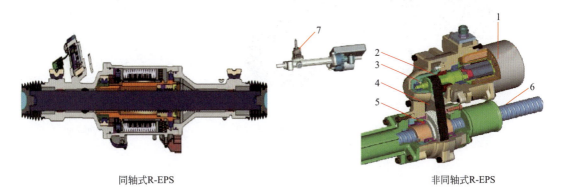

图6-7 R-EPS类型

1—PMAC电机;2—电机位置传感器;3—带轮毂;4—传动带;5—带滑轮和滚珠的驱动端;6—齿条;7—转角传感器

以带有平行轴传动机构(APA)和循环球转向器的转向机构为例。该转向机构的部件有:方向盘,带有转向角传感器的转向柱开关,转向柱,转矩传感器,转向器(循环球式转向器),电动机械助力转向电机(同步电机),转向助力控制单元,十字轴式万向节轴。转向机构组成部件如图 6-8 所示。

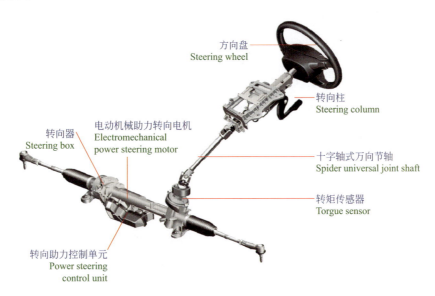

图6-8 电动助力转向机构部件

这种带有平行轴传动机构(APA)和循环球转向器(见图 6-9)的电动机械式助力转向机构,是目前效率最佳的转向机构之一。这种转向机构的助力单元结构特别且自身摩擦很小,这使得转向感极佳,同时受到冲击很小,道路的侧面冲击因循环球转向器和电机的惯性质量而被过滤掉了。

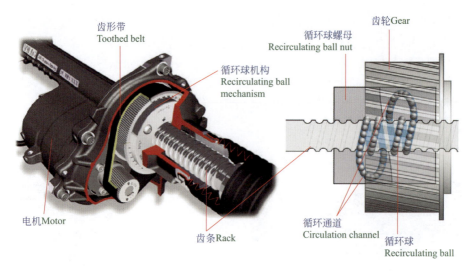

图6-9 循环球机构剖视图

电动助力转向机构部件分解如图6-10所示。

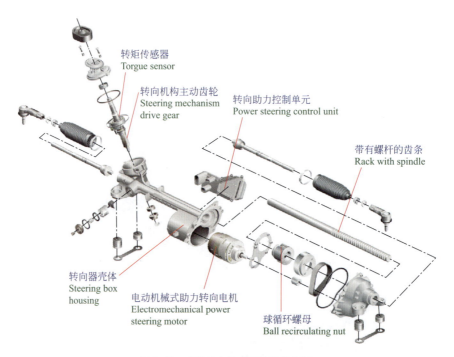

图6-10 电动助力转向机构部件分解

6.2.2 齿轮助力式EPS

通过电动助力转向系统EPS可自由确定转向助力及回位力,因此系统可根据相应行驶状况以最佳方式调整转向和行驶性能。下部和上部转向轴以伸缩套管形式连接在一起,因此发生正面碰撞时可防止驾驶员受到严重伤害。通过机械转向柱调节装置,驾驶员可根据其座椅位置和身高调节最佳方向盘位置。系统组成如图6-11所示。

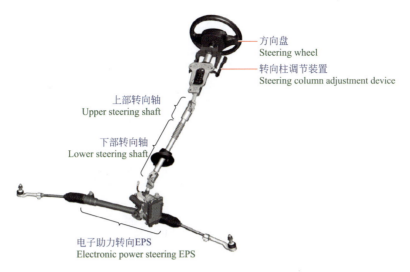

图6-11 转向系统组成

电动助力转向系统 EPS 是一个 12V 转向系统，最大助力功率为 0.3kW。EPS 单元由 EPS 控制单元和一个交流电机组成，如图 6-12 所示。通过组件包含的一个换流器可将 12V 直流电压转化为用于控制电机的三相交流电压，通过平行于输入轴的 EPS 单元产生转向助力。为了避免因温度变化在组件内形成冷凝物，在输入轴旁装有一个壳体通风装置，该装置可防止电子系统损坏。

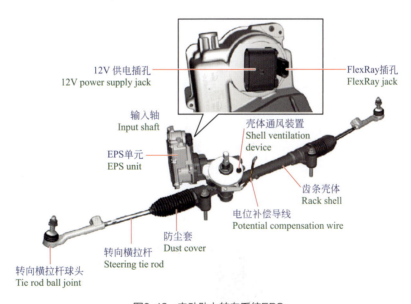

图6-12 电动助力转向系统EPS

EPS 的转向力矩支持由驾驶员施加在方向盘上的力矩（手力矩）所决定，如图 6-13 所示。为了能够根据手力矩明确计算出助力力矩（电机驱动力矩），通过一个力矩传感器测量手力矩，力矩传感器位于输入轴与小齿轮轴之间。对转向助力产生影响的其他因素包括路面与轮胎间的静摩擦以及车速。

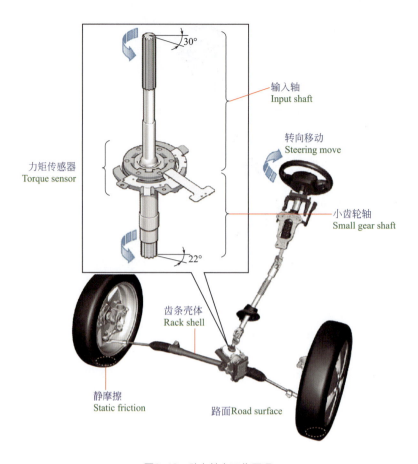

图6-13　助力转向工作原理

6.2.3　管柱助力式EPS

C-EPS 是 Column Electric Power Steering 的缩写，意为管柱式电动助力转向，是一种机电一体化的新一代汽车智能助力转向装置，系统组成如图 6-14 所示。助力电机直接在转向柱上施加助力，在不同车况下汽车转向时，它通过电子控制装置，使转向助力电机产生所需的辅助助力。

图6-14　C-EPS组成部件

6.3 动态转向系统

6.3.1 系统组成

动态转向系统可以根据车速和方向盘的转角实现最佳转向传动比。无论是驻车、在多弯道的乡间公路行车还是在高速公路上高速行车，动态转向系统都能提供最合适的转向传动比。动态转向系统因其具有行驶动态稳定转向能力，所以还可以对 ESP（车身电子稳定系统）提供支持。在车辆过度转向和转向不足时，以及车辆在不同摩擦系数路面上制动时，ESP 都可以获得动态转向系统的帮助。因此，这种新型智能转向系统不仅能增加行驶和转向舒适性，还能明显提高主动的行车安全性。

转向系统内集成了一个并行的（叠加的）转向机（执行元件）。方向盘和前桥之间的机械式耦合器总是通过这个并行的转向机来保持接合。在系统出现严重故障时，这个并行转向机的电机轴就被锁住了，这样可避免功能失误。系统组成部件如图 6-15 所示。

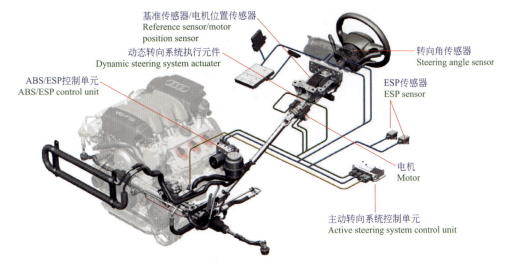

图6-15 系统组成

控制单元会计算出转向角是应该增大还是应该减小，然后操纵电机驱动并行转向机来工作。车轮总转向角是这个并行转角与司机在方向盘上施加的转角之和。并行转角可以通过司机施加的转角而增大或减小，也可以在司机未操纵方向盘时就能实现转角。系统工作原理如图 6-16 所示。

6.3.2 执行元件

转向角的校正是通过执行元件带动转向主动齿轮转动而实现的。这个执行元件由一个轴齿轮构成，这个轴齿轮用一个电机来驱动，如图 6-17 所示。

在动态转向系统上，与方向盘直接相连的转向轴也与转向主动齿轮相连。这个连接是通过齿轮来实现的。杯形件与转向轴上部（它也直接与方向盘相连）通过花键实现无间隙连接。转向轴上部装有一根空心轴，空心轴由一个电机直接驱动，能独立地在执行元件壳体内转动。为此，电机的转子在一侧与空心轴连接在一起，空心轴的另一侧与滚动轴承的内圈连接在一起。滚动轴承内圈并不是个精确的圆形，它给滚珠提供的是一个偏心的（椭圆）轨道。轴承外圈是弹性钢圈，轴承内圈的偏心外形可以传递到外圈上，如图 6-18 所示。杯形件通过较松的过盈配合装在轴承外圈上，杯形件的弹性壁也会跟随轴承的偏心外形进行变形。

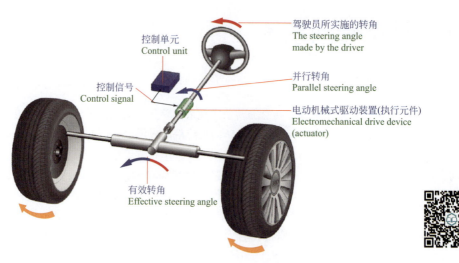

图6-16　操作原理示意图

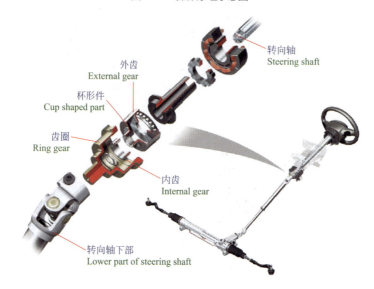

图6-17　执行元件结构

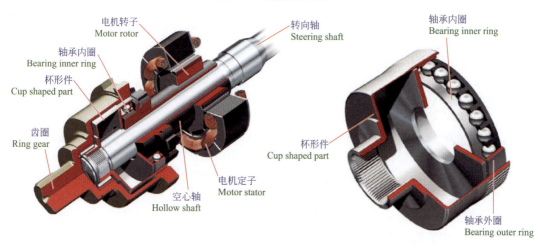

图6-18　杯形件内部构造

6.3.3 动态转向锁

为了能在系统失灵时保证系统回到原来的状态，可以通过机械方式将动态转向锁锁止。在正常工作状态下，只要内燃机关闭了，这个锁就已经锁止了。锁止是通过一块电磁铁来完成的，这个电磁铁用螺栓拧在齿轮箱的壳体上，如图6-19所示。

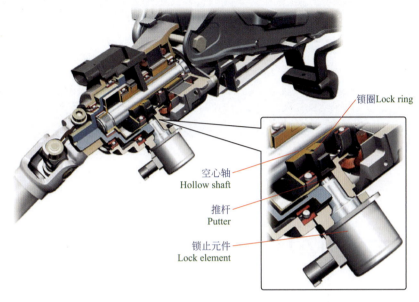

图6-19 转向锁结构

电机驱动的空心轴上装有一个圈，其外侧有很多缺口。当齿轮锁止时，电磁铁的圆筒状推杆就会进入到缺口中，如图 6-20 所示。于是，空心轴被卡住，电机无法驱动偏心轴承转动。不通电时，推杆将动态转向系统锁住，这时压力弹簧会将推杆顶在止点挡块处。如果控制单元激活了电磁线圈，那么推杆就会顶着弹簧力向电磁线圈方向运动。于是推杆脱离缺口，松开了空心轴（也就松开了动态转向机构）。

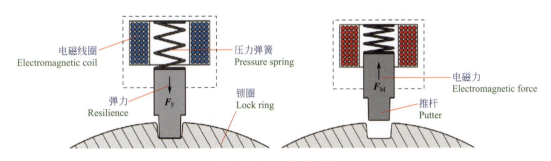

图6-20 转向锁工作原理

第7章

汽车制动系统

作为制动系统，其作用就是让行驶中的汽车按驾驶意愿进行减速甚至停车。工作原理就是将汽车的动能通过摩擦转换成热能。汽车制动系统主要由供能装置、控制装置、传动装置和制动器等部分组成，如图7-1所示。

7.1 制动器

7.1.1 盘式制动器

汽车制动器是汽车的制动装置，汽车所用的制动器几乎都是摩擦式的，可分为鼓式和盘式两大类。盘式制动器的旋转元件则为旋转的制动盘，以端面为工作表面，结构如图7-2所示。

盘式制动器也叫碟式制动器，主要由制动盘、制动钳、摩擦片、分泵、油管等部分构成。盘式制动器通过液压系统把压力施加到制动钳上，使制动摩擦片与随车轮转动的制动盘发生摩擦，从而达到制动的目的。

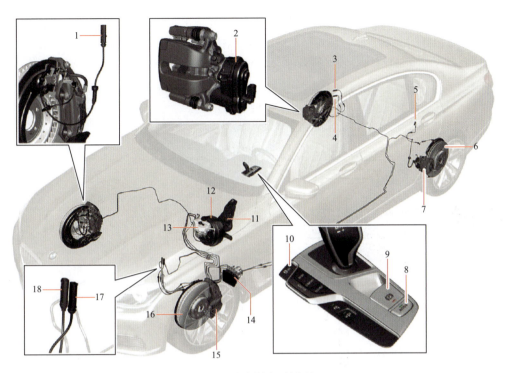

图7-1 汽车制动系统部件

1—右前车轮转速传感器插接触点；2—EMF执行机构（电动机械式驻车制动器执行机构）；3—右后车轮转速传感器插接触点；4—右后制动摩擦片磨损传感器插接触点；5—左后车轮转速传感器插接触点；6—后桥制动盘；7—后桥制动钳；8—自动驻车按钮；9—驻车制动按钮；10—DSC按钮；11—踏板机构支承座；12—制动助力器；13—制动液补液罐；14—动态稳定控制系统DSC；15—前桥制动钳；16—前桥制动盘；17—左前车轮转速传感器插接触点；18—左前制动摩擦片磨损传感器插接触点

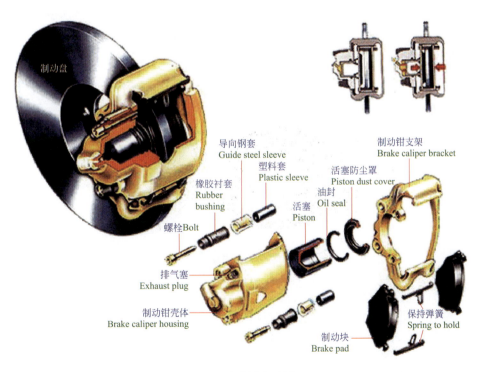

图7-2 盘式制动器结构

与封闭式的鼓式制动器不同的是，盘式制动器是敞开式的。制动过程中产生的热量可以很快散去，拥有很好的制动效能，现在已广泛应用于乘用车上。盘式制动器工作原理为通过液压系统施加在制动钳上的压力，使摩擦片夹紧制动盘，从而起到使滚动的车轮减速的作用，如图 7-3 所示。

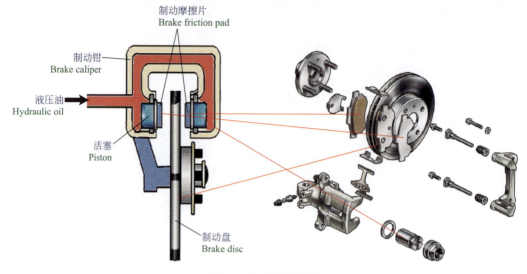

图7-3　盘式制动器原理

制动过程实际上是利用摩擦将动能转化为热能的过程，如果制动器的热量不能及时散出，将会影响其制动效果。为了进一步提升制动效能，通风制动盘应运而生。通风制动盘内部是中空的或在制动盘上打很多小孔，冷空气可以从中间穿过进行降温，如图 7-4 所示。从外表看，它在圆周上有许多通向圆心的洞空，利用汽车在行驶中产生的离心力能使空气对流，达到散热的目的，因此比普通实心盘式制动盘散热效果要好许多。

图7-4　利于散热的通风孔设计

陶瓷制动盘在制动最初阶段就能产生最大的制动力，整体制动要比传统制动系统更快，制动距离更短。其价格较昂贵，多用于高性能跑车上。陶瓷制动盘相对于一般的制动盘具有重量轻、耐高温、耐磨等特性。普通的制动盘在全力制动下容易因高热而产生热衰退，制动性能会大打折扣，而陶瓷制动盘有很好的抗热衰退性能，其耐热性能要比普通制动盘高出许多倍。以奥迪为例，陶瓷制动盘结构如图 7-5 所示。

图7-5 奥迪陶瓷制动盘

7.1.2 鼓式制动器

鼓式制动器摩擦副中的旋转元件为制动鼓,其工作表面为圆柱面,结构如图7-6所示,鼓式制动器主要包括制动轮缸、制动蹄、制动鼓、摩擦片、回位弹簧等部分。主要是通过液压装置使摩擦片与随车轮转动的制动鼓内侧面发生摩擦,从而起到制动的效果。

图7-6 鼓式制动器结构

在踩下制动踏板时,推动制动总泵的活塞运动,进而在油路中产生压力,制动液将压力传递到车轮的制动分泵推动活塞,活塞推动制动蹄向外运动,进而使得摩擦片与制动鼓发生摩擦,产生制动力,如图7-7所示。

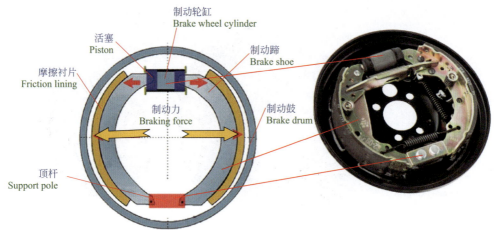

图7-7 鼓式制动器原理

从结构中可以看出，鼓式制动器工作在一个相对封闭的环境，制动过程中产生的热量不易散出，频繁制动影响制动效果。不过，鼓式制动器可提供很高的制动力，其广泛应用于客货车上。

7.1.3 驻车制动器

驻车制动器，通常是指机动车辆安装的手动刹车，简称手刹，在车辆停稳后用于稳定车辆，避免车辆在斜坡路面停车时由于溜车造成事故。电子驻车制动 EPB（Electrical Park Brake）也称"电子手刹"，EPB 通过电子线路控制停车制动。电子驻车制动器内部结构如图 7-8、图 7-9 所示。

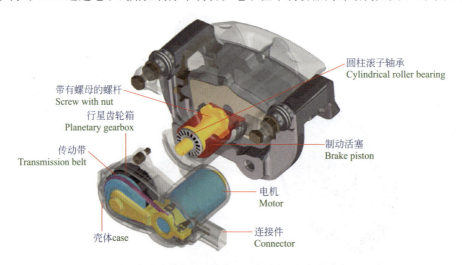

图7-8 电子机械式驻车制动器（EMF）执行机构概览（宝马5系）

EMF 控制单元得到驾驶员通过驻车制动按钮给出的驻车指令后，通过车载网络连接和总线系统查询/识别车辆状态，确定是否满足驻车过程的所有条件。满足条件时，就会控制后部制动钳上的两个 EMF 执行机构动作，如图 7-10 所示。

由于螺杆具有自锁功能，因此即使在断电状态下也可保持张紧力，从而确保车辆静止不动。EMF 执行机构固定在制动钳上，直接对制动活塞施加作用力。电机和传动带将作用力传递到两级行星齿轮箱上，然后通过螺杆接口驱动螺杆。EMF 执行机构的结构如图 7-11 所示。

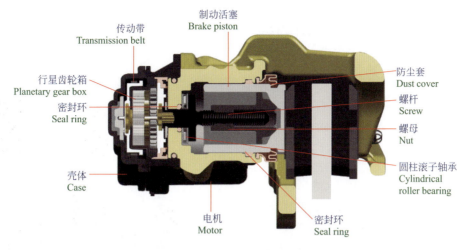

图7-9 驻车制动器拉紧及全新制动摩擦片剖视图

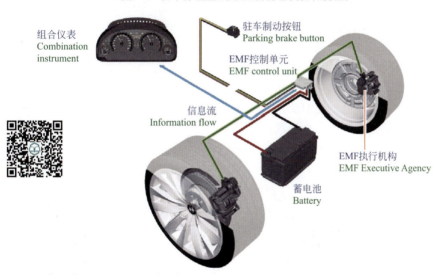

图7-10 电子驻车系统工作原理

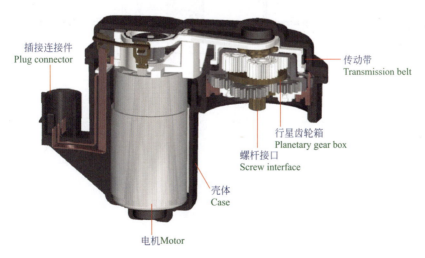

图7-11 EMF执行机构的结构

7.2 ABS防抱死制动系统

7.2.1 系统概述

ABS（Anti-locked Braking System）即防抱死制动系统，是一种具有防滑、防锁死等优点的汽车安全控制系统，已广泛运用于汽车上。ABS主要由ECU、车轮转速传感器、制动压力调节装置和制动控制电路等部分组成，如图7-12所示。

ABS控制单元不断从车轮速度传感器获取车轮的速度信号，并加以处理，进而判断车轮是否即将被抱死。ABS的特点是当车轮趋于抱死临界点时，制动分泵压力不随制动主泵压力增大而增大，压力在抱死临界点附近变化，如图7-13所示。如判断车轮没有抱死，制动压力调节装置不参加工作，制动力将继续增大；如判断出某个车轮即将抱死，ECU向制动压力调节装置发出指令，关闭制动缸与制动轮缸的通道，使制动轮的压力不再增大；如判断出车轮出现抱死拖滑状态，即向制动压力调节装置发出指令，使制动轮缸的油压降低，减少制动力。

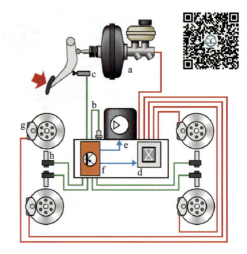

图7-12　ABS控制系统组成

a—制动助力器；b—制动力传感器；c—制动信号灯开关；d—液压单元；e—回液泵；f—控制单元；g—车轮制动分缸；h—转速传感器

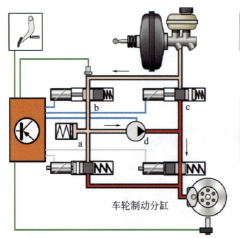
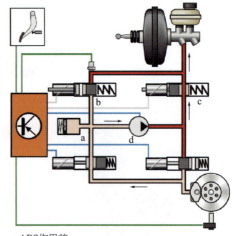

ABS作用前
液压单元中的开关阀打开，同时高压开关阀关闭。于是，在回液泵中所建立的压力直接被送到车轮制动分缸

ABS作用前
开关阀重新被关闭，而高压开关阀则被打开。回液泵的输送量将制动力保持在抱死阈值之下

图7-13　ABS系统工作状态

a—蓄压器；b—开关阀；c—高压开关阀；d—回液泵

7.2.2 真空助力器

现代汽车一般采用真空助力伺服制动系统，使人力和动力并用。传统燃油汽车的制动系统

真空助力装置的真空源来自发动机进气歧管，真空度负压一般可达到 0.05～0.07MPa，助力装置实物外观如图 7-14 所示。纯电动车或燃料电池汽车由于不配备发动机总成所以改用电动真空泵提供真空压力。

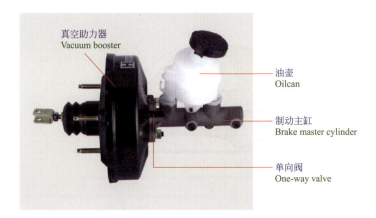

图7-14　真空助力装置

电动真空助力系统的工作过程为：当驾驶员发动汽车时，12V 电源接通，电子控制系统模块开始自检，如果真空罐内的真空度小于设定值，真空压力传感器输出相应电压值至控制器，此时控制器控制电动真空泵开始工作；当真空度达到设定值后，真空压力传感器输出相应电压值至控制器，此时控制器控制真空泵停止工作；当真空罐内的真空度因制动消耗，真空度小于设定值时，电动真空泵再次开始工作，如此循环。电动真空泵接口及剖体如图 7-15 所示。

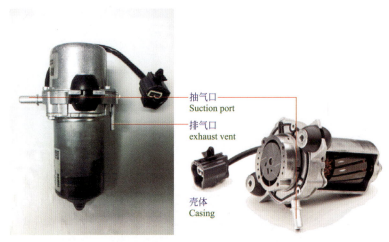

图7-15　电动真空泵实物与剖体图

7.3　车身稳定控制系统

7.3.1　系统细分与区别

由于存在大量的控制系统，很难从逻辑上清晰地给牵引力控制和辅助系统分类。这些系统会分等级地相互连接在一起,其中一些处于高级阶段,另外一些会建立在其他硬件或软件基础之上或成为已有功能的补充。

一种可供选择的分类方式是将牵引力控制和辅助系统按功能分配至"起步""行驶""制动"的汽车运行状态。图7-16说明了在汽车运行状态中哪种系统可能进行干预。

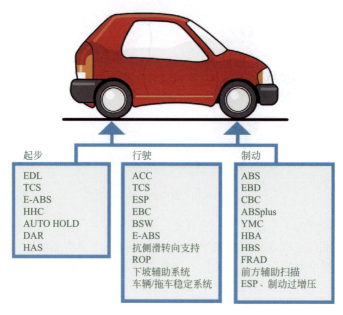

图7-16 汽车运行中起作用的稳定系统

如图7-17所示,牵引力控制系统可以细分为两类。第一类为仅通过液压制动系统进行制动的系统;第二类为通过发动机管理系统或变速箱管理系统影响汽车动态性能的系统。

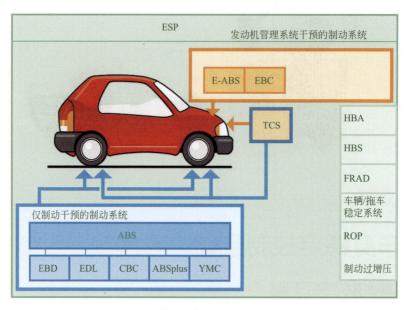

图7-17 牵引力控制系统的两大类型

ABS 系统是所有牵引力控制系统的始点，它是仅制动干预的制动系统。软件扩充以及通过 ABS 的附加系统元件的扩充包括 EBD、EDL、CBC、ABSplus 和 YMC。

TCS 是 ABS 系统的一个扩充，除了启动制动干预，也能启动发动机管理系统干预。带有发动机管理系统干预的制动系统只包括 E-ABS 和 EBC。

当车中安装 ESP 时，所有牵引力控制系统都属于 ESP 系统。如果关闭 ESP 功能，某些牵引力控制系统功能会自主运行。

7.3.2 博世ESP系统

电子稳定程序（Electronic Stability Program，ESP）是博世 Bosch 公司的专利技术和注册商标，是为进一步提高行车的主动安全性而发明的牵引力/制动力控制系统。博世 ESP 源于 1983 年，博世的工程师通过优化的 ABS 控制来增进车辆在全力制动时的稳定性。1995 年 3 月，ESP 开始批量生产，并首次装备于奔驰 S 级轿车。最新的博世 ESP 已经发展到第九代，如图 7-18 所示。第九代 ESP 除了在原有车身稳定控制上精益求精，还为车辆增添众多实用的功能，如车道检测、碰撞预警、自适应巡航等。

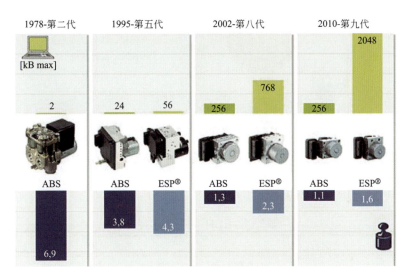

图7-18　博世ESP技术发展历程

ESP 系统其实是 ABS（防抱死制动系统）和 ASR（驱动轮防滑转系统）功能上的延伸，可以说是当前汽车防滑装置的最高形式。主要由控制总成及转向传感器（监测方向盘的转向角度）、车轮传感器（监测各个车轮的速度转动）、侧滑传感器（监测车体绕纵轴线转动的状态）、横向加速度传感器（监测汽车转弯时的离心力）等组成，如图 7-19 所示。控制单元通过这些传感器的信号对车辆的运行状态进行判断，进而发出控制指令。

ESP 的主要功能有 ABS、EBD、TCS、VDC 等，如图 7-20 所示。

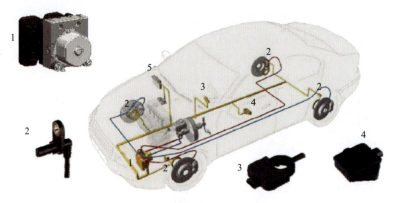

图7-19 博世第九代ESP组成

1—带电控单元的ESP液压调节模块；2—轮速传感器；3—方向盘转角传感器；
4—偏航率传感器（集成于EPS内部）；5—与发动机系统的通信

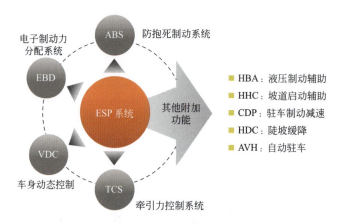

图7-20 博世第九代ESP功能

ESP系统具体功能描述见表7-1。

表7-1 ESP系统主要功能

序号	英文简称	中文名称	功能原理
1	VDC	车身动态控制	在车辆行驶过程中突然转向时，VDC系统根据方向盘转角和车速等信息确定驾驶员的驾驶意图，并持续与车辆实际状况进行对比，如果车辆出现偏离正常行驶路线情况，VDC将通过对相应的车轮施加制动进行修正，以帮助驾驶员控制侧滑，保持车辆的方向稳定性
2	TCS	牵引力控制系统	TCS通过降低发动机功率来防止车辆的驱动轮在加速行驶时打滑，必要时施加制动力控制，以防止驱动轮空转。在不利的行驶条件下TCS可使车辆易于起步、加速和爬坡
3	HHC	坡道启动辅助	在松开制动踏板后，HHC能保持驾驶员所施加的制动压力1s的时间，防止车辆后溜
4	HBA	液压制动辅助	驾驶员快速踩下制动踏板时，HBA能识别出车辆处于紧急状态，迅速将制动压力提高至最大值，从而使ABS介入更迅速，有效缩短制动距离
5	CDP	驻车制动减速	在拉起电子驻车开关时，CDP功能开始工作，车辆会以恒定的减速度（只拉起电子驻车开关不踩制动时减速度为0.4g，在拉起电子驻车开关同时踩下制动踏板时减速度为0.8g）制动，直至车辆停止，如果驾驶员松开电子驻车开关，CDP功能就会停止工作

续表

序号	英文简称	中文名称	功能原理
6	HDC	陡坡缓降	HDC主要作用是通过主动制动帮助驾驶员以低速上下坡。工作期间当车轮滑移率超过ABS触发门限时,ABS激活。此功能在11~38km/h车速范围内起作用,在此范围内可以通过油门踏板或制动踏板调整车速。当车速超过约65km/h时,HDC功能自动停用
7	AVH	自动驻车	在车辆行驶过程中需要停驶,踩下制动踏板停车后,AVH会控制ESP自动制动。此时车辆处于行驶挡位,松开制动踏板车辆不会行驶,在车辆静止10min内踩油门车辆解除自动制动,可继续行驶;车辆静止10min后直接进入待命状态,同时自动拉起EPB。再次按下自动驻车功能开关,自动驻车功能关闭

第8章

汽车车身电气

8.1 电源系统

8.1.1 汽车蓄电池

蓄电池是汽车必不可少的一部分，可分为传统的铅酸蓄电池和免维护型蓄电池。汽车铅酸蓄电池的构造主要有正（负）极板、隔板、电解液、槽壳、连接条和极桩等，如图 8-1 所示。

一个 12V 蓄电池由六个串联的单电池构成，安装在由隔板分隔的壳体中。每个蓄电池的基本模块都是单电池。单电池由一个极板组构成，极板组是由一个正极板组和一个负极板组组合而成的，同时也是由电极和隔板构成。每个电极都是由一个铅栏板和活性物质构成的；隔板（微孔绝缘材料）用于分离不同极性的电极。电极或极板组在充满电时沉浸在 38% 浓度的硫酸溶液中（电解液）。接线端子、单电池和极板连接器由铅制成。正极和负极具有不同的直径，正极总是比负极粗。不同的直径可以避免蓄电池连接错误（防止接错极）。单电池连接线穿过隔板。蓄电池的外壳（模块箱）由耐酸性绝缘材料制成，外面由底板固定蓄电池。上面外壳通过端盖封闭。

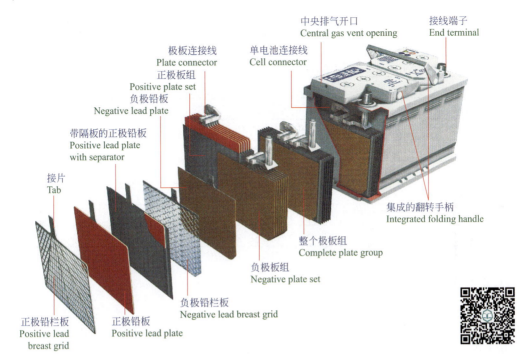

图8-1 汽车铅酸蓄电池部件分解

汽车蓄电池上有各种标识及连接与检视接口,以大众品牌为例,其具体作用说明如图8-2所示。

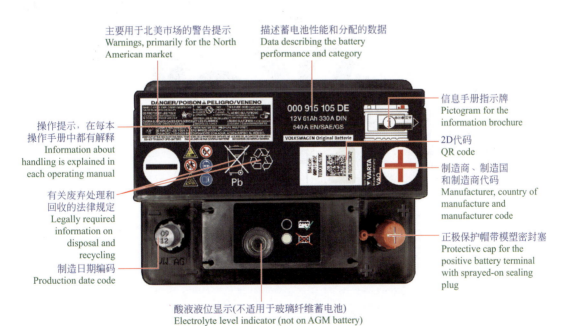

图8-2 汽车蓄电池标识与接口

图8-2所示的蓄电池的数据及标识说明见表8-1。

表8-1 蓄电池性能与分配数据说明

数据及字母标识	说明
000 915 105 DE	大众汽车原厂备件编号
12V	蓄电池电压，单位为V
61Ah	额定电容（C20），数据单位为Ah
330A DIN	低温试验电流根据DIN，数据单位为A（在-18℃情况下）
540A EN/SAE/GS	低温试验电流根据EN、SAE和GS，数据单位为A（在-18℃情况下）
DIN	德国标准化协会
EN	欧洲标准
SAE	汽车工程师学会
GS	海湾标准（相当于波斯湾沿岸国家的标准）

8.1.2 充电系统

汽车发电机是汽车的主要电源，其功用是在发动机正常运转时，向所有用电设备（起动机除外）供电，同时向蓄电池充电。汽车用发电机可分为直流发电机和交流发电机，由于交流发电机在许多方面优于直流发电机，直流发电机已被淘汰，交流发电机部件分解如图8-3所示。

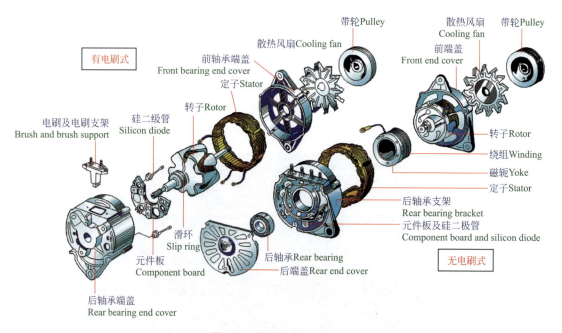

图8-3 交流发电机部件分解

交流发电机分为定子绕组和转子绕组两部分，三相定子绕组按照彼此相差120°电角度分布在壳体上，转子绕组由两块极爪组成。当转子绕组接通直流电时即被励磁，两块极爪形成N极和S极。磁力线由N极出发，透过空气间隙进入定子铁芯再回到相邻的S极。转子一旦旋转，转子绕组就会切割磁力线，在定子绕组中产生互差120°电度角的正弦电动势，即三相交流电，再经由二极管组成的整流元件变为直流电输出。

8.2 驾驶员信号系统

8.2.1 组合仪表

现代汽车大多配备组合仪表，不过，在电动汽车上也存在取消传统型组合仪表的趋势，如特斯拉的 MODEL 3。组合仪表一般由面罩、边框、表芯、印制电路板、插接器、报警灯及指示灯等部件组成，如图 8-4 所示。有些仪表还带有稳压器和报警蜂鸣器。

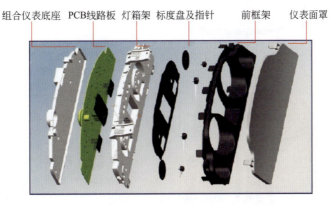

图8-4 组合仪表结构

不同汽车的组合仪表中的仪表个数不同，一般仪表板上主要仪表有：燃油表、冷却液温度表、发动机转速表和车速里程表。仪表板上还有许多指示灯、报警灯、仪表灯等。

8.2.2 手势感测系统

手势感测器利用摄像头检测车辆驾驶员及乘客的手势动作，并转换成车辆功能的控制信号。

手势感测系统通过检测手部动作使得多媒体系统和车辆功能的舒适操作成为可能。为此，带摄像头的上方控制面板中的手部运动感测器将记录驾驶员和前排乘客的动作，记录的运动将转换为操作信号。

在宝马新 7 系 G12 上还首次通过手势控制实现了功能应用。可通过在选挡开关与仪表托架之间定向移动来轻松执行例如在目的地引导处输入家庭地址等功能。

手势摄像机是一个 TOF 摄像机，集成在车顶功能中心 FZD 内，如图 8-5 所示。

TOF 摄像机具有非常灵敏的识别度，因此最适于进行手势识别或控制。

TOF 摄像机的基本工作原理与雷达或回声探测仪类似，发送信号并记录周围环境的反射信号。采用这种摄像机时会将光波向前传输至空间深处，并针对传感器的每个像素测量光从该点返回所需的时间。通过"飞行时间原理"进行时间测量。TOF 摄像机结构如图 8-6 所示。

手势摄像机采用脉冲调制方式。进行脉冲调制时会发出一个较短光脉冲，同时开始测量时间。

四个红外线 LED（与电视遥控器类似）以脉冲形式照亮手势互动区域，如图 8-7 所示。手势摄像机识别出所照明场景的反射光线并根据光飞行时间的时间差计算出摄像机与反射物体的距离。由此，除像素亮度值外还可确定与摄像机的距离。通过该技术可产生一张最终用于手势识别的 3D 图。

图8-5　带手势摄像机的车顶功能中心FZD

图8-6　手势摄像机结构

1—红外线LED；2—光学元件

手势摄像机的探测范围从方向盘、中央信息显示屏CID一直延伸至手套箱，如图8-8所示。

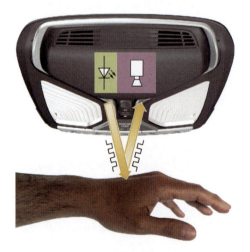

图8-7　LED以脉冲形式照亮手势互动区域

图8-8　手势摄像机探测范围

8.2.3　虚拟后视镜

奥迪的虚拟车外后视镜，也称为电子外后视镜。

电子外后视镜的原理并不复杂，硬件由高像素摄像头、图像传感器、成像处理器、显示屏等组成，软件一般由可处理丰富影像的软件系统和应用系统组成。通过电子化元件代替传统后视镜，电子摄像头通过线路将采集到的画面传输到前排车窗下方的屏幕之上。

奥迪 e-tron 上可以选装虚拟车外后视镜，如图 8-9 所示。这种后视镜与标配的车外后视镜相比明显狭长一些，这种新外形可以降低风阻（改善风阻系数），也就降低了风噪（改善了空气动力学性能）。每个扁平托架上集成有一个小摄像头，其图像会显示在仪表板和车门之间过渡区的 OLED 显示屏上。

图8-9　虚拟（电子）外后视镜部件位置

8.3　照明系统

8.3.1　车外照明

汽车灯具按照功能功用划分，主要有两个种类：汽车照明灯和汽车信号灯。汽车照明灯按照其安装的位置及功用包括：前照灯、雾灯、牌照灯、仪表灯、顶灯、工作灯。汽车信号灯又包括：转向信号灯、危险报警灯、示廓灯、尾灯、制动灯、倒车灯。

前照灯又叫前大灯，装于汽车头部两侧，用于夜间行车道路的照明。雾灯安装于汽车的前部和后部，用于在雨雾天气行车时照明道路和为迎面来车及后面来车提供信号。前雾灯安装在前照灯附近，一般比前照灯的位置稍低；后雾灯采用单只时，应安装在车辆纵向平面的左侧，与制动灯间的距离应大于 100mm，后雾灯灯光光色为红色，以警示尾随车辆保持安全距离。倒车灯装于汽车尾部，用于照亮倒车时汽车后方道路和警告其他车辆和行人。牌照灯用于照亮车辆牌照，牌照灯装在汽车尾部牌照的上方或左右两侧。

转向信号灯装于汽车前左、后左、前右、后右角，用于汽车转弯时发出明暗交替的闪光信号。危险报警信号灯用于在车辆遇到紧急危险情况时，同时点亮前后左右转向灯以发出警告信号。制动灯用于指示车辆的制动或减速信号，安装在车尾两侧。示廓灯安装在汽车前左、后左、前右、后右侧的边缘，用于汽车夜间行车时标识汽车的宽度和高度，因此也相应地被称为"示宽灯"和"示高灯"。以丰田卡罗拉车型为例，其主要照明与信号灯光部件位置如图 8-10 所示。

图 8-10　车辆外部照明信号灯

8.3.2　车内照明

汽车内部照明系统（图 8-11）由顶灯、仪表灯、踏步灯、工作灯、后备厢灯组成。主要是为驾驶员、乘客提供方便。顶灯，安装在驾驶室或车厢内顶部，为驾驶室或车厢内照明。仪表灯，安装于仪表盘内，用来照明汽车仪表。踏步灯，一般安装在汽车的上下车台阶的左右两侧，用来照明车门的踏步处，方便乘客上下车。后备厢灯，为轿车后备厢内的灯具。阅读灯，装于乘员席前部或顶部。门灯，装于轿车外张式车门内侧底部，开启车门时，门灯发亮。

图 8-11　车辆内部照明灯

8.3.3 自动大灯与照明控制系统

远光灯辅助系统可以为驾驶员提供更佳的视野,只要交通条件和环境条件允许,远光灯可一直处于接通状态。如果远光灯辅助系统的摄像头识别出对面来车了或者前面有车在行驶,那么大灯就会及时进行变光,从而避免炫目,如图 8-12 所示。如果被识别出的车辆又从远光灯辅助系统的探测范围中消失了,那么灯光也就自动变回到远光灯状态,如图 8-13 所示。

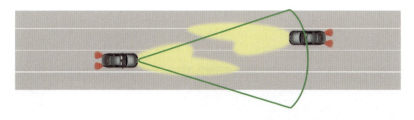

图8-12 会车时自动关闭远光灯

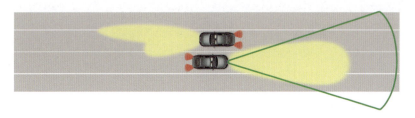

图8-13 会车过后自动打开远光灯

"可变照明距离"这个功能的作用是:在夜间行车时,保证本车道能获得足够的照明,同时又不会使其他车辆司机炫目。该功能是在远光灯辅助系统的基础上进一步开发而来的。

如果识别出对面来车了,那么"可变照明距离"这个功能就会减小大灯照程,最多可降至近光灯的照程。这样就可避免对面的司机炫目。对面的车辆驶过后,只要交通状况允许,大灯照程会增大,最多可增至远光灯的照程。原理示意如图 8-14 所示。

矩阵光柱(Matrix Bean)远光灯也可以将灯光变暗。如果识别出道路上有别的车辆,那么可以只把此时导致别人炫目的那部分远光灯光段关闭,如图 8-15、图 8-16 所示。无论是针对前行车辆还是针对对向来车均可执行这种操作。这种技术的一个突出优点是:其余那部分远光灯光段(并未引起别人炫目的那部分)仍然以远光灯状态照亮道路。因此就始终能为司机提供尽可能好的道路照明,且最大限度利用远光灯。

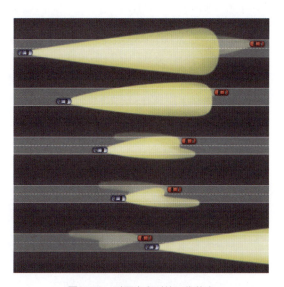

图8-14 对面来车时的工作状态

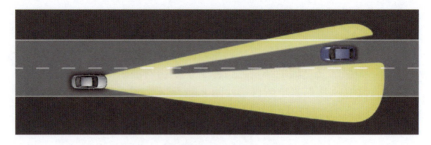

图8-15 有对向来车时的矩阵光柱远光灯

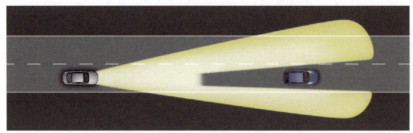

图8-16 有前行车辆时的矩阵光柱远光灯

8.4 电动装置

8.4.1 电动门锁

中控门锁的工作原理是将电能转化为机械能,用电动机带动齿轮转动来开关车门。其基本组成主要有门锁开关、门锁执行机构、门锁控制器,如图8-17所示。

大多数中控门锁的开关由总开关和分开关组成。总开关装在驾驶员身旁的车门上,总开关可将全车所有车门锁住或打开;分开关装在其他各车门上,可单独控制一个车门。门锁执行机构受门锁控制器的控制,执行门锁的锁定和开启任务,主要有电磁式、直流电动机式和永磁电动机式3种结构。门锁控制器是为门锁执行机构提供锁/开脉冲电流的控制装置,具有控制执行机构通电电流方向的功能,同时为了缩短工作时间,具有定时的功能。按其控制原理大体可分为:晶体管式、电容式和车速感应式3种。

8.4.2 电动车窗

电动车窗系统由车窗、车窗玻璃升降器、电动机、继电器、开关和ECU等装置组成。其中,玻璃升降器是电动车窗的主要部件,根据机械升降机构的不同工作原理,玻璃升降器可分为3种形式:绳轮式、叉臂式和软轴式。

叉臂式玻璃升降器主要由扇形齿板、玻璃导轨和调节器等组成,如图8-18所示,扇形齿板利用驱动电动机的棘轮进行转动,使玻璃沿导轨作上下移动。其主要用于玻璃圆弧较大的载货汽车、面包车及中低档轿车中。

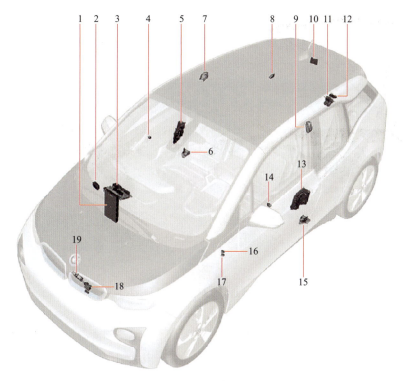

图8-17 中控门锁系统部件（宝马i3）

1—车身控制器；2—遥控信号接收器；3—车内配电盒；4—前乘客侧前部车门上的中控锁按钮（仅限美规车辆）；5—前乘客侧前部车门触点、中控锁；6—前乘客侧后部车门触点、中控锁、下部车锁；7—前乘客侧后部车门触点、中控锁、上部车锁；8—后备厢照明灯；9—驾驶员侧后部车门触点、中控锁、上部车锁；10—抗干扰滤波器；11—带后备厢盖锁的后备厢接触开关；12—后备厢盖外侧的后备厢按钮；13—驾驶员侧前部车门触点、中控锁；14—驾驶员侧前部车门上的中控锁按钮；15—驾驶员侧后部车门触点、中控锁、下部车锁；16—发动机室盖按钮；17—后备厢按钮；18—发动机室盖锁开锁电机；19—发动机室盖锁内的发动机室盖接触开关

图8-18 叉臂式玻璃升降器

  绳轮式玻璃升降器由滑轮、钢丝绳、张力器和张力滑轮等组成，如图8-19（a）所示，它通过驱动电动机拉动钢丝绳来控制门窗玻璃的升降，可用于各种圆弧玻璃的车型中，但由于安装空间要求较大，主要用于玻璃圆弧较小的中高档轿车和高档面包车中。

  软轴式电动玻璃升降器可用于各种玻璃圆弧的车型中，如图8-19（b）所示，但运行噪声较大，多用于玻璃圆弧适中的面包车和中低档轿车中。

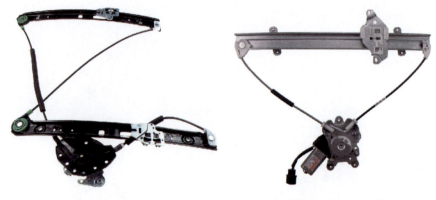

(a) 绳轮式玻璃升降器　　　　(b) 软轴式电动玻璃升降器

图8-19　电动车窗升降器

8.4.3　电动天窗

全景玻璃天窗与传统滑动/外翻式玻璃天窗相比改善了后座区乘员的空间感。前部玻璃盖板可向外移动到后部玻璃面上方；后部玻璃盖板是固定的，作为滑动面用于确保车身刚度。为了起到防晒和隔音作用，全景玻璃天窗带有两个全景天窗遮阳卷帘，分别用于前部和后部车顶内衬区域。全景天窗组成部件如图 8-20 所示。

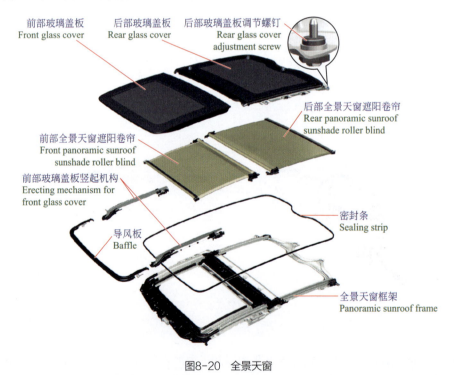

图8-20　全景天窗

两个全景天窗遮阳卷帘可以采用无级方式彼此独立地打开和关闭，并在自动关闭期间执行防夹保护功能。相应电机通过立管将驱动力传至导轨内的滑块，实现对前部玻璃盖板和全景天窗遮阳卷帘的驱动。

前部玻璃盖板的全景天窗照明装置触点位于全景天窗框架前部区域左右两侧。全景天窗框架结构如图 8-21 所示。

图8-21　全景天窗框架

天窗的太阳能电池可以为空调器通风运行模式供电，如图 8-22 所示。根据阳光照射情况，夏季用于降低车内温度；冬季用于车内空间除湿。在车外低温的情况下，不会打开太阳能模式。

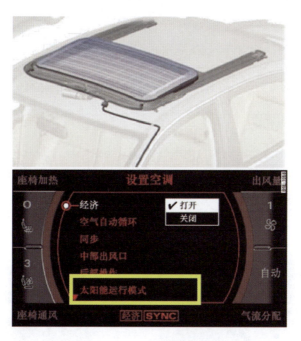

图8-22　太阳能天窗功能

8.4.4　电动座椅

汽车电动座椅一般由双向电动机、传动装置和控制电路等组成。双向电动机产生动力，传动装置可以将动力传至座椅，通过控制开关实现座椅不同位置的调节，如图 8-23 所示。电动机一般采用永磁式直流电动机,通过控制开关来改变流经电机内部的电流方向,从而实现转动方向的改变。传动装置主要包括变速器、联轴器、软轴及齿轮传动机构等。变速器的作用是降速增扭。电动机与不同软轴相连,软轴与变速器输入轴相连,动力经降速增扭后从变速器的输出轴输出,输出轴与蜗杆轴或齿轮轴相连,最终带动座椅支架产生位移。

图8-23 电动座椅调节方向

1—头枕高度调节;2—靠背上部调节;3—靠背倾斜度调节;4—靠背宽度调节;5—座椅纵向调节;6—座椅高度调节;7—座椅倾斜度调节;8—坐垫前后调节;9—腰部支撑;10—头枕和侧部调节(机械方式)

8.4.5 电动后视镜

现代汽车的后视镜都改为电动的,由电气控制系统来操纵,即为电动外后视镜。驾驶员可以在车内通过按钮对电动后视镜的角度进行调节,以获得良好的后方视域。驾驶员在倒车时,通过调节功能让电动后视镜向下翻(前进挡时电动后视镜会自动回位),便于观察车辆与路边的距离,避免剐蹭;现代轿车的电动后视镜为伸缩式,而且具有位置记忆功能。电动后视镜内部结构与开关部件如图 8-24 所示。

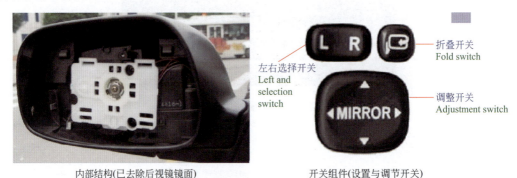

内部结构(已去除后视镜镜面) 　　开关组件(设置与调节开关)

图8-24 电动后视镜内部结构与开关组件

电动后视镜调节开关的安装位置因车型不同而有所不同,大部分开关都安装在驾驶室侧门的内饰板上,可以随意切换开关或旋钮,控制左、右电动后视镜。每个车外电动后视镜内各安装了两套微型电动机和驱动器,电动机可以在一个方向上正反转动。其中一套操纵电动后视镜做前后运动,另一套操纵电动后视镜左右摆动。按下电动后视镜开关,电流将导入左电动后视镜或右电动后视镜的电动机,并选择了电动机的电压极性,电动机按选定的方向旋转,直至电动后视镜调节到需要的位置。

8.4.6 雨刮与洗涤系统

雨刮系统主要由雨刮器、组合开关雨刮控制杆、自动及间歇控制单元和回位控制单元组成,有自动雨刮、慢速刮、快速刮等不同的刮水功能。雨刮与洗涤系统的组成部件如图8-25所示。

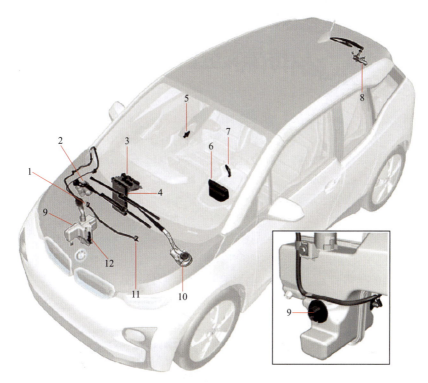

图8-25 雨刮与洗涤系统的组成部件

1—右侧清洗喷嘴;2—右侧雨刮器电机;3—车内配电盒;4—车身控制器;5—晴雨/光照/水雾传感器;
6—组合仪表KOMBI;7—转向柱开关中心上的组合开关;8—后窗玻璃雨刮器及传动装置;
9—清洗液液位传感器;10—左侧雨刮器电机;11—左侧清洗喷嘴;12—车窗玻璃清洗泵电机

洗涤系统主要由洗涤器、控制开关等组成。向里拨动组合开关右手柄,洗涤器通电工作,向前风窗喷射洗涤液,同时 BCM 根据检测它的通电时间,并以此控制雨刮器动作相应次数以清洁玻璃。

8.4.7 电动方向盘柱

带电动纵向和高度调节装置的转向柱可使驾驶员通过无级调节方向盘获得符合人机工程学设计的最佳座椅位置和驾驶位置。电动转向柱调节装置部件如图8-26所示。

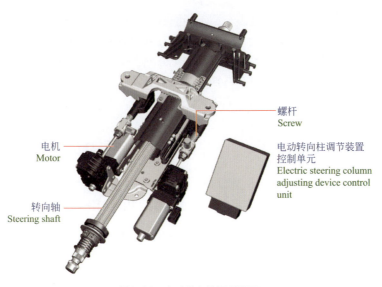

图8-26 电动转向柱调节装置

8.4.8 电动吸合门装置

车门自动软关系统,即电动吸合门,又叫磁力吸合门。主要是通过电源的通断来控制门的闭合。通电产生磁力,门闭合;断电,磁力消失,门打开。门框上(或门板边缘)装有电磁线圈,当车门打开时,线圈中就会有电流通过,从而形成电磁场。由于磁力,当车门关到与门框距离较近时,车门就会被自动吸上。

该电动吸合门的两大重点就是传感器与电动机。无论何时关门,只要动作不过于猛烈,传感器都能检测到。譬如,当门合到一半(距离门锁约 6mm)时,传感器就会检测到这一情况。传感器可以检测到关门的意图,一旦车门锁锁定把手,电动机(安装在每个车门上,包括车尾后备厢)就会开启。电动机的主要任务是将门牢牢地拉合,几乎不产生任何噪声。

自动软关功能的传感器系统位于车门锁内,采用霍尔传感器。霍尔传感器安装在各车门的门锁内,如图 8-27 所示。一个霍尔传感器用于卡爪,其他用于碰锁。

图8-27 自动软关系统安装位置

1—驾驶员车门SCA传动装置;2—驾驶员车门锁;3—驾驶员侧后车门SCA传动装置;4—驾驶员侧后车门门锁

车门锁内部结构与工作原理如图 8-28 所示。轻轻关闭车门时，碰锁预卡止齿（3）卡止在卡爪（6）上，自动软关功能传动装置拉动操纵杆（5），操纵杆通过驱动爪（4）使碰锁转动，直至转动到主卡止齿（7）上方，卡爪此时可卡入碰锁主卡止齿内。因此碰锁锁死，车门锁无法自动打开。

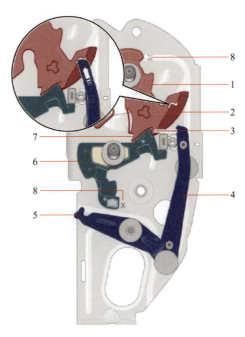

图8-28　自动软关功能车门锁工作原理图

1—碰锁；2—碰锁拉爪；3—碰锁预卡止齿；4—驱动爪；5—SCA传动装置操纵杆；6—卡爪；
7—碰锁主卡止齿；8—霍尔传感器安装位置

自动软关功能传动装置工作原理如图 8-29 所示。自动软关功能驱动电机（6）轴上有一个

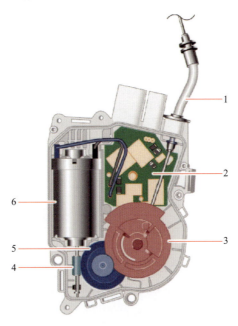

图8-29　自动软关功能传动装置工作原理图

1—拉线；2—电子控制装置；3—拉线驱动齿轮；4—驱动蜗杆；5—中间齿轮；6—驱动电机

两级蜗杆（4），该蜗杆可使自动软关装置朝"关闭"方向驱动。驱动蜗杆的转动通过中间齿轮（5）传递到驱动齿轮（3）上，驱动齿轮将转动传递到拉线（1）上。即通过拉线拉动车门锁内的操纵杆，从而使车门完全关闭。

8.4.9 电动隐形门拉手

电动隐藏式门拉手回缩状态让车身侧门更加简洁，可以减小车辆宽度尺寸，行驶时降低风阻。同时，在锁车和停车状态下可防止外部拽拉，避免由此引发安全问题。通过电机实现手柄自动外伸及回缩，如果配备主动无钥匙进入系统，用户靠近车辆外拉手时主动伸出。

平摆式电动隐形门拉手自带控制器，左右前把手带微动开关，如图8-30所示。

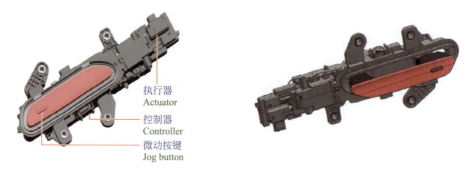

图8-30 电动隐形门拉手结构

电动隐形门拉手系统原理如图8-31所示。

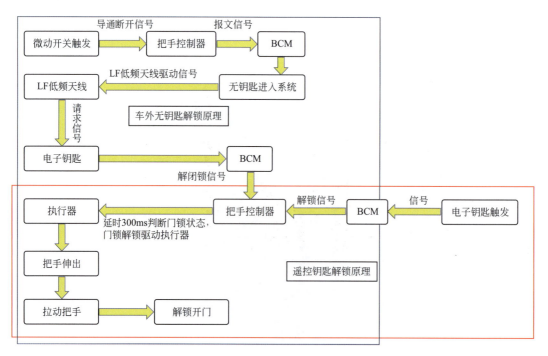

图8-31 电动隐形门拉手工作原理

使用遥控钥匙控制时工作原理如图8-32所示。

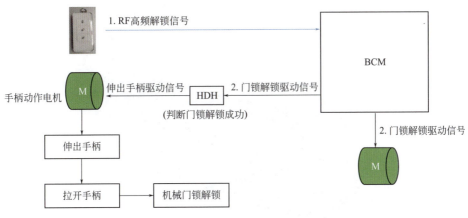

图8-32 遥控钥匙控制原理

8.4.10 电动翼门/滑门

如图 8-33 所示为在宝马 i8 上使用的翼门。翼门向上打开,彰显出了车辆的运动特性。与传统钢制车门结构相比,车门由更多的单个部件组成。碳制车门结构和其余塑料部件以及钢制和铝合金制加强件确保结构质量较轻且非常坚固。车门外部面板由铝合金制成,与车门结构粘接在一起。

图8-33 宝马i8电动跑车翼门打开效果

车门铰链和车门止动器采用针对翼门的设计,车门通过车门止动器保持打开状态。车门铰链通过螺栓与 Life 模块的碳结构固定在一起。为此在生产过程中将金属嵌件粘接在 A 柱内,用于确保螺栓连接和粘接牢固。车门部件结构如图 8-34 所示。

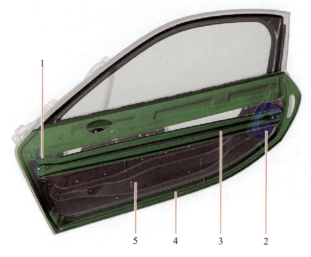

图8-34 车门所用材料

1—钢制车门铰链固定装置;2—钢制车门锁固定装置;3—铝合金制侧面碰撞保护装置;
4—铝合金制车门外部面板和卷边条;5—碳制车门结构

前车门连接件结构如图 8-35 所示。

图8-35 前车门连接件

1—车门铰链;2—加强件;3—车门止动器

  电动滑门是一种可以自动开关的滑动门总成,一般装用在 MPV 车型上。总成由门钣金、吸合锁系统、滑动门驱动系统、驱动控制模块(ECU)及防夹系统等组成。它可以通过中控台、遥控钥匙或侧门上的按钮等多处实现控制,使用户进入车厢更为方便和舒适。电动滑门打开效果如图 8-36 所示。

  电动滑门在机械滑门的基础上新增以下主要零部件(图 8-37):A—吸合锁系统;B—防夹系统;C—驱动系统及控制模块 ECU;D—开启执行器;E—内拉手。

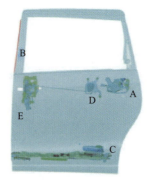

图8-36　MPV电动滑门打开效果　　　　　图8-37　电动滑门内部部件

8.4.11　敞篷车折叠车顶

宝马4系F33折叠式硬顶的设计主要以宝马M3（E93）为基础。三件式车顶采用轻型结构钢板材质，硬顶开合状态如图8-38所示。在车速不超过13km/h的情况下可打开和关闭折叠式硬顶。如果硬顶已经开始移动，在车速不超过18km/h的情况下可以继续移动。当车辆加速至18km/h以上时，硬顶就会停止移动，并且组合仪表内会显示一条检查控制信息。此外还会在FASTA数据中进行记录。

图8-38　折叠式硬顶开合状态

此外，宝马4系F33折叠式硬顶还采用了改进型隔音措施、带有集成式车内照明灯的带覆层车顶内衬以及新型装载辅助功能。

折叠式硬顶由一个中央液压单元进行驱动。液压单元又由敞篷车车顶模块CTM进行控制。监控移动过程时，CTM共读取20个传感器的信号。此外CTM还控制后备厢盖的自动软关功能。主要组成部件如图8-39所示。

折叠式硬顶连同液压和电气组件总质量约为153kg。其中约102kg来自车顶模块，约51kg来自后部模块。

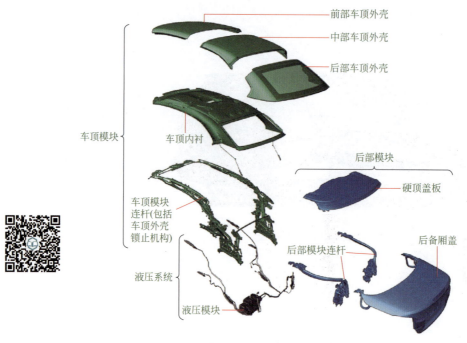

图8-39 折叠式硬顶结构

8.5 电热装置

8.5.1 除霜器

汽车冬季挡风玻璃上的霜给人们驾车出行造成很大不便和困扰，目前主要的除霜方式有三种，分别是：采用车载暖风除霜系统除霜、利用加有电阻丝的电热玻璃除霜及使用汽车防雾剂和防雾贴膜的方式除霜。大多数汽车前窗采用暖风装置的热空气吹向玻璃的方法，来达到除霜的目的，其由鼓风机、进出暖风风管、除霜喷口等组成。暖风的进口和车内暖风装置的风管相连，以便直接用暖风将覆盖于风窗玻璃外表面的霜和冰雪融化，消除风窗玻璃内表面的雾气。

对后窗玻璃的除雾除霜，不少汽车采用热电式除霜装置。热电式除霜装置把电阻丝直接加工制造在玻璃层内，即用肉眼看见的那几道红线，如图8-40所示。利用汽车本身的电流加热电

后窗玻璃中的加热电阻丝(红线)

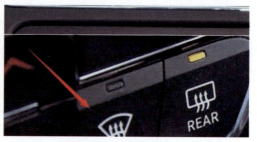
后窗玻璃加热开关(REAR)

图8-40 除霜器形式与操作开关

阻丝，达到除霜目的，但线条印在玻璃上会影响视线，因此，这种方法仅用于后窗。电热玻璃除霜的原理是在挡风玻璃中均匀布置多条加热电阻丝，打开电阻开关后，电阻丝快速加热玻璃，使玻璃温度升高，附着在玻璃上的霜则受热融化，从而达到除霜效果。

8.5.2 点烟器

点烟器，是汽车的一个设备。传统意义的点烟器，从汽车电源取电，加热金属电热片或金属电热丝等电热单元，为点烟取火源。随着汽车的发展和人们需求的不断变化，点烟器接口通常可配置车载逆变器，可为移动电子设备充电等。车用点烟器部件外观如图8-41所示。

图8-41　汽车点烟器

8.5.3 座椅加热器

座椅加热是利用座椅内的电加热丝对座椅内部加热，并且通过热传递将热量传递给乘坐者，改善冬天时因长时间停放后座椅过凉造成的乘坐不舒适感。座椅加热器的基本结构是：下层是一层无纺布，加热丝布置在无纺布上，用固定胶带将加热丝固定在无纺布上，针织布盖在固定胶带上，用针织线缝制成类似座椅加热处的形状，并缝合在座椅罩内。

座椅加热和座椅通风是有区别的，如图8-42所示：在选择了座椅加热功能后，整个座椅都被加热；在选择了座椅通风功能后，坐垫和靠背内的四个轴流风扇都开始工作。为了防止乘员身体过冷，根据所选的挡位情况座椅会自动加热。当座椅温度低于15℃时，风扇电机就不再工作了，座椅通风功能就无法接通了。

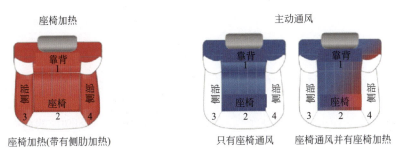

图8-42　汽车座椅加热与通风功能

8.6 中控门锁与防盗系统

8.6.1 中控门锁

中控锁负责打开或关闭车辆。中控锁是车辆的标准配置,涉及所有车门、燃油箱盖板和后备厢盖。可通过以下组件操控中控锁:识别发射器,驾驶员车门锁芯(车门锁),中控锁按钮,后备厢盖锁芯,后备厢盖外侧按钮,A柱上的内侧后备厢盖按钮,车门外侧拉手(车门外侧拉手电子装置/便捷登车及启动系统),后备厢盖上的中控锁按钮。

中控门锁系统组成如图8-43所示。便捷登车及启动系统(4)分析识别发射器(1)的信号并发出车辆开锁或上锁请求。接线盒电子装置(8)执行这些请求。驾驶员侧车门锁芯(12)用于给驾驶员侧车门机械开锁或上锁。脚部空间模块(13)分析锁芯移动情况(霍尔传感器状态)以及车门触点状态。

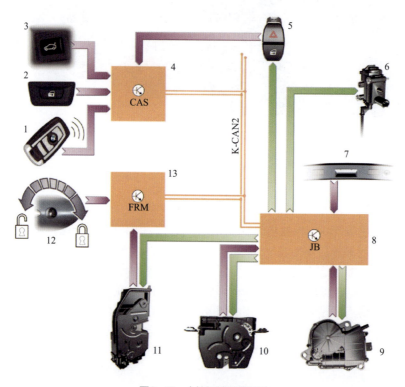

图8-43 中控门锁系统框图

1—识别发射器;2—中控保险锁死按钮;3—A柱上的内侧后备厢盖按钮;4—便捷登车及启动系统;5—中控锁按钮;6—燃油箱盖板中控锁;7—后备厢盖外侧按钮;8—接线盒电子装置;9—后备厢盖锁自动软关功能传动装置;10—后备厢盖中控锁;11—车门锁(4个);12—驾驶员侧车门锁芯;13—脚部空间模块FRM;K-CAN2—车身CAN

通过按压识别发射器上的按钮使车辆开锁并打开车门。关闭车门后可以通过按压上锁按钮使车辆上锁。

只有驾驶员侧车门关闭时才能使车辆上锁。执行被动打开和关闭功能的前提是选装了便捷登车系统。

通过抓住车门外侧拉手使车辆开锁,前提是识别发射器位于车辆附近1.5m范围内。

通过按压车门外侧拉手上的传感区域触发上锁功能。使用自动软关功能时，只需轻轻将车门拉入或压入车门锁内，随后自动软关功能就会将车门完全关闭。

8.6.2 防盗系统

汽车上的防盗系统可分为以下三类：发动机防盗锁止系统（Immobilizer，IMMO），遥控门锁（Remote Keyless Entry，RKE），无钥匙进入与启动（Passive Keyless Entry/GO，PKE）系统。

目前以 IMMO 和 RKE 在原车中应用最为广泛。IMMO 将加密的芯片置于钥匙中，在开锁的过程中，通过车身的射频收发器验证钥匙是否匹配来控制发动机，原理如图 8-44 所示。

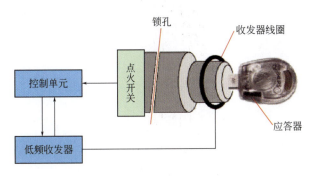

图 8-44　发动机防盗系统原理

RKE 的主要工作原理是通过车主按下钥匙上的按钮，钥匙端发出信号，信号中包含相应的命令信息，汽车端天线接收电波信号，经过车身控制模块 BCM 认证后，由执行器实现启/闭锁的动作，原理如图 8-45 所示。

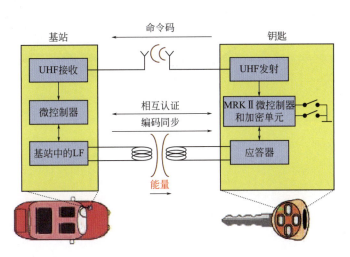

图 8-45　遥控门锁工作原理

无钥匙进入系统（PKE），是在 RKE 基础之上发展起来的，采用 RFID 技术，类似于智能卡。当驾驶员踏进指定范围时，该系统通过识别判断如果是合法授权的驾驶员则进行自动开门。上车之后,驾驶员只需要按一个按钮即可启动点火开关,原理如图 8-46 所示。

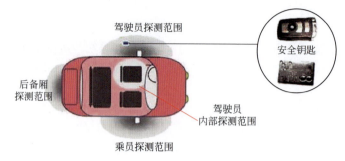

图8-46　无钥匙进入系统原理

8.7 空调系统

8.7.1 空调系统概述

现代汽车空调系统由制冷系统、供暖系统、通风和空气净化装置及控制系统组成。系统组成部件如图 8-47 所示。

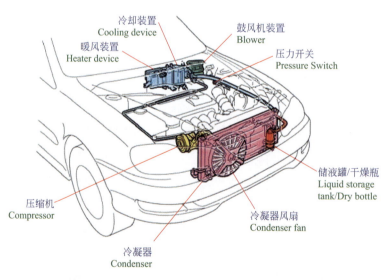

图8-47　汽车空调系统组成部件

汽车空调按驱动方式可分为独立式和非独立式。独立式空调专用一台发动机驱动压缩机,制冷量大,工作稳定,但成本高,体积及重量大,多用于大、中型客车;非独立式空调的压缩机由汽车发动机驱动,制冷性能受发动机工作影响较大,稳定性差,多用于小型客车和轿车。汽车式空调按空调性能分为单一功能型和冷暖一体式。前者将制冷、供暖、通风系统独立安装，单独操作，互不干涉，多用于大型客车和载货汽车上；后者的制冷、供暖、通风共用鼓风机和风道，在同一控制板上进行控制，工作时可分为冷暖风分别工作的组合式和冷暖风可同时工作的混合调温式，轿车多用混合调温式。汽车空调按控制方式可分为手动式和电控气动式两种。手动空调通过拨动控制板上的功能键对温度、风速、风向进行控制；电控气动调节则是利用真空控制机构，当选好空调功能键时，就能在预定温度内自动控制温度和风量。全自动调节空调利用计算比较电路，通过传感器信号及预调信号控制调节机构工作，自动调节温度和风量；微机控制的全自动调节以微机为控制中心，实现对车内空气环境的全方位、多功能的最佳控制和调节。

以捷达车型为例，汽车空调系统组成部件实体如图 8-48 所示。

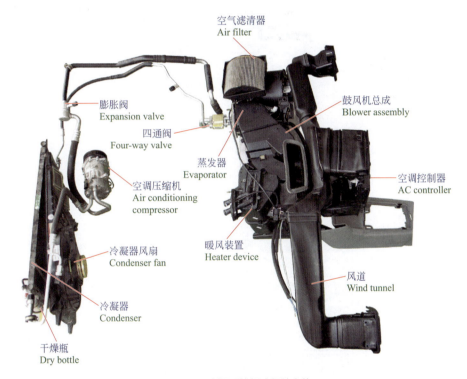

图 8-48 空调系统组成部件实体

8.7.2 电动汽车空调

纯电动汽车没有发动机作为空调压缩机的动力源，也没有发动机余热可以利用以达到取暖、除霜的效果。电动汽车目前选择的制冷空气调节方式主要是用电动压缩机制冷，电动汽车空调系统暖风则采用 PTC 电加热器。PTC 电加热器是用 PTC 热敏电阻元件作为发热源的一种加热器。电动汽车空调系统组成部件如图 8-49 所示。

电动空调压缩机将蒸发器低温低压的气态制冷剂压缩成高温高压（80～90℃，1.5MPa）的气态制冷剂，送往冷凝器冷却。通过冷凝器与外部空气进行热交换，制冷剂被冷凝成中温、压力约为 1.0～1.2MPa 的液态工质，冷凝后的液态制冷剂经膨胀阀进入蒸发器。从膨胀阀过来的低温低压的蒸气经蒸发器不断吸收车厢空气的热量，变成低温低压（0℃，0.15MPa）的气态制冷剂进入压缩机进行下一个循环。供暖系统采用空调驱动器驱动 PTC 电加热器，PTC 加热冷却液后供给暖风芯体；如果是插电混动汽车，在条件不满足情况下，启动发动机制热。电动汽车空调控制系统原理如图 8-50 所示。

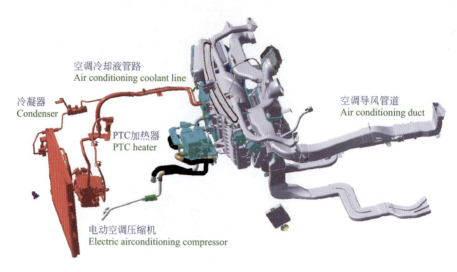

图8-49　电动汽车空调系统组成部件

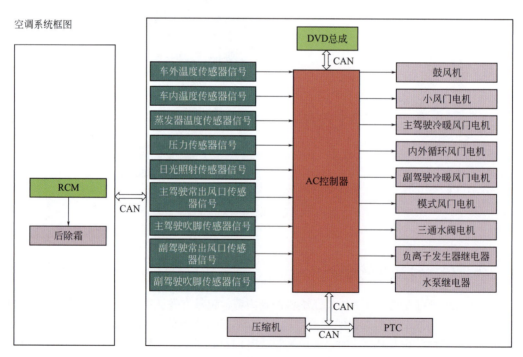

图8-50　电动汽车空调控制系统框图

8.7.3　空调制冷系统

压缩机将气态的制冷剂压缩为高温高压的气态，并送至冷凝器（室外机）进行冷却，经冷却后变成中温高压的液态制冷剂进入干燥瓶进行过滤与去湿；中温液态的制冷剂经膨胀阀（节流部件）节流降压，变成低温低压的气液混合体（液体多），经过蒸发器（室内机）吸收空气中的热量而汽化，变成气态；然后再回到压缩机继续压缩，继续循环进行制冷。制热的时候有一个四通阀使氟利昂在冷凝器与蒸发器的流动方向与制冷时相反，所以制热的时候室外机吹的是冷风，室内机吹的是热风。空调制冷工作循环如图 8-51 所示。

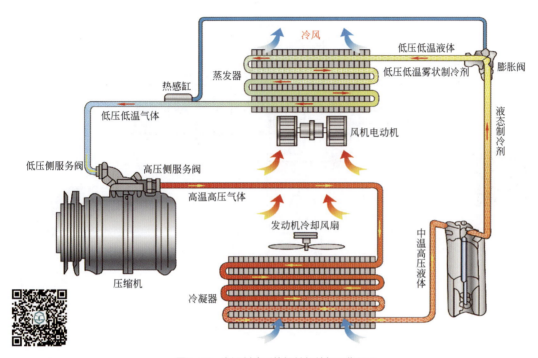

图8-51 空调制冷系统相关部件与工作原理

8.7.4 空调暖风系统

汽车空调暖风系统的作用主要是为车内提供暖气及为风窗除霜并调节空气。它是将车内空气或进入车内的外部空气送入热交换器，吸收某种热能量，从而提高空气的温度，并利用鼓风机将热空气送入车内，提高车内的温度的一种装置。冬季取暖，汽车空调可以向车室内提供暖风，提高车室内的温度，使乘员不再感觉到寒冷。

目前在汽车中使用广泛的空调暖风系统是水暖式和燃烧式。轿车上一般采用发动机的冷却液进行供暖，称为水暖式供暖系统。该系统利用冷却液作为热源，将冷却液引入热交换器（加热器），然后利用鼓风机将车厢内的空气吹过热交换器，从而使车厢温度升高。

以大众辉腾为例，其加热回路由两个热交换器、泵阀单元与发动机冷却液回路组成，如图 8-52 所示，它的功能是，将从制冷回路蒸发器中出来的冷却和干燥的空气加热到所需温度。泵阀单元组成一个总成，由两个顺序阀和一个冷却液泵组成。冷却液泵有两个泵轮，用同一个电机驱动。

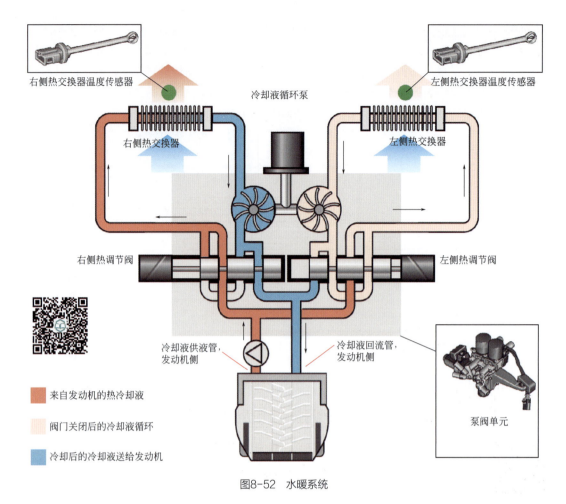

图8-52 水暖系统

8.7.5 自动空调系统

自动空调系统是汽车全自动空调系统的简称，主要由空调制冷系统、供暖通风系统和自动控制系统三大部分组成。

自动空调控制系统的传感器一般有车厢内温度传感器、车厢外温度传感器、蒸发器温度传感器、太阳能传感器、水温传感器等。其中水温传感器位于发动机出水口，它将冷却水温度反馈至ECU，当水温过高时ECU能够断开压缩机离合器而保护发动机，同时也使ECU依据水温控制冷却水通往加热芯的阀门。有些轿车的自动空调还装有红外温度传感器，专门探测乘员面额部的表面皮肤温度，当传感器检测到人体皮肤温度时也反馈到ECU。这样，ECU有多种传感器的温度数据输入，就能更精确地控制空调。自动空调系统组成部分如图8-53所示。

8.7.6 空气净化系统

PM2.5会对人体健康造成非常严重的危害。根据《环境空气质量标准》，PM2.5年均浓度小于 $35\mu g/m^3$ 为达标。

比亚迪绿净技术将PM2.5的监控、过滤和净化集成于空调系统。每5s检测并提醒空气状况；将空气经过4层净化和过滤，具有超强高效净化能力，可在4min内将PM2.5值由 $500\mu g/m^3$ 降至 $12\mu g/m^3$ 以下，空气净化系统组成部件如图8-54所示。

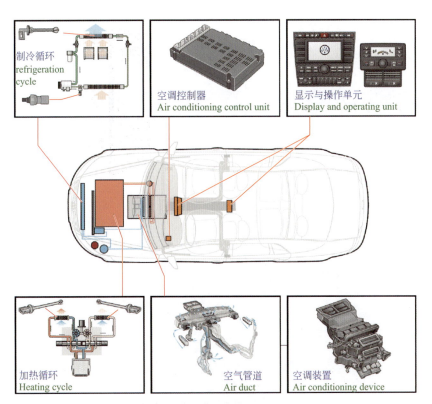

图8-53 自动空调系统组成部件

高效过滤器+负离子层+静电集尘器

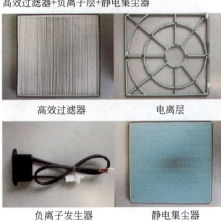

图8-54 空气净化系统组成部件

空气过滤顺序：先经过高效过滤器过滤，再经过静电集尘器过滤，如图8-55所示，图中数字表示的含义如下。

1—高效过滤器：高效精滤技术，采用高效低阻滤材，对直径在0.3μm以上的粉尘颗粒过滤超过70%；

2—静电发生器：使空气中的颗粒带电；

3—静电集尘器（HAF）：该集尘器自身带静电，可有效吸附带电的颗粒，同时可进一步吸附直径在0.3μm以下的粉尘颗粒。

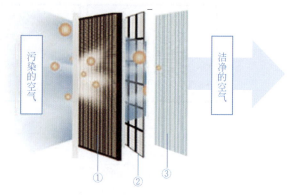

图8-55 空气净化流程

8.8 信息娱乐系统

8.8.1 基本音响系统

汽车音响系统包括天线、接收装置、扬声修正、可听频率增幅及扬声器系统5个部分。天线用于接收广播电台的发射电波，通过高频电缆向无线电调频装置传送。接收装置中由无线电调谐装置将电台发射的高频电磁波有选择地接收，并解调为音频电信号。功率放大器用于将微弱的音频信号放大到可推动扬声器的足够功率。扬声器是最终决定车厢内音响性能的重要部件。

扬声器口径的大小和在车上安装的方法、位置是决定音响性能的重要因素，为欣赏立体声音响，车上至少要装2个扬声器。以奥迪A3车型为例，基础音响系统喇叭布置如图8-56所示。

图8-56 基础音响系统

8.8.2　高级音响系统

如图 8-57 所示，在奥迪 A3 车型中有 3D 音效的 Bang & Olufsen 音响系统总功率约为 705W。5.1 环绕声音响能够提供极致的听觉享受。外部音频放大器（数字式组合音响控制单元）有 15 个声道，共控制 13 个扬声器和一个重低音扬声器。其中重低音扬声器通过两个声道控制。外部音频放大器位于左前座椅下面，通过 MOST 总线与信息电子系统控制单元相连。

图 8-57　高级音响系统喇叭分布

8.8.3　汽车天线

汽车天线从外观上区分，主要有以下三种形式：鞭形天线、鲨鱼鳍天线和内置天线。以奥迪 A6L 车型为例，天线位于车辆后部和车顶上，如图 8-58 所示。

8.8.4　可伸缩显示屏

有的汽车的中央显示屏可隐身于仪表台，在需要的时候自动弹出。以奥迪 Q7 车型为例，显示屏机械机构安装位置如图 8-59 所示。

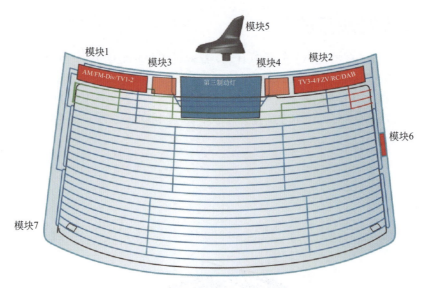

图8-58 汽车天线（奥迪A6L）

模块1—收音机/天线放大器；模块2—遥控中央门锁（FZV）/天线放大器；模块3—GPS/导航天线；模块4—美国手机天线/电话、导航和驻车加热天线；模块5—车顶天线/收音机、电话和导航天线；模块6—带阻滤波器；模块7—Telepass天线

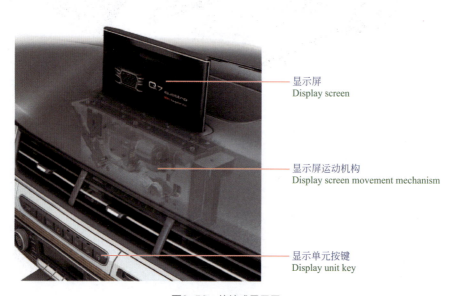

图8-59 伸缩式显示屏

奥迪Q7所配置的这款显示屏运动机构（图8-60），可以使显示屏能够从仪表板中垂直升高。

运动机构本身包括显示屏伸出和缩回电机、显示屏伸出限位开关、显示屏缩回限位开关、位置识别霍尔传感器、导向销、提升臂、弹簧（在伸出时补偿间隙并平衡重量）。

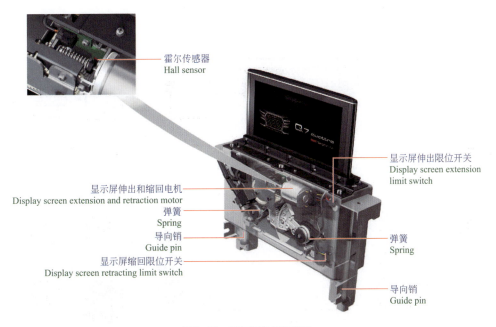

图8-60 显示运动机构结构

8.8.5 信息娱乐系统

MIB（Modular Infotainment System）模块化信息娱乐系统，分为MIB入门版、MIB标准版和MIB高级版三个扩展等级。这种模块化理念的核心是为收音机和导航设备开发一种可以提供各种功能的统一的系统结构，也就是说所有结构版本的信息娱乐系统在系统和功能结构方面都是相同的。此外还有在模块化结构中加入更新的私人娱乐、多媒体和电信电气设备研发方案，为终端用户实现更多的使用价值的目的。例如可以接收并显示广播电台的电台徽标，或者不同版本的终端设备可以具备USB、SD卡或iPod接口。另外所有设备均配备触摸屏。大众MIB系统组成部件如图8-61所示。

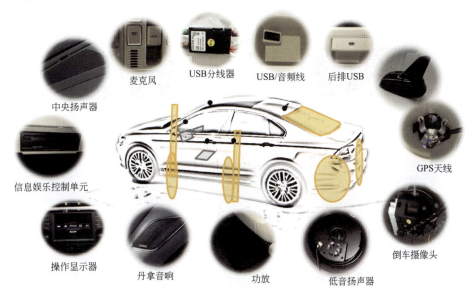

图8-61 MIB系统组成部件

MIB 系统部件连接关系如图 8-62 所示。

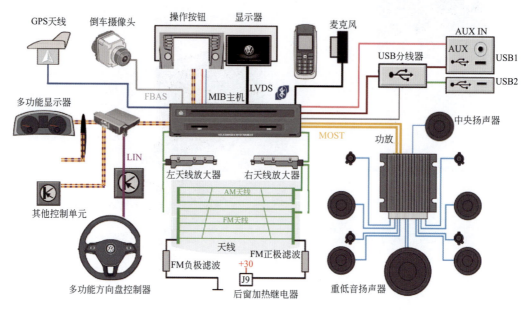

图8-62　MIB系统结构

RSE 控制单元安装在车辆后座区中控台下方。RSE 控制单元即后座区娱乐系统 Headunit 带有用于外部数据源（游戏机、电视等）的 HDMI/MHL 接口。此外还有一个用于播放音频和视频的 USB 接口。后座区显示屏通过 APIX 2 直接连接 RSE 控制单元。显示屏在屏幕上带有一个单独的接通/关闭按钮。无线耳机通过 KLEER® 协议进行的无线传输是支持 14 个声道的 2.4GHz 高级无线传输。与传统蓝牙协议不同，KLEER® 公司协议可确保耳机实现非压缩且无损失的播放效果。RSE 系统部件如图 8-63 所示。

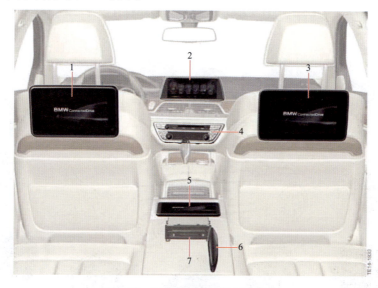

图8-63　后座娱乐系统（RSE）部件

1—左后10英寸后座区显示屏；2—前部中央信息显示屏CID；3—右后10英寸后座区显示屏；
4—带音响系统操作面板及其后方Headunit High 2的前部中央中控面板；
5—Touch Command平板电脑；6—后部KLEER®遥控器；7—RSE控制器

RSE 系统与车载网络连接如图 8-64 所示。

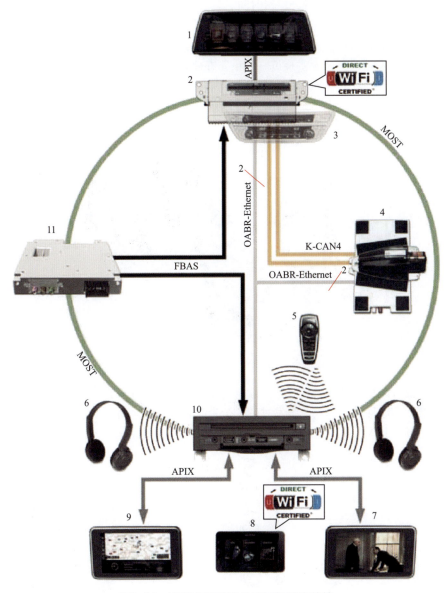

图8-64 后座娱乐系统组件与车载网络的连接

1—中央信息显示屏CID；2—Headunit High 2(HU-H2)；3—中控面板上的音响操作面板；
4—远程通信系统盒2(TCB2)以及带电话和远程通信系统天线的车顶鲨形天线；5—后座区KLEER® 遥控器；
6—与RSE控制单元内接收装置连接的基于KLEER® 标准的无线耳机；7—右侧后座区显示屏FD；
8—Touch Command(TC)；9—左侧后座区显示屏FD；10—RSE控制单元（后座区娱乐系统）；11—视频模块VM

8.9 乘员安全系统

8.9.1 安全带

安全带可显著降低人体的动能，在 50km/h 速度正碰时能够吸收相当于人从四楼自由下落时产生的动能！安全带防止发生失控的运动，这些运动可能导致严重的伤害；发生严重碰撞时，燃爆式安全带收紧，为安全气囊弹开保留时间。

在碰撞的瞬间燃爆预紧式安全带中的张紧器向下拉紧安全带，避免碰撞时没有安全带的情况。安全带和安全气囊共同作用来降低乘客上身受伤的概率。

当发生碰撞事故时，安全带将乘员"约束"在座椅上，使乘员的身体不至于撞到方向盘、仪表板和风窗玻璃上，避免乘员发生二次碰撞；同时避免乘员在车辆发生翻滚等危险情况下被抛离座位。汽车上安全带布置与结构如图8-65所示。

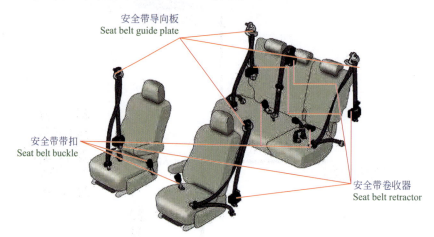

图8-65　汽车三点式安全带布置与结构部件

安全带卷轴与齿轮刚性连接在一起，齿轮由球来驱动，球存放在存放管内，点燃燃料后产生膨胀气体推动小球移动，检验已触发过的安全带张紧器：晃动拆卸下的安全带张紧器会有清晰的"咯啦"声（小球已在接收盒内）。球式安全带张紧器内部结构如图8-66所示。

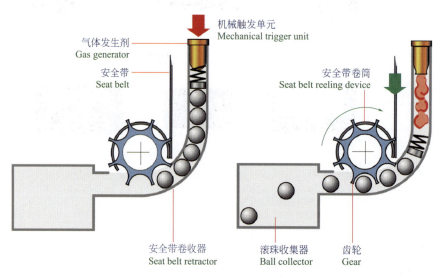

图8-66　球式安全带张紧器

8.9.2　安全气囊

安全气囊分布在车内前方（正副驾驶位）、侧方（车内前排和后排）和车顶三个方向。在装有安全气囊系统的容器外部都印有 Supplemental Infl ATable Restraint System（简称 SRS）的字样。汽车安全带就是在汽车上用于保护乘客以及驾驶员在车身受到猛烈撞击时减少受伤害程度的装置。

汽车与障碍物的碰撞，称为一次碰撞，其后乘员与车内构件发生碰撞，称为二次碰撞。气囊在一次碰撞后、二次碰撞前迅速打开一个充满气体的气垫，使乘员因惯性而移动时"扑在气垫上"，从而缓和乘员受到的冲击并吸收碰撞能量，减轻乘员的伤害程度。

安全气囊一般由传感器（sensor）、电控单元（ECU）、气体发生器（inflator）、气囊（bag）、续流器（clockspring）等组成，通常气体发生器和气囊等做在一起构成气囊模块（airbagmodule）。传感器感受汽车碰撞强度，并将感受到的信号传送到控制器，控制器接收传感器的信号并进行处理，当它判断有必要打开气囊时，立即发出点火信号以触发气体发生器，气体发生器接收到点火信号后，迅速点火并产生大量气体给气囊充气。安全气囊系统组成部件如图 8-67 所示。

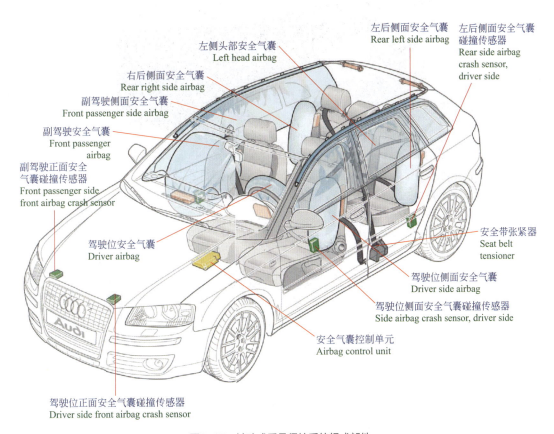

图8-67 被动式乘员保护系统组成部件

由于视图的原因，车辆右侧安装的碰撞传感器和安全带张紧器都无法看到，但它们的布置与车左侧的情况是相同的。

安全气囊是呈辐射状弹开的，且点火触发的时间是错开的，这样在发生交通事故时，作用到乘员身上的负荷也就减小了。根据碰撞的严重程度和种类的不同，两次点火触发的时间间隔约为 5～50ms。

8.10 行人安全系统

8.10.1 行人保护系统

最基本的行人保护技术，主要涉及车身吸能材料的应用，如吸能保险杠、软性的引擎盖材料、大灯及附件无锐角等。其中，在发动机舱盖端面上采用缓冲结构设计，则是国内汽车厂商较为常见的做法。

主动防护引擎盖系统利用引擎盖弹升技术，使发动机在汽车发生碰撞时瞬间鼓起，使人体不是碰撞在坚硬车壳上，而是碰撞在柔性与圆滑的表面上。在检测到撞人之后，车辆就会自动启动发动机盖弹升控制模块，车内配备的弹射装置便可瞬间将发动机罩提高，相当于人落下时在下面垫了气垫。发动机机罩升降器结构如图8-68所示。

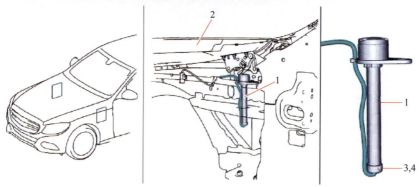

图8-68　发动机机罩升降器

1—发动机罩升降器；2—发动机罩；3—左侧保护性发动机罩触发器；4—右侧保护性发动机罩触发器

8.10.2 发动机声音模拟器

与传统燃油车辆相比，电动汽车在低速行驶时所产生的噪声是非常小的。一些国家要求要有外部声响，以便让人容易感觉到车辆，为此车辆需要安装下述部件：电机声响生成控制单元和电机声响生成执行器，如图8-69所示。

电机声响生成控制单元负责激活电机声响生成执行器。该控制单元连接在扩展CAN总线上，它会分析车速和负荷力矩等信息以便生成声响。

在电动汽车行驶中，执行器会产生声响，该声响在车速超过约30km/h时会减小。车辆在停住时以及车速超过约50km/h时，电机声响生成执行器不产生声响。这个声效类似于燃油车辆发动机运行时的声音。

图8-69 电动汽车引擎声音模拟器

8.10.3 喇叭

汽车喇叭的主要作用是发出声音，警示车辆和行人注意安全，增加行驶的安全。按声音动力分为气喇叭和电喇叭两种；按其外形分为筒形、螺旋形和盆形喇叭三种；按发声频率分高音喇叭和低音喇叭两种。

气喇叭的工作原理是利用压缩空气的气流使金属膜片振动而发出声音，因此必须在带有空气压缩机的汽车上使用。一般在大客车和重型货车上都装有气喇叭，特别是长途运输车在山区或弯道等地段行驶时，因为气喇叭音量大，余音好，声音悦耳且传播较远，用气喇叭鸣叫，能有效地提醒行人和对方来车驾驶员。气喇叭一般采用筒形，并使用高音与低音两个喇叭联合工作，如图8-70所示。

图8-70 气喇叭实物图

电喇叭的工作原理是利用电磁吸力使金属膜片振动而发出声音。它是汽车上广泛应用的一种喇叭，按结构形式分为筒形、螺旋形和盆形喇叭三种，一般多制成螺旋形或盆形，如图 8-71 所示。

螺旋形喇叭　　　　　　　盆形喇叭

图8-71　电喇叭实物

通常使用的电喇叭根据其工作方式可以分为机械式和电子式两种。其中电子喇叭又分为触点式和无触点式两种。触点式电喇叭利用触点的闭合与断开控制电磁线圈中励磁电流的通断，从而使铁芯（或衔铁）以一定频率上下移动，并带动金属膜片振动而产生声音。无触点电喇叭利用电子线路来控制电磁线圈中励磁电流的通断，使铁芯以一定频率移动，并带动金属膜片振动而产生声音。电喇叭内部结构如图 8-72 所示。

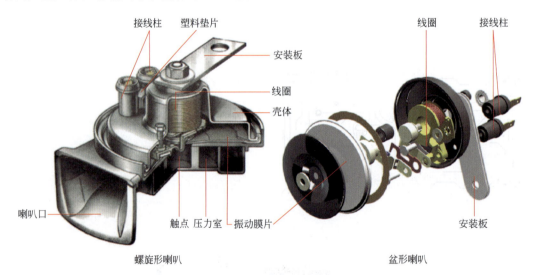

螺旋形喇叭　　　　　　　盆形喇叭

图8-72　电喇叭内部结构

第9章

车身控制与车载网络

9.1 车身控制系统

9.1.1 系统功能

车身控制模块（BCM）能够完成多种车身控制功能。与车身控制模块直接连接的部件由车身控制模块控制。车身控制模块基于如下信息以控制输出：从与车身控制模块直接连接的传感器和开关获得的输入信息；从与2级串行数据连接的其他车辆系统借用的信息。车身控制系统信号输入输出与关系如图9-1所示。

9.1.2 系统原理

BCM 包括低功率模式的微处理器、电可擦除只读存储器（EEPROM）、CAN、LIN 收发机和电源。BCM 具有离散的输入和输出端子，控制车身大部分功能。它通过高速 CAN 总线与其他主要电气系统交互作用，通过 LIN 总线与次要的电气系统交互作用，连接关系如图 9-2 所示。BCM 的电源模式主控模块（PMM）功能是为大部分车辆电器部件供电。

通过车身高速 CAN 总线，BCM 与以下部件直接通信：
- MSM（座椅记忆模块）（如有）；
- PLCM（电动尾门控制模块）（如有）；

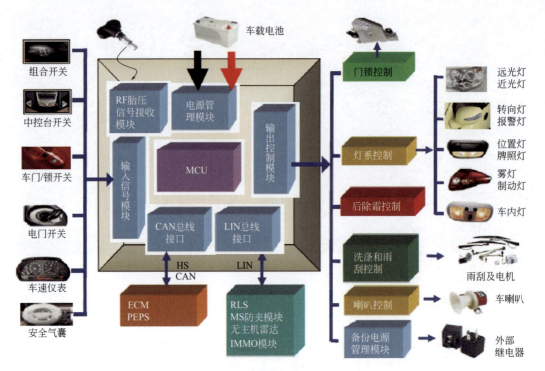

图9-1 车身控制系统框图

- AC（空调系统）；
- PEPS（无钥匙进入和启动控制模块）；
- GATEWAY（网关）。

使用LIN总线，车身控制模块与以下部件直接通信：

- RLS（雨量和大灯灯光自控传感器）（如有）；
- SR（天窗）（如有）；
- SS（遮阳帘）（如有）；
- PDC（驻车距离控制模块）；
- IMMO（备用线圈）；
- PEPS（无钥匙进入和启动控制模块）；
- DDSP（驾驶员侧组合开关）；
- PWL（电动车窗）。

在点火开关打开后，BCM唤醒安全系统、照明系统和诊断系统。点火开关位于ACC位置时，BCM允许洗涤器/雨刮器和电动车窗系统运行。当点火开关位于ON位置时，燃油系统开始工作，同时BCM通过CAN、LIN总线与其他ECU进行联络和信息传递。

在点火开关关闭，CAN和LIN总线停用状态下，如果蓄电池仍连接，BCM将一直保持睡眠待命状态，随时准备接收CAN和LIN总线信号。

BCM监控所有信息的输入和输出，如果检测到故障，相应的故障代码将存储在故障记录中。BCM能检测到短路和开路，以及错误的CAN和LIN总线信号。检测到故障后，BCM将关闭相应功能。在故障消除后，相应功能将在下次功能请求时被激活。

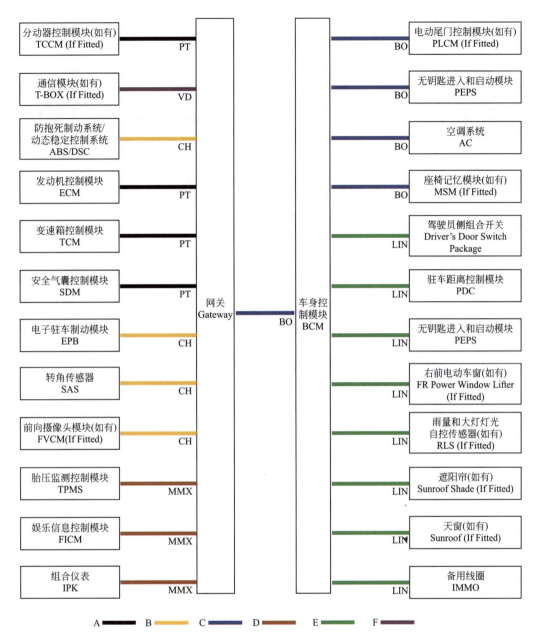

图9-2 车身控制器与车载网络连接

A—动力高速CAN线；B—底盘高速CAN线；C—车身高速CAN线；D—多媒体高速CAN线；E—LIN线；F—诊断高速CAN线

9.2 车载网络总线

9.2.1 车载网络概述

汽车技术领域电子技术正在飞速发展，汽车电气日趋复杂，高度集成的多功能，使汽车工程师们必须寻求更快速有效的信息传输方式。

总线技术及车载网络的出现，使汽车更多更强的功能成为现实。为了既能保证各种汽车电子设备通信顺畅，又能节省空间，应将各个独立的电子设备连接成网络。为了保证信号传递的准确性和可靠性，应将原来的模拟信号转为数字信号，如图9-3所示。

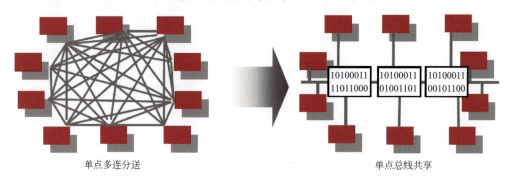

图9-3　车载网络进化

9.2.2　CAN总线

CAN为Controller Area Network的缩写，意为控制器局域网络；CAN线系统是双线系统，双线同时工作，可靠性很高；最大稳定传输速率可达1000kbit/s（1Mbit/s）。CAN总线特征如图9-4所示，系统构件如图9-5所示。

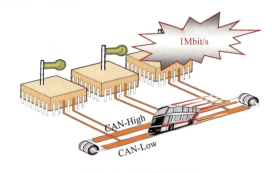

图9-4　CAN总线特征

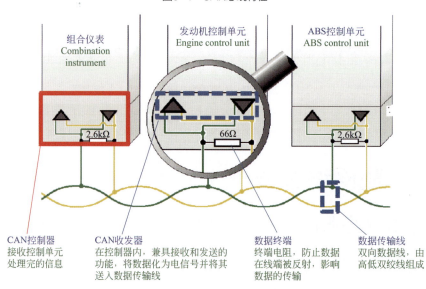

图9-5　CAN总线系统构件

9.2.3　LIN总线

LIN 为 Local Interconnect Network 的缩写，意为局部互联网络，"局部互联"指的是所有控制单元被安装在一个有限的结构空间（例如车顶）内。LIN 也被称为"局部子系统"。

一辆汽车中各个 LIN 总线系统之间的数据交换是通过 CAN 数据总线进行的，而且每一次只交换一个控制单元的数据。LIN 总线系统是一根单线总线，应用示例如图 9-6 所示。导线有基本颜色（紫色）和识别颜色，导线截面积为 $0.35mm^2$，不需要进行屏蔽。系统允许一个 LIN 主控制单元和最多 16 个 LIN 从属控制单元之间进行数据交换。LIN 总线的数据传送速率是 1～20kbit/s。

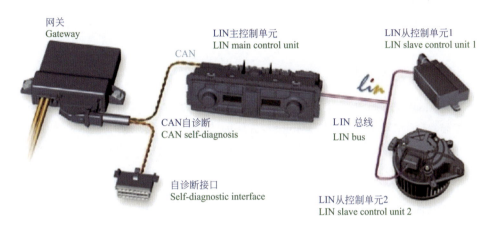

图9-6　LIN车载应用示例

9.2.4　FlexRay总线

FlexRay 联合组织是一个跨厂商的研发组织，于 2000 年成立，之后成员不断增加，其中就有宝马、通用、克莱斯勒、大众等汽车厂商。

Flex = 灵活，Ray = 鳐鱼（图 9-7 为 FlexRay 联合组织的标志）。使用 FlexRay 的目的是满足未来车内联网的更高要求，尤其是提高数据传输率、实现实时功能和确保故障安全性。其扩展了车辆动态调节、车距控制系统 ACC 及图像处理等功能的使用范畴。

以奥迪 Q7 上的 FlexRay 为例，该系统具有如下特点：电子双线式总线系统，数据传输速率最高达 10Mbit/s；数据传输带有 3 种信号状态，即"空闲""数据 0""数据 1"，"活跃"星形的拓扑结构，实时功能，实现了分部式调节并可在安全相关的系统中使用。

FlexRay 的两条导线命名为总线正线和总线负线。两条导线的电平在最低 1.5V 和最高 3.5V 之间变化。FlexRay 工作时存在 3 种信号状态：

- "空闲"—两条总线导线的电平为 2.5V；
- "数据 0"—总线正线的电平较低而总线负线的电平较高；
- "数据 1"—总线正线的电平较高而总线负线的电平较低。

传输时长取决于导线长度和总线驱动上的过渡时长。信号进行分化传输，所以需要 2 条导线。在接收器中，通过 2 个信号的差异测定原先的比特状态。典型的值包括 1.8V 到 2.0V 之间的电压差，如图 9-8 所示。在发送器上，必定至少存在 1200mV 的电压差，在接收器上，必定至少还存在 800mV 的电压差。如果在 640～2660ms 内，总线上没有活动，FlexRay 会自动进入睡眠模式（空闲）。

图9-7　FlexRay组织标志

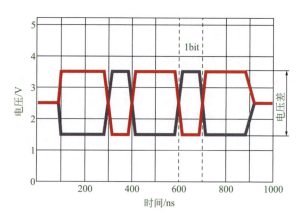

图9-8　FlexRay传输信号特征

9.2.5　MOST总线

MOST为Media Oriented System Transport的缩写，意为媒体定向系统传输。MOST总线采用光信号传输数据，传输速率可达25Mbit/s，为环形结构。信息娱乐系统（如TV、DVD）为保证声音和画质的需求，对传输速率要求高，采用MOST总线通信。MOST通信优点是导线少、重量轻、抗干扰且传输速度非常快。

每个MOST控制单元都可以将数据发送到MOST总线上。只有中央网关模块能够实现MOST总线与其他总线系统之间的数据交换。MOST总线通过不同通道传输数据。由于应用目的不同，因此数据被发送到数据流（通道）内的不同时间窗上。数据传输通道结构如图9-9所示。

图9-9　数据传输通道

1—同步通道；2—异步通道；3—控制通道

控制信号通过控制通道发送，例如顶级高保真音响放大器音量调节信号和诊断数据。同步通道主要用于传送音频数据。异步通道传输导航系统的图像数据，例如地图视图和方向箭头。对MOST总线内的控制单元进行编程时使用控制通道和异步通道，并针对MOST直接存取接口进行相应适配。

9.3　车载通信网络

9.3.1　GPS导航系统

导航系统通过卫星定位系统（全球卫星定位系统GPS）的数据计算车辆当前位置，如图9-10

所示。GPS 系统是一种可以准确确定位置、速度和时间的美国军用系统，同样也可民用。GPS 系统由 24 颗 NAVSTAR GPS 卫星构成，这些卫星在 20200km 的高空分布在六个轨道面上，每隔 12h 绕地球一周。

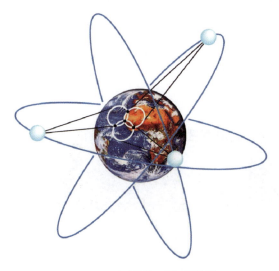

图9-10　同时接收三颗卫星信号

全球卫星定位系统借助接收地点至多个卫星的距离确定位置。一颗卫星不足以确定位置，接收装置可能处在以卫星为中心、以已知距离为半径的一个球面上的任何一点。如果已知接收装置位于地球表面上，则会减小其在圆周上的位置。当接收到两个卫星的信号时，会在两个圆的交点处获得两个位置。只有使用三颗或多颗卫星时才能得到一个交点，因此能够准确确定位置，如图 9-11 所示。而卫星以大约 3.9km/s 的速度移动，这会造成球中心点的位置快速变换，因此不能直接测量至卫星的距离。

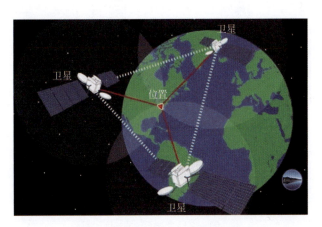

图9-11　通过三颗卫星信号计算位置

GPS 解决该距离测量问题的方式是，所接收的信号带有发送时间，即信号发送时的 GPS 系统时间。接收装置获得 GPS 系统时间后，就可以通过发送时间和接收时间的时间差来确定运行时间。通常情况下接收装置无法识别在 GPS 系统时间内的接收时间。为此需要第四颗 GPS 卫星的信号。

每颗卫星中都装有一个高精度原子钟。通过地球上的五个主控站可使各卫星的原子钟同步。

GPS 导航仪的运行不仅有 GPS 系统，还需要有一个汽车导航系统。它只能够接收 GPS 卫星发送的数据，计算出用户的三维位置、方向以及运动速度和时间方面的信息，没有路径计算能力。用户手中的 GPS 接收设备要想实现路线导航功能，还需要一套完善的包含硬件设备、电子地图、导航软件在内的汽车导航系统。一部完整的 GPS 汽车导航仪由芯片、天线、处理器、内存、显示屏、扬声器、按键、扩展功能插槽、地图导航软件等 9 个主要部分组成，如图 9-12 所示。

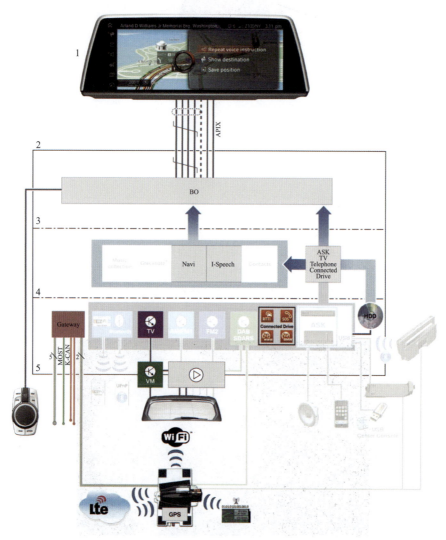

图9-12　导航系统方框图

1—中央信息显示屏CID；2—Headunit High 2；3—操作界面；4—应用程序/软件；5—接口/调谐器/硬件连接

提供出行路线规划是汽车导航系统的重要功能，包括自动线路规划和人工线路设计。自动线路规划由驾驶员确定起点和目的地，由计算机软件自动设计最佳行驶路线，包括最快的路线、最简单的路线、通过高速公路线路最少的路线。人工线路设计是由驾驶员根据自己的目的地设计起点、终点和途经点等,自动建立路线库。线路规划完毕后,显示器能够在电子地图上显示设计路线,并同时显示汽车运行路径和运行方法。

9.3.2 移动通信

在带有集成式 SIM 卡和应急运行特性的车辆上,TCB 一直充当车载网络失灵时(通过独立电池应急供电)的调制解调器。无论是 BMW 远程售后服务还是 ConnectedDrive 服务(ASSIST、ONLINE、远程和互联网),均使用该调制解调器以及所连接的鳍形天线内的远程通信系统天线。紧急呼叫 GSM 天线是一个独立部件,通过硬线与 TCB 连接,还有一个话筒和紧急呼叫扬声器也是如此。

新款宝马 7 系通过两根集成式远程通信系统天线(TEL1 和 TEL2)确保出色的 LTE 数据接收质量。现在集成式紧急呼叫天线(备用)同时也用作车内 WLAN 热点的"集线器"。车载网络连接如图 9-13 所示。

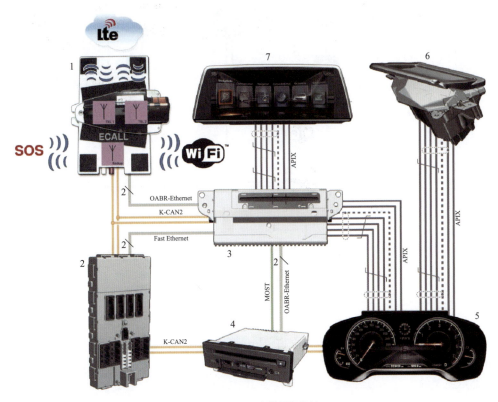

图9-13 TCB2车载网络连接

1—TCB2(包括紧急呼叫天线)与鳍形天线[带有电话(TEL1)以及用于紧急呼叫功能、远程控制、BMW远程售后服务和ConnectedDrive服务的远程通信系统天线(TEL2)]组合;2—车身域控制器;3—Headunit High 2;4—后座区娱乐系统RSE控制单元;5—组合仪表KOMBI;6—平视显示屏HUD;7—中央信息显示屏CID

带 TCB2 的 Headunit 系统方框图如图 9-14 所示。

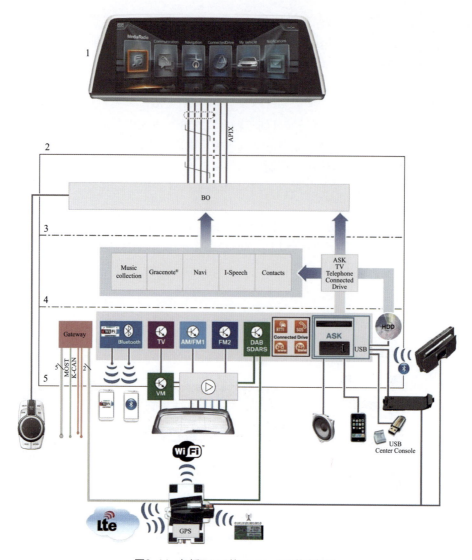

图9-14 包括TCB2的Headunit系统方框图

1—中央信息显示屏CID；2—Headunit High 2；3—操作界面；4—应用程序/软件；5—接口/硬件连接

9.3.3 蓝牙与无线通信

Bluetooth™（图9-15）是瑞典的爱立信（Ericsson）公司开发的支持设备短距离通信（一般是10m之内）的无线电技术（蓝牙技术）。使用2.45GHz的波段来进行通信，该波段在全世界范围内都是免费的。

图9-15 蓝牙技术标志

蓝牙模块的网络应用：蓝牙车载电话，AMI 接口蓝牙适配器，VAS 5052A 蓝牙连接口，如图 9-16 所示。

图9-16　蓝牙通信网络应用

9.4　车联网

9.4.1　车联网硬件

车联网系统包含四部分：主机、汽车 T-BOX、手机 APP 及后台系统。主机主要用于影音娱乐，以及车辆信息显示；汽车 T-BOX 主要用于和后台系统/手机 APP 互联通信，实现后台系统/手机 APP 的车辆信息显示与控制。车联网系统组成如图 9-17 所示。

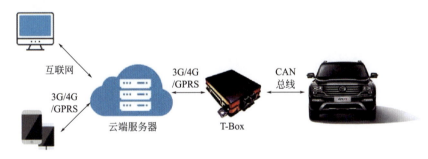

图9-17　车联网系统组成示意图

汽车 T-BOX 与主机通过 CAN BUS 总线通信，实现指令与信息的传递，从而获取包括车辆状态、按键状态等信息以及传递控制指令等；通过音频连接，实现双方共用麦克风与喇叭输出。与手机 APP 通过后台系统以数据链路的形式进行间接通信（双向）。T-BOX 与后台系统通信还包括语音和短信两种形式，使用短信形式主要实现一键导航及远程控制功能。

9.4.2　远程控制功能

最普遍的远程控制方式就是通过手机 APP（界面见图 9-18）向车辆下发指令。远程控制的实现是基于车联网平台的,用户可以通过手机 APP 下发远程控制的指令,身份验证成功后,车联网后台发送指令给车辆的 T-BOX(智能车载终端)。如果此时 T-BOX 处于休眠状态,车联网后台会下发短信,唤醒 T-BOX,进行后续操作;如果 T-BOX 处于工作状态,则无需唤醒,直接接收远程控制的指令,并将信号传递给车辆的执行机构——各 ECU 模块,ECU 执行后,会将执行结果反馈给 T-BOX,再通过车联网后台发送到 APP,形成闭环,实现整个远程控制交互流程。

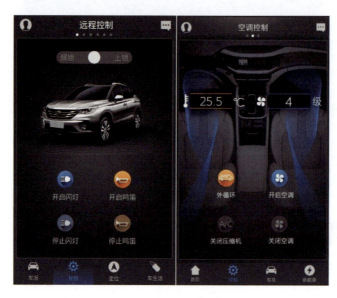

图9-18　车辆远程控制功能

第10章

自动驾驶及辅助系统

10.1 自动驾驶概述

10.1.1 自动驾驶技术等级

美国汽车工程师协会将自动驾驶技术进行了分级,如表10-1所示,这是目前国际公认的术语界定。

表10-1 驾驶分级

自动驾驶分级		称呼（SAE）	SAE定义	主体			系统作用域
NHTSA	SAE			驾驶操作	周边监控	支援	
0	0	无自动化	由人类驾驶者全权操作汽车，在行驶过程中可以得到警告和保护系统的辅助	人类驾驶者	人类驾驶者	人类驾驶者	无
1	1	驾驶支援	通过驾驶环境对方向盘和加减速中的一项操作提供驾驶支援，其他的驾驶动作都由人类驾驶员进行操作	人类驾驶者系统			部分
2	2	部分自动化	通过驾驶环境对方向盘和加减速中的多项操作提供驾驶支援，其他的驾驶动作都由人类驾驶员进行操作	系统			

续表

自动驾驶分级		称呼（SAE）	SAE定义	主体			系统作用域
NHTSA	SAE			驾驶操作	周边监控	支援	
3	3	有条件自动化	由无人驾驶系统完成所有的驾驶操作。根据系统请求，人类驾驶者提供适当的应答	系统	系统	人类驾驶者	部分
4	4	高度自动化	由无人驾驶系统完成所有的驾驶操作。根据系统请求，人类驾驶者不一定需要对所有的系统请求作出应答，限定道路和环境条件等	系统	系统	系统	
	5	完全自动化	由无人驾驶系统完成所有的驾驶操作。人类驾驶者在可能的情况下接管。在所有的道路和环境条件下驾驶				全域

L0 属于传统驾驶，L1 和 L2 属于驾驶辅助，L3～L5 属于自动驾驶，L5 的自动驾驶技术等级也称为"无人驾驶"。因此，按照自动驾驶技术等级划分，驾驶辅助＜自动驾驶＜无人驾驶。

10.1.2 自动驾驶核心技术

自动驾驶汽车依靠人工智能、视觉计算、雷达、监控装置和全球定位系统协同合作，是一个集环境感知、规划决策、多等级辅助驾驶等功能于一体的综合系统，它集中运用了计算机、现代传感、信息融合、通信、人工智能及自动控制等技术，是典型的高新技术综合体。

车辆实现自动驾驶，必须经由三大环节。首先是感知、获取交通状况及行驶环境信息。也就是让车辆获取数据信息，不同的系统需要由不同类型的车用感测器，包含毫米波雷达、超声波雷达、红外雷达、激光雷达、CCD/CMOS 影像感测器及轮速感测器等来收集整车的工作状态及其参数变化情形。其次是处理所收集的数据和信息。也就是"大脑"将感测器所收集到的资讯进行分析处理，然后再向控制的装置输出控制信号。最后是根据分析判断执行具体操作。依据 ECU 输出的信号，让汽车完成动作执行。

自动驾驶汽车的软硬件架构如图 10-1 所示，主要分为认知层、决策规划层、控制层和执行层。

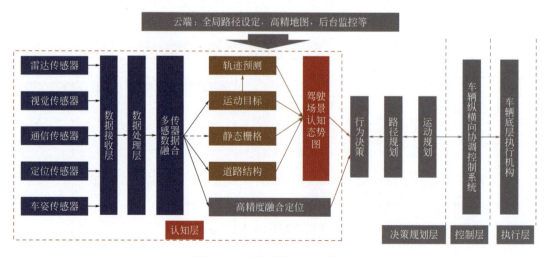

图10-1　自动驾驶软件与硬件构架

10.2 驻车辅助系统

10.2.1 倒车雷达

倒车雷达（Parking Distance Control，PDC）全称叫"倒车防撞雷达"，也叫"泊车辅助装置"，是汽车泊车或者倒车时的安全辅助装置，由超声波传感器（俗称探头）、控制器和显示器（或蜂鸣器）等部分组成，如图10-2所示。

图10-2 倒车雷达组成

10.2.2 倒车影像

倒车影像又称泊车辅助系统，或称倒车可视系统、车载监控系统等，英文名称：Vehicle Backup Camera。该系统广泛应用于各类大、中、小车辆倒车或行车安全辅助领域。一般普通单路输出的倒车影像仅需要把电源连接线正极接到汽车倒车灯正极，电源连接线负极接到倒车灯负极或者接地（GND）亦可。车辆挂上倒挡后，车尾实物景象即可通过摄像头传输到中控台显示屏，方便驾驶员判断，如图10-3所示。

图10-3 倒车影像

10.2.3 全景影像

360°全景可视系统弥补了只能通过雷达或者单一的后视摄像头提供影像。全景可视系统可以有四路视频输出,即前、后、左、右。将摄像头安装在车前,车尾以及后视镜的下面。其由遥控控制,能自动切换画面,视频可以由四个视频组成也可以由单一视频组成,增加汽车的防盗监控与行车安全。

360°环视系统包括:全景系统,俯视系统,倒车摄像机。部件安装位置如图10-4所示。

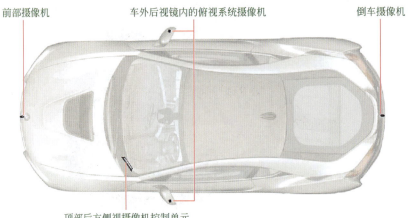

图10-4 宝马i8环视系统组件安装位置

摄像机通过以太网与控制单元相连。控制单元通过一根 FBAS 导线将视频信号传输至多媒体影音单元。多媒体影音单元通过一根 APIX 导线将视频信号传输至中央显示屏。全景影像系统显示画面如图10-5所示。

图10-5 全景影像系统显示画面

10.2.4 自动泊车

自动泊车系统就是不用人工干预,自动停车入位的系统。系统包括一个环境数据采集系统、一个中央处理器和一个车辆策略控制系统。上述的环境数据采集系统一般包括图像采集系统和车载距离探测系统(超声波雷达或者毫米波雷达系统)。遍布车辆周围的雷达探头测量自身与周围物体之间的距离和角度,然后通过车载电脑计算出操作流程配合车速调整方向盘的转动,驾驶者只需要控制车速即可。

以宝马7系车型为例，自动泊车系统部件组成如图10-6所示。

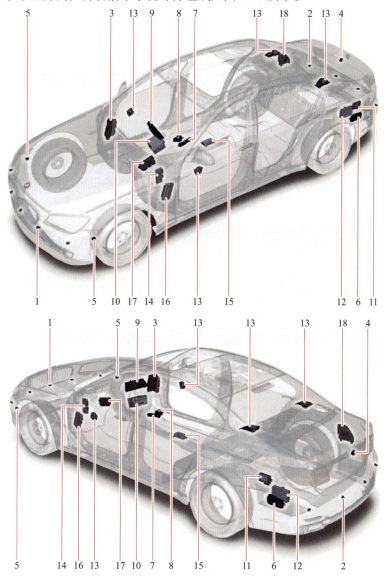

图10-6　PDC倒车摄像机侧视系统

1—驻车距离控制系统PDC前保险杠内的五个超声波传感器；2—驻车距离控制系统PDC后保险杠内的四个超声波传感器；3—带有集成式PDC控制单元的接线盒电子装置；4—倒车摄像机；5—左侧/右侧侧视系统摄像机；6—TRSVC控制单元；7—PDC/倒车摄像机接通/关闭按钮和侧视系统接通/关闭按钮；8—控制器PDC/倒车摄像机接通/关闭按钮和侧视系统接通/关闭按钮的控制单元；9—中央信息显示屏CID PDC/倒车摄像机/侧视系统显示屏；10—车辆信息计算机CIC（进行数据处理用于在CID内显示）；11—视频开关VSW；12—音响放大器（高保真）PDC声音距离警告；13—左前/右前、左后/右后扬声器PDC声音距离警告；14—中央网关模块ZGM；15—集成式底盘管理系统ICM车速信号；16—脚部空间模块FRM；17—便捷登车及启动系统CAS

10.3　巡航与制动辅助系统

10.3.1　自适应巡航系统

ACC系统是在定速巡航装置的基础上不断发展而来的。如果"前面没车"，那么可以使用司机设定的期望车速来行车，这与定速巡航功能相当，如图 10-7 所示。如果前车很慢而导致本车不可能用期望车速来行驶，那么 ACC 可以使得两车保持司机设定的期望车距，如图 10-8 所示。随后，在需要时车辆会自动降低输出功率、换挡（指自动变速器车）和/或制动干预以降低车速。在某些行驶状况时，还会要求司机主动进行制动，这个警报信息会以声音和视觉方式显示出来。

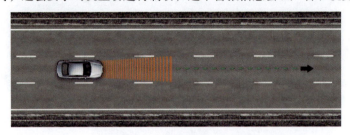

图10-7　"前面没车"：使用司机设定的期望车速来行车

图10-8　前面车辆的车速比本车的期望车速低：实现期望车距

雷达技术被用来实现 ACC 基本功能。雷达是一种给物体定位的电子手段。发射出去的雷达波束碰到物体表面后会被反射回来。从发射信号到接收反射信号所需要的时间取决于物体之间的距离。将再次接收到的反射波束与发射波束进行对比并分析。发射器/接收器与物体之间距离同信号传递时间的关系如图 10-9 所示：示例 B 中的距离是示例 A 中的 2 倍，那么示例 B 中反射信号到达接收器所需时间就是示例 A 中的 2 倍。

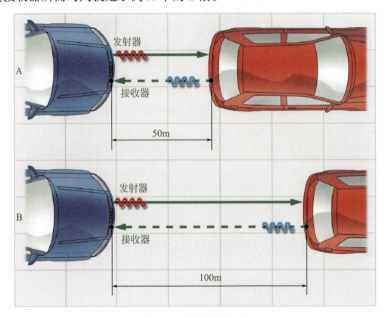

图10-9　雷达测距原理

具有停车和起步功能的主动定速巡航控制系统功能示意如图 10-10 所示。

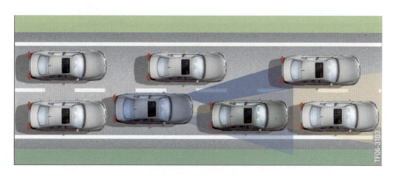

图10-10　堵车情况

具有停车和起步功能的 ACC 将以前 ACC 系统的有效范围扩展到低速行驶直至停车，因此在该车速范围内也会自动对车距和车速进行调节。

具有停车和起步功能的 ACC 根据需要自动停车，当它识别到可以重新起步时就会向驾驶员发出一条提示信息，驾驶员必须对提示信息进行确认才能重新起步。只有在停车时间很短的情况下，才会通过具有停车和起步功能的 ACC 自动完成起步过程。

10.3.2　紧急制动系统

前向紧急制动（FEB）是一个使用前视摄像头单元信息的干涉系统，如图 10-11 所示。如果 FEB 系统判断有必要施加制动以避免碰撞，系统切断油门并以一个可以安全停车的速度施加制动。

FEB 系统使用来自前视摄像头单元的距离信息，以判断如果不立即执行制动是否会发生碰撞。

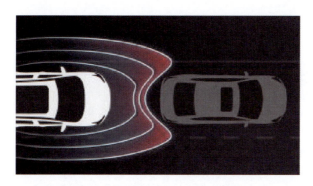

图10-11　FEB以10～80km/h的速度工作

系统使用前视摄像头单元衡量与前方行驶车道内的车辆距离：如果有碰撞发生的危险，ADAS 控制模块通过 CAN 通信发出视觉警告信号和蜂鸣警告信号到组合仪表；如果驾驶员不施加制动，ADAS 控制模块发送一个紧急制动请求到 ABS 控制单元；ABS 执行器施加制动力到制动器，并将尽快缓慢地停车；ADAS 控制单元将制动保持继电器驱动信号发送至制动保持继电器，并点亮制动灯；如果 FEB 系统使车辆完全停止，车辆将保持停止约 2s，直到松开制动器。FEB 系统工作原理如图 10-12 所示。

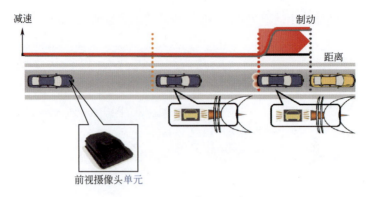

图10-12　FEB系统原理示意图

满足下列条件时，ADAS控制单元执行控制，控制过程如图10-13所示：
- FEB系统设置为ON；
- 车速在10～80km/h；
- 可能与前方车辆发生碰撞。

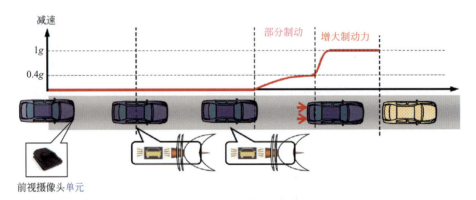

图10-13　FEB系统制动过程

10.3.3　交通拥堵辅助系统

　　交通拥堵辅助（Traffic Jam Assistant，TJA）系统，是ACC功能的拓展版，可以跟ACC一样走走停停，但增加了轻微转向调整的功能。车距传感器和前视摄像头将前方车辆流量、道路边界、车道宽度、前车车距、自车的转向角等信息反馈给车距控制单元。车距控制单元根据内部算法，规划汽车什么时候该加速、减速直至刹车。发动机控制单元根据规划的策略，对车辆实施加、减速、刹车灯控制指令；转向控制单元根据规划的策略，对车辆实施转向微调等控制指令；车载电控单元根据规划的策略，对车辆实施报警信号提示或解除等信号指令。

　　触发TJA功能后，系统接管车辆的控制，但是驾驶员的双手必须放方向盘上，准备随时接管车辆的控制。这时候车辆控制系统可以控制汽车的转向和油门等活动，根据策略，保持跟车车距，并时刻监测是否有加塞的车辆插入，做车辆转向微调和跟车动作。同时，传感器也会监测驾驶员随时接管汽车控制系统的就绪状态，如果驾驶员始终没有任何反应，系统会以−2m/s²的加速度逐渐平稳减速，直至触发ESC停车，同时闪烁警告灯。

　　交通拥堵辅助系统功能由ACC自适应巡航、预碰撞安全系统（Front assist）和车道保持系统共同实现，应用场景如图10-14所示。这套系统利用前方雷达及前挡风玻璃上的内藏式摄像头，在车速低于60km/h时保持对前车行驶情况的监测。在拥堵路况可以实现自动跟车及制动，并在车辆偏离车道时纠正行驶轨迹，辅助驾驶员控制车辆。同时通过对发动机控制系统、制动系统及转向系统的主动控制实现对前方车辆的自动跟随。

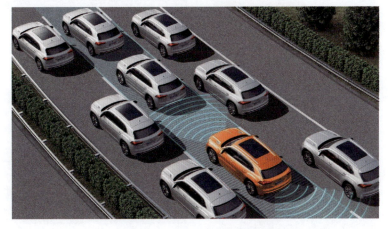

图10-14　交通拥堵系统应用场景

10.4　车道辅助系统

10.4.1　车道保持辅助

车道保持辅助系统具有以下功能：如果道路上有车道标线，或者车道与车道标线之间存在足够明显的对比，则可识别道路走向；为驾驶员提供关于车道保持辅助系统工作状态的视觉信息，实施修正性或者辅助性的转向干预；如果车道保持辅助系统的转向干预不足以修正转向，则会通过振动方向盘警告驾驶员；如果驾驶员松开方向盘超过设定的时间，则会向驾驶员发出一个视觉和声音警告（方向盘离手识别）；当驾驶员有意变道，例如超车时，系统功能将受限。

车道保持辅助系统借助前部摄像头进行车道识别，通过修正转向干预，帮助车辆在各种行车状况下保持在车道内，可用于双车道线和单车道线。车速大于65km/h时激活处于主动模式。

开启条件：
- 通过信息娱乐系统 CAR 菜单—设置—驾驶员辅助系统开启或关闭；
- 通过仪表中的驾驶员辅助系统菜单开启和关闭，见图 10-15。

图10-15　车道保持系统开启状态

根据所识别到的车道走向,车道保持辅助系统会从其内部设定的功能限制和驾驶安全角度出发,计算一条虚拟车道。虚拟车道计算过程如图 10-16 所示。

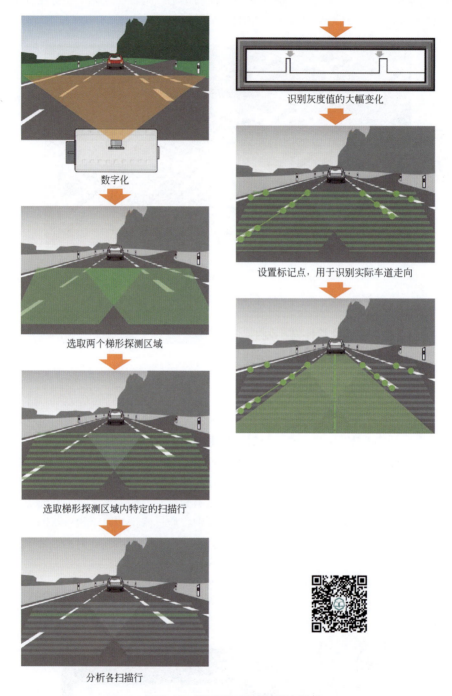

图10-16　根据标记点计算虚拟车道

借助所得出的虚拟车道,车道保持辅助系统计算车辆相对虚拟车道的侧向定位。如果车辆正在接近虚拟车道边缘线或者越过这条虚拟车道,那么车道保持辅助系统便会实施转向干预。

10.4.2　车道变更辅助

在变换行车道所导致的交通事故中,有很多是由在换道过程中未看清车辆引起的。

通过对相邻车道,尤其是汽车后方区域的持续监控,换道辅助系统为驾驶员在超车和换道过程中提供支持,从而为提高车辆的主动安全性作出了贡献。当相邻车道被一个或多个道路使用者占用时,驾驶员会得到提醒。

换车道警告系统可识别出本车换车道时可能存在危险的交通情况,随后分两个等级提醒和警告驾驶员。这种交通情况例如远处车辆快速从后方驶近本车,这些车辆随即进入如图10-17所示的"换车道区域"。驾驶员自己很难对这些情况作出判断,特别是在光线阴暗的情况下。雷达传感器工作时完全不依赖于光线强度。因此换车道警告系统可为驾驶员提供有效支持。

其他车辆进入死角区域时也会存在危险,只有非常谨慎小心的驾驶员才会发现这些车辆。如果驾驶员疏忽大意,可能就会忽视此处的车辆。换车道警告系统的雷达传感器可在直至本车中间区域范围内识别出相邻车道上的其他车辆。在此换车道警告系统还能为驾驶员提供一项非常有益的帮助。

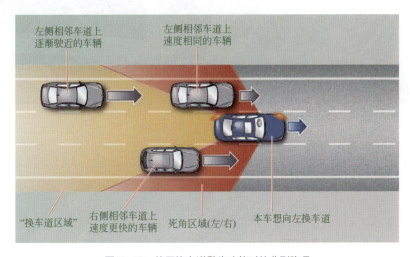

图10-17　使用换车道警告功能时的典型路况

只要系统已接通且处于准备工作状态,就会在出现危险换车道情况时通过第一等级"提醒"驾驶员注意。信息通过控制车外后视镜内的警告灯发出。

如果在这种情况下驾驶员想要换车道且通过操作转向信号灯作出指示,就会触发第二个较严重的"警告"等级。相应警告灯随即以高亮度闪烁且方向盘开始振动,以此提醒驾驶员注意必须使用哪些操作元件,以消除危险情况:驾驶员必须停止换道操作并在必要时返回初始车道。

10.5　视觉辅助系统

10.5.1　夜视辅助系统

夜视辅助系统可以帮助司机在黑暗中及时识别出车辆前部区域的行人,使得司机能及时避免危险情况,热敏红外摄像头采集图像将车辆前部的热敏图像显示在组合仪表显示屏上。如果将某物识别为人,那么图像还会加上颜色,如图 10-18 所示,系统不仅能够探测生物,还能探测车道和建筑物轮廓。

10.5.2 抬头显示系统

HUD 为 Headup Display 的缩写,意为抬头显示,抬头显示系统也称作平视显示系统,是指将各种车辆系统的信息投影显示到驾驶员视野中的光学系统。如果想了解这些参数,驾驶员不必明显地改变头部位置,只需在端坐的同时将目光投向道路即可,应用场景如图 10-19 所示。

图10-18　夜视辅助系统识别的人体

图10-19　HUD系统应用场景

HUD 相当于一部投影装置。需要使用一个光源来投射 HUD 信息,可利用 LED 灯组作为光源。通过 TFT 投影显示屏产生图像内容,TFT 投影显示屏相当于一个滤波器,允许光线通过或阻止光线通过。

由一个图像光学元件确定 HUD 显示图像的形状、距离和尺寸。图像看起来就好像自由飘浮在道路上一样,挡风玻璃的作用相当于反光镜。信息投射原理如图 10-20 所示。

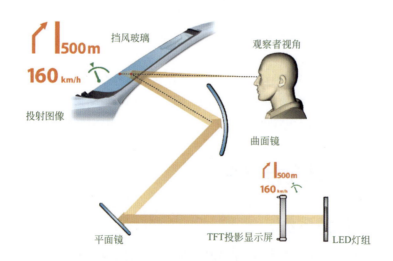

图10-20　平视显示屏的工作原理

HUD 投射图像内容距离观察者的眼睛大约 2.2m，如图 10-21 所示。

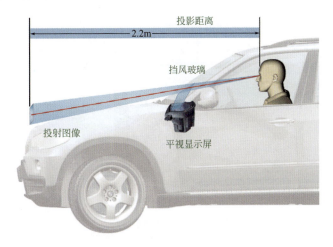

图10-21　投影距离

10.6　安全警示系统

10.6.1　安全警示系统

汽车防撞预警系统主要用于协助驾驶员避免高速、低速追尾，高速中无意识偏离车道，与行人碰撞等重大交通事故。像第三只眼一样帮助驾驶员，持续不断地检测车辆前方道路状况，系统可以识别判断各种潜在的危险情况，并通过不同的声音和视觉提醒，以帮助驾驶员避免或减缓碰撞事故。

汽车防撞预警系统是基于智能视频分析处理的，如图 10-22 所示为交叉行驶防撞警告系统，主要功能为：车距监测及追尾预警、前方碰撞预警、车道偏离预警、导航、黑匣子功能。国内外现有的汽车防撞预警系统一般有超声波防撞预警系统、雷达防撞预警系统、激光防撞预警系统、红外线防撞预警系统等。

图10-22　交叉行驶防撞警告系统示例：驶出停车位过程

10.6.2 盲区监测警示

如果其他车辆从后部接近并进入到可探测距离内,换道辅助系统"Side Assist"将向驾驶员发出警告,通过这种方式在超车或更换车道过程中,为驾驶员提供帮助,见图10-23。因此可以避免在高速公路和类似高速公路的道路上换道时发生事故。

图10-23 车道切换辅助系统

功能开启方式:
- 通过信息娱乐系统 CAR 菜单—设置—驾驶员辅助系统开启或关闭;
- 通过仪表中的驾驶员辅助系统菜单开启和关闭。

技术数据:
- 雷达传感器监控车辆后面左右最大 70m 的范围,见图10-24;
- 变道辅助系统在车速达到大约 10km/h 时就会激活;
- 雷达传感器探测角度约 110°。

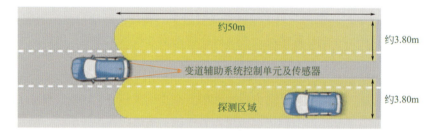

图10-24 有效控制范围

10.6.3 开门警示系统

打开驾驶员车门时,开门警示辅助系统发出警告的车内情景如图 10-25 所示。

10.6.4 疲劳驾驶监测警示

疲劳驾驶监测通过对转向行为进行分析完成。如果系统识别到驾驶员有疲劳倾向,将发出声音警告,或在组合仪表的多功能显示屏上显示要求驾驶员休息的信息,如图 10-26 所示。

图10-25 开门警示系统示例

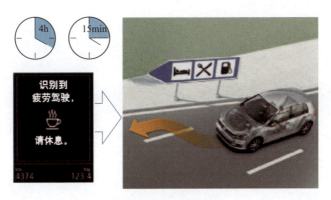

图10-26 疲劳驾驶提醒

10.6.5 限速提醒与交通标志识别

基于摄像头的交通标志识别系统不仅使用驾驶员辅助系统前部摄像头识别,而且还使用导航系统中针对该交通标志的信息,作为预估路段数据传输导航数据,并告知有关前面路段的信息。摄像头识别到的交通标志有更高的优先级,当前部摄像头无法识别到交通标志时,就会关闭该系统。

自适应巡航控制系统(ACC)会接受交通标志识别系统识别到的限速,并用于自身的速度控制。

识别到的交通标志有三种不同的显示方法:在组合仪表上全屏显示,如图10-27所示;在组合仪表上扩展显示;显示在选装的平视显示器上。采用全屏显示时,可以同时显示识别到的三个交通标志。最多可以显示三个限速标志或两个限速标志和一个禁止超车标志。限速标志可能有不同的附加指示牌。

扩展显示只能显示交通标志,如图10-28所示。此时每次指的是一个限速标志,可能还有一个附加指示牌。在考虑到当前形势的情况下,优先显示全屏显示中的限速标志。当前形势可以是时间、识别到挂车、车窗玻璃雨刮器的打开状态或前雾灯和后雾灯的打开状态。

图10-27 全屏显示(奥迪Q7)

图10-28 扩展显示(奥迪Q7)

交通标志识别系统可以在超过显示的限速时警告驾驶员。警告可以是纯视觉警告,即显示的交通标志开始闪烁不停,闪烁频率为1Hz。如果交通标志下方还有附加指示牌的话,那么在发出警告时保持不动,且不闪烁。

第 11 章

汽车车身与饰件

　　汽车车身部件主要有车身本体（白车身）、发动机盖、后备厢盖、保险杠支架、翼子板、前后门、顶盖、顶梁、围板、侧围板等。按结构形式分，有单厢（面包车）、两厢（SUV、MPV及两厢轿车）和三厢（轿车）等类型。按造型分，有厢型、船型、鱼型、楔形、流线型等类型。按是否带车架区分可分为非承载式车身与承载式车身。

　　非承载式车身的汽车有刚性车架，又称底盘大梁架。车身本体悬置于车架上，用弹性元件连接，如图 11-1 所示。车架的振动通过弹性元件传到车身上，大部分振动被减弱

图 11-1　非承载式车身

或消除，发生碰撞时车架能吸收大部分冲击力，在坏路行驶时对车身起到保护作用，因此车厢变形小。但这种车身质量大且较高，比较笨重，一般用在越野车、皮卡及客货车上。

采用非承载式车身的汽车，其发动机、传动系统、车身的总成部分是固定在一个刚性车架上，车架通过前后悬架装置与车轮相连，如图 11-2 所示。

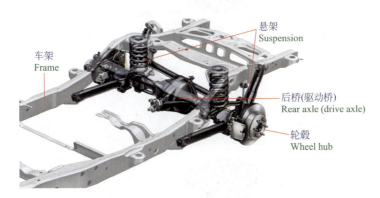

图11-2　非承载式车身的悬架

采用承载式车身的汽车没有刚性车架，只是加强了车头、侧围、车尾、底板等部位，车身和底架共同组成了车身本体的刚性空间结构，如图 11-3 所示。这种承载式车身除了其固有的乘载功能外，还要直接承受各种负荷。这种形式的车身具有较大的抗弯曲和抗扭转的刚度，质量小，高度低，汽车质心低，装配简单，高速行驶稳定性较好。绝大多数汽车都使用这种车身结构。

图11-3　承载式车身结构部件

第 11 章　汽车车身与饰件

车身钣金件有散热器罩、发动机罩、翼子板、挡泥板、驾驶室踏板、承载式轿车保险杠等，见图 11-4。

图11-4　车身钣金件

11.1　车内饰件

车内饰件一般是指轿车车厢的隔板、门内装饰板、仪表板总成、扶手、地毯等零部件和材料。相对于车上其他部件而言，它们对车辆的运行性能没有什么影响，但其面目一览无遗，代表了整部车子的形象，承担起减振、隔热、吸音和遮音等功能，对轿车的舒适性起到十分重要的作用。

11.1.1　仪表板

仪表板（Instrument Panel）是汽车驾驶室中安装各种指示仪表和点火开关等的一个总成。它装在仪表嵌板上，或者作为附件装在转向管柱上。仪表板总成好似一扇窗户，随时反映车子内部机器的运行状态。同时它又是部分设备的控制中心和被装饰的对象，是驾驶室内最引人注目的部件。仪表板总成既有技术的功能又有艺术的功能，是整车风格的代表之一。以奥迪 Q3 车型为例，仪表板部件分解如图 11-5 所示。

11.1.2　地垫及盖板

汽车隔音材料是指针对汽车噪声来设计的材料，主要的汽车隔音材料有丁基橡胶，属于环保的阻尼片，橡塑，EVA/EPDM 板材，等等。

汽车制震胶有两种，一种是丁基橡胶制震胶，另一种是沥青制震胶。丁基橡胶制震胶耐温性好，在高温 +300℃ 和低温 -80℃ 的环境下性能稳定，不变形不开裂，与被粘贴物粘贴牢固。沥青制震胶价格实惠，应用普遍，一般用于车底甲盘、后尾厢的制震，效果非常理想。汽车隔音棉和汽车制震胶二者结合效果更加显著。还有运用软塑料作为车内隔音材料。

以大众途锐车型为例，该车开发两种隔音套件。汽油发动机隔音套件由沥青薄膜消音垫组成，柴油发动机配套有四个沥青铝合金夹层形式的消音件，组成部件如图 11-6 所示。

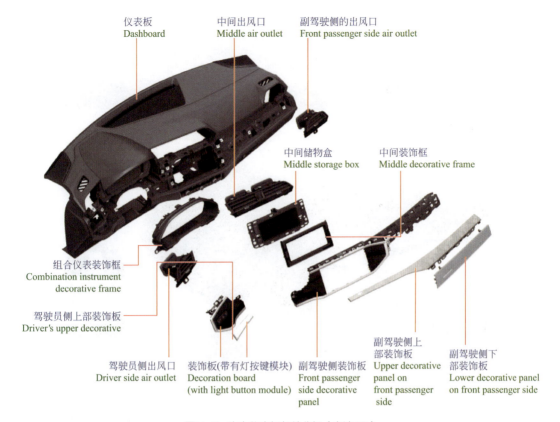

图11-5 汽车仪表板部件分解（奥迪Q3）

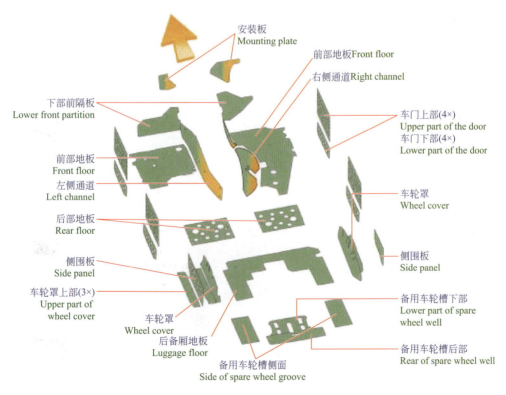

图11-6 汽车隔音垫

汽车内部常用地垫及盖板安装位置如图11-7所示。

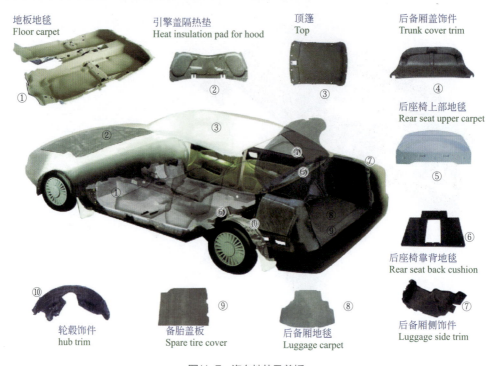

图11-7 汽车地毯及盖板

绿色表示沥青塑料薄膜；绿色/橙色表示用于柴油版的铝合金夹层薄膜。

11.1.3 座椅

汽车座椅按形状可分为分开式座椅、长座椅；按功能可分为固定式、可卸式、调节式座椅；按乘坐人数可分为单人、双人、多人椅。根据座椅的使用性能，从最早的固定式座椅，一直发展到多功能的动力调节座椅，如气垫座椅、电动座椅、立体音响座椅、精神恢复座椅，直到电子调节座椅。按材质分为真皮座椅和绒布座椅等。还有一些特殊使用对象的座椅，如儿童座椅和赛车座椅等。空调座椅结构如图11-8所示。

一般五座轿车的座椅布局为前2后3结构，七座的MPV与SUV车型都有2+2+3与2+3+2等两种布局方式，如图11-9所示为宝骏720座椅布置。

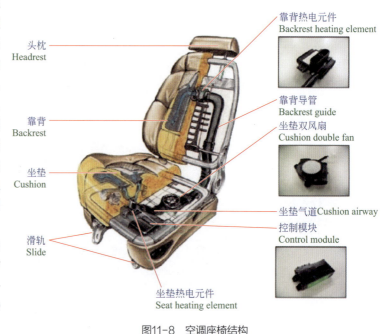

图11-8 空调座椅结构

图11-9　汽车座椅布置（2+2+3形式）

11.2　车外饰件

汽车外饰件主要指前后保险杠、轮眉、格栅、散热器装饰罩、防擦条等通过螺栓或卡扣及双面胶条连接在车身上的部件。外饰件在车身外部主要起装饰保护作用及开启等功能。

11.2.1　保险杠

汽车保险杠是吸收和减缓外界冲击力、防护车身前后部的安全装置。轿车的前后保险杠都是塑料制成的，人们称为塑料保险杠。一般汽车的塑料保险杠是由外板、缓冲材料和横梁三部分组成。其中外板和缓冲材料用塑料制成，横梁用冷轧薄板冲压而成U形槽，外板和缓冲材料附着在横梁上。以奥迪A3车型为例，前保险杠组成部件如图11-10所示。

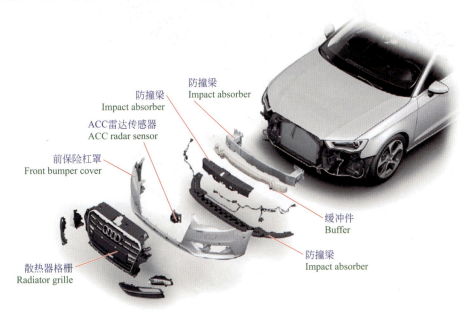

图11-10　前保险杠部件

后保险杠包括一块焊有连接板的盖罩，和一块内置有排气装置尾管扩散器的扰流板，如图 11-11 所示。连接板上固定有侧向辅助系统的传感器。车尾传感器被固定在保险杠盖罩上。保险杠通过连接板安装在车身尾部。保险杠在侧面通过事先安装好的导向件平齐地固定在车身侧围板上。

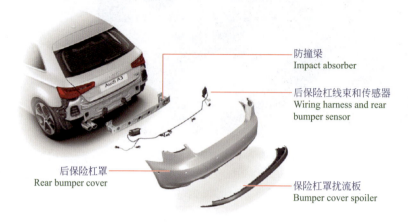

图 11-11　后保险杠部件

11.2.2　天窗

汽车天窗安装于车顶，能够有效地使车内空气流通，增加新鲜空气的进入，同时汽车天窗也可以开阔视野以及满足移动摄影摄像的拍摄需求。汽车天窗可大致分为外滑式、内藏式、内藏外翻式、全景式和窗帘式等。主要安装于商用 SUV、轿车等车型上。以奥迪 A3 为例，全景滑动/外翻式天窗粘接在车身的车顶切口内，部件分解如图 11-12 所示。

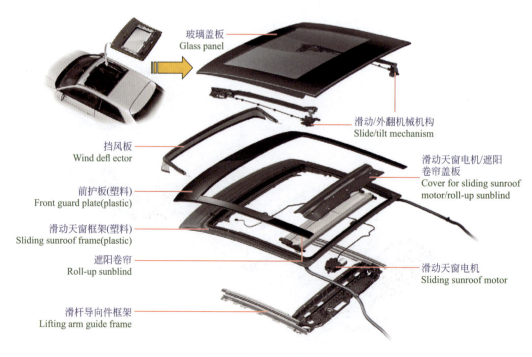

图 11-12　天窗部件分解

11.2.3 后视镜

后视镜以安装位置划分,分有外后视镜、下后视镜和内后视镜。以用途划分,外后视镜反映汽车后侧方,下后视镜反映汽车前下方,内后视镜反映汽车后方及车内情况。用途不一样,镜面结构也会有所不同。一般后视镜镜面主要有两种。一种是平面镜,顾名思义镜面是平的,用术语表述就是"表面曲率半径 R 无穷大",这与一般家庭用镜一样,可得到与目视大小相同的映像,这种平面镜常用作内后视镜。另一种是凸面镜,镜面呈球面状,具有大小不同的曲率半径,它的映像比目视小,但视野范围大,类似相机"广角镜"的作用,这种凸面镜常用作外后视镜和下后视镜。轿车及其他轻型乘用车一般装配外后视镜和内后视镜,大型商用汽车(大客车和大货车)一般装配外后视镜、下后视镜和内后视镜,如图 11-13 所示。

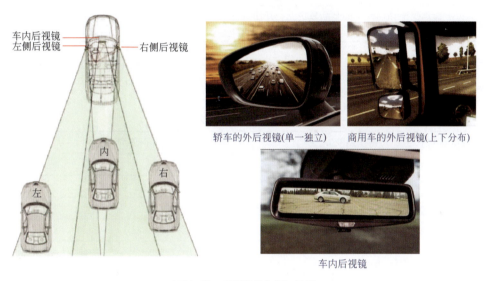

图11-13 后视镜的作用与位置

11.3 白车身

白车身(Body in White)按照车身术语标准和教科书上的定义,是指车身结构件及覆盖件焊接总成,并包括前翼板、车门、发动机罩、后备厢盖,但不包括附件及装饰件的未涂漆的车身。涂装后的白车身加上内外饰(包括仪表板、座椅、挡风玻璃、地毯、内饰护板等)和电子电气系统(音响、线束、开关等),再加上底盘系统(包括制动、悬架系统等),再加上动力总成系统(包括发动机、变速箱等)就组成了整车。

11.3.1 汽车车身材料

汽车车身经常用到的材料是钢。钢是含碳量最高为 2.06% 的铁碳合金,含碳量过高为铸铁。碳、铁与其他元素镍、锰、硅、铬等融合,形成不同的钢,如表 11-1 所示。根据其组成和特性不同,有很多种不同的钢。含碳量决定了钢的强度。

表11-1 汽车用金属材料构成元素

合金元素	改变钢的特性
铬	提高钢的耐腐蚀性（铬对钢的耐锈性和耐酸性有决定性的影响）
锰	细化晶粒，提高强度，增强淬透性，提高硬度、拉伸率和耐磨性，影响焊接性能和锻造性能
钼	提高强度和韧性，提高耐腐蚀性，改善淬透性，促进晶粒形成，改善其焊接性能
镍	提高强度和韧性，有助于奥氏体晶格结构的稳定，提高低温下的可塑性
铌	铌的作用与钛类似
磷	提高强度，有助于平衡其可压缩性和强度
硅	提高强度和弹性极限，细化晶粒
氮	提高奥氏体钢的强度，改善其在高温下的力学性能
钛	提高强度和韧性，抑制晶粒长大，从而有助于细化晶粒，抑制铬合金钢中铬碳化物的析出，抑制晶间腐蚀

因此按照钢的特定特性对其分类非常有意义。可以将各种钢按照其力学性能如抗拉强度、屈服强度进行分类。以普通钢、高强度钢、超高强度钢为例，如表11-2所示。

表11-2 钢的分类

按照其抗拉强度分类	抗拉强度/MPa	钢分类
普通钢	小于300	深冲钢
高强度钢	300～480	烘烤硬化钢
	350～730	微合金钢、各向同性钢
	340～480	磷钢、无间隙钢（IF钢）
	500～600	双相钢（DP钢）含有0.12%的碳、0.5%的硅和1.46%的锰
	600～800	相变诱发塑性钢（TR IP钢）一般含有0.15%～0.4%的碳、1%～2%的硅和0.5%～2%的锰
超高强度钢	>800	多相钢（CP钢）含碳量很低，低于0.2%，并含有微合金元素如锰、硅、钼和硼
超高强度热成型钢	>1000	马氏体钢

重量在汽车制造中越来越重要，因为汽车要达到节约能源和环保的目标。使用较轻的材料可以减轻车辆的重量，如越来越多地使用铝作为其材料。

为了保证车身组件的使用性能，不使用纯铝材质（纯铝的强度很低），而使用铝合金材质。通过熔合其他元素可以改变铝的特性。首先改善其强度和抗腐蚀性。组成铝合金的主要成分为镁和硅。这种合金形式是型材钢、铸件节点、铝板的基础。以奥迪A8车型为例，这种车身结构首次采用了不同的材质来构建。该承载式车身结构将铝、钢、镁和碳纤维增强复合材料（CFK）混合在一起使用，就同时将四种不同的轻结构材质结合到了一起。成分最多的是铝件，达58%，比如铸造节点、挤压型材和板件，如图11-14所示。

并不是车身所有的材料强度越高越好，要看用在什么地方。如驾乘室的框架（如横梁、纵梁、ABC柱等），为了使驾车室的空间尽量不变形（保证驾乘人员安全），就必须采用高强度的材料。如车前和尾部的材料（如引擎盖板、翼子板等），为了能够吸收撞击力，可以使用强度相对较低的材料。

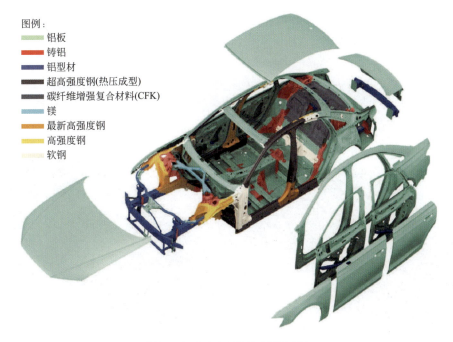

图11-14 汽车车身结构（奥迪A8）

11.3.2 汽车碰撞安全

在汽车碰撞中，重要的是保护车内人员的安全，所以在碰撞中驾乘室的变形越小就越好。汽车在设计时考虑到这一点，在汽车碰撞时，让一部分机构先溃缩，吸收一部分的撞击能量，从而减少传递到驾乘室的撞击力，如图11-15所示。

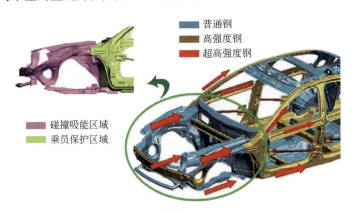

图11-15 碰撞能量吸收与传递

为了保护驾乘室中的人员，在汽车受到撞击时，可利用特殊设计的车身，将撞击力分散、转移，从而减少传递到驾乘室的撞击力，达到保护车内乘员的目的，如图11-16所示。

NCAP 是英文 New Car Assessment Program 的缩写，即新车评价规程。这是最能考验汽车安全性的测试。目前，在此方面我国已有较为成熟的评价规程。

NCAP 新车评价程序最早始于美国，在 1978 年 USNCAP 提出 5 星评价方法用于在正面碰撞中评价汽车保护车内乘员的性能。NCAP 的星级包括成人保护、儿童保护、行人保护三部分。

具体内容大约包括两个方面：正面和侧面碰撞。碰撞测试的内容各个国家标准不同，欧盟、美国、日本等国家或地区也均有相关评价规程，体系标识如图11-17所示。在这些评价规程中，被世界公认最为严苛的是欧盟实施的 Euro NCAP 测试。美国40%ODB正面碰撞速度为64km/h，侧面碰撞速度为50km/h。我国正面100%刚性壁碰撞速度为50km/h，40%ODB正面碰撞速度为64km/h，侧碰速度为50km/h。碰撞测试成绩则由星级（★）表示，共有五个星级，星级越高表示该车的碰撞安全性能越好。

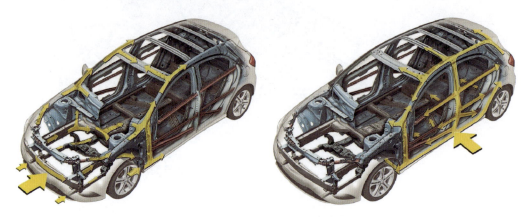

图11-16　正碰与侧碰的能量传递图

中国　　　　　　　　　欧洲国家　　　　　　　　日本　　　　　　　　澳大利亚

图11-17　部分国家碰撞安全检测体系标识

附录

汽车品牌与车标一览

A 欧洲汽车品牌

标志						
品牌	奔驰（德）	宝马（德）	奥迪（德）	大众（德）	斯柯达（捷克）	西雅特（西班牙）
外文	Mercedes-Benz	BMW	Audi	Volkswagen	Skoda	SEAT
标志						
品牌	精灵（奔驰）	迷你（宝马）	迈巴赫（奔驰）	宾利（英）	兰博基尼（意）	曼（德）
外文	Smart	MINI	Maybach	Bentley	Lamborghini	MAN
标志						

附录 汽车品牌与车标一览 269

续表

品牌	雷诺（法）	法拉利（意）	玛莎拉蒂（意）	布加迪（法）	保时捷（德）	斯堪尼亚（瑞典）
外文	Renault	Ferrari	Maserati	Bugatti	Porsche	SCANIA
标志						
品牌	雪铁龙（法）	标致（法）	欧宝（德）	萨博（瑞典）	沃尔沃（瑞典）	依维柯（意）
外文	Citroen	Peugeot	Opel	SAAB	VOLVO	IVECO
标志						
品牌	劳斯莱斯（英）	路虎（英）	捷豹（英）	菲亚特（意）	阿尔法罗密欧（意）	谛艾仕（雪铁龙）
外文	Rolls-Royce	Land-Rover	Jaguar	FIAT	Alfa Romeo	DS
标志						
品牌	蓝旗亚（菲亚特）	阿斯顿马丁（英）	阿巴斯（意）	迈凯伦（英）	路特斯（英）	摩根（英）
外文	LANCIA	Aston Martin	Karl Abarth	Maclaren	LOTUS	Morgan

B 美洲汽车品牌

标志						
品牌	通用	凯迪拉克（通用）	别克（通用）	雪佛兰（通用）	土星（通用）	GMC（通用）
外文	GM	Cadillac	Buick	Chevrolet	Saturn	GMC
标志						
品牌	福特	林肯（福特）	野马（福特）	水星（福特）	悍马（通用）	
外文	Ford	Lincoln	Mustang	Mercury	HUMMER	
标志						
品牌	克莱斯勒	道奇（克莱斯勒）	吉普（克莱斯勒）	特斯拉	霍顿（通用）	
外文	Chrysler	Dodge	Jeep	TESLA	Holden	

C 日韩汽车品牌

标志						
品牌	丰田	雷克萨斯（丰田）	大发（丰田）	本田	讴歌（本田）	马自达
外文	Toyota	LEXUS	Daihatsu	HONDA	ACURA	Mazda
标志						
品牌	日产	英菲尼迪（日产）	三菱	斯巴鲁	五十铃	铃木
外文	Nissan	Infiniti	Mitsubishi	Subaru	Isuzu	Suzuki
标志						
品牌	现代	起亚	双龙	大宇		
外文	HYUNDAI	KIA	Ssangyoung	Daewoo		

D 中国汽车品牌

标志						
品牌	欧尚（长安）	长安（新标）	长安（旧标）	长城（新标）	长城（旧标）	炮（长城）
标志						
品牌	哈弗（长城）	魏（长城）	欧拉（长城）	吉利（新标）	吉利（次新标）	帝豪（吉利）
标志						
品牌	吉利（旧标）	英伦（吉利）	全球鹰（吉利）	领克（吉利）	极氪（吉利）	华普（吉利）
标志						
品牌	奇瑞（新标）	奇瑞（旧标）	开瑞（奇瑞）	凯翼（奇瑞）	瑞骐（奇瑞）	威麟（奇瑞）

续表

标志						
品牌	比亚迪（新标）	比亚迪（旧标）	上汽	名爵（上汽）	荣威（上汽）	大通（旧标）
标志						
品牌	传祺（广汽）	吉奥（广汽）	东南	海马	江淮	大通（新标）
标志						
品牌	江淮	思皓（江淮）	瑞风（江铃）	驭胜（江铃）	东风	一汽
标志						
品牌	奔腾（新标）（一汽）	奔腾（旧标）（一汽）	红旗（一汽）	北汽	威旺（北汽）	幻速（北汽）
标志						
品牌	昌河（北汽）	开瑞（奇瑞）	红旗（一汽）	五菱	宝骏（旧标）	宝骏（新标）
标志						
品牌	众泰	华泰	力帆	猎豹	中华	野马
标志						
品牌	极狐（北汽）	腾势	机叶（吉利）	几何（吉利）	宝沃	福田
标志						
品牌	蔚来	小鹏	理想	威马	哪吒	零跑